KB197244

절대어휘
5100
1

김호성 한국외국어대학교 대학원 영어과 석사 / 마일스톤 학원 원장
전진완 한국외국어대학교 대학원 영어과 석사 / (전) 정이조 영어학원 당산 캠퍼스 원장
백영실 Liberty University 졸업 / 정이조 영어학원 주니어 총괄 원장
고미선 New York State University at Buffalo 졸업 / 정이조 영어학원 총괄 원장
이나영 University of Arizona 졸업 / 이나영 영어학원 원장
박영은 The University of Auckland 졸업 / (전) 정이조 영어학원 강사

지은이 김호성, 전진완, 백영실, 고미선, 이나영, 박영은
펴낸이 정규도
펴낸곳 (주)다락원

초판 1쇄 발행 2008년 8월 18일
제2판 1쇄 발행 2015년 9월 14일
제3판 1쇄 발행 2024년 11월 21일

편집 김민아
디자인 구수정, 포레스트

다락원 경기도 파주시 문발로 211
내용문의 (02)736-2031 내선 504
구입문의 (02)736-2031 내선 250~252

Fax (02)732-2037
출판등록 1977년 9월 16일 제406-2008-000007호

ISBN 978-89-277-8079-3 54740
978-89-277-8078-6 54740(set)

http://www.darakwon.co.kr

다락원 홈페이지를 방문하시면 상세한 출판정보와 함께 동영상강좌, MP3 자료 등 다양한 어학 정보를 얻으실 수 있습니다.

DARAKWON

절대어휘 5100 시리즈는

어휘 학습에 있어서 반복학습의 중요성을 강조합니다.
자기주도적인 어휘학습의 중요성을 강조합니다.
체계적인 단계별 학습의 중요성을 강조합니다.

1 | 단계별 30일 구성! 계획적인 어휘 학습

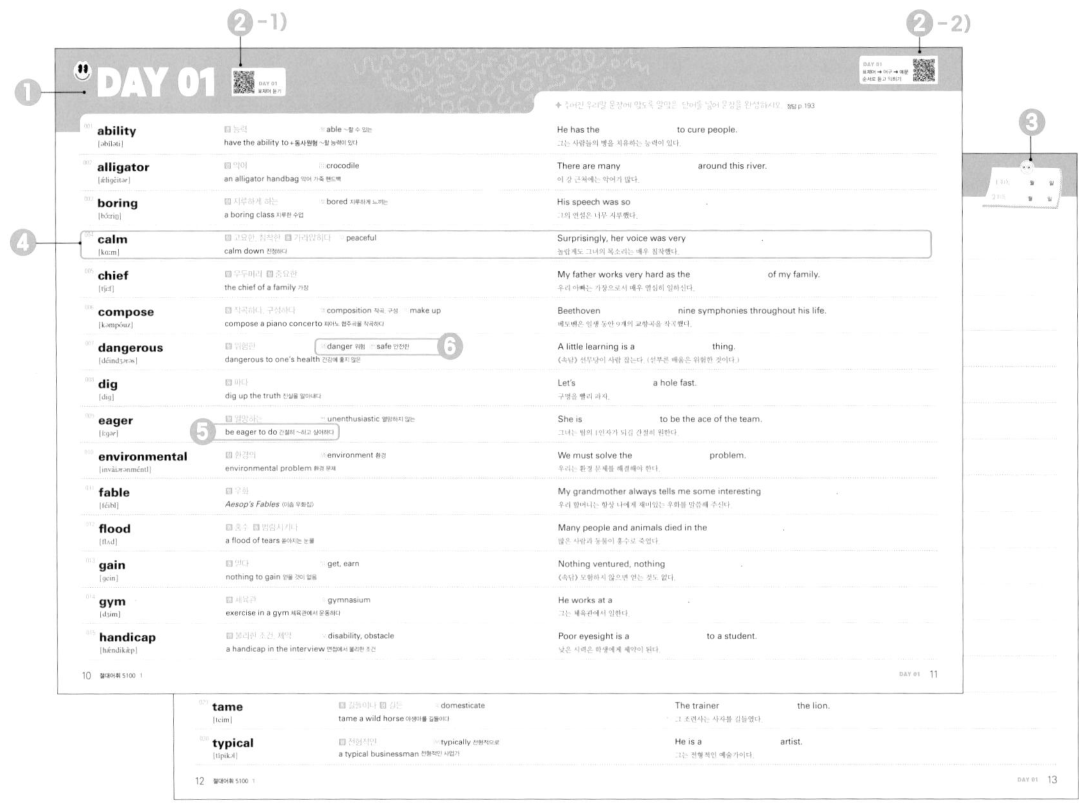

① **30일 구성의 계획적인 어휘 학습** : 하루 30개씩 30일 구성으로 총 900 단어 학습

② **두 가지 버전의 QR코드 바로 듣기** : 남녀 원어민 음성으로 정확한 발음 연습
1) 표제어 듣기 2) 표제어, 어구, 예문 순서로 듣고 익히기

③ **DAY별 학습 진도 체크하기** : 학습 날짜를 기록하여 효과적으로 반복 학습

④ **단어 → 어구 → 문장 순서**로 자연스럽게 표제어 응용 학습

⑤ **다양한 Collocation 학습**으로 어휘 자신감 높이기

⑥ **유의어, 반의어, 파생어** 등으로 어휘력 확장

2 | 7가지 유형의 REVIEW TEST

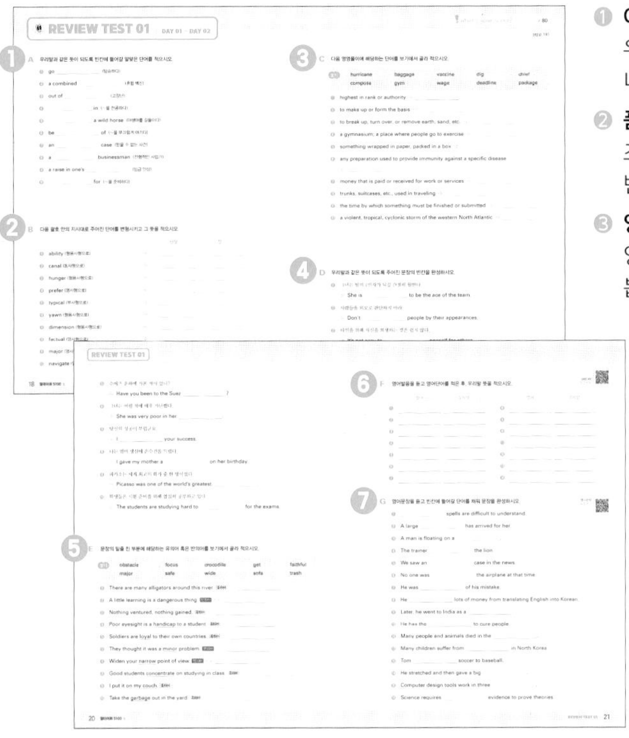

❶ **어구 빈칸 완성**
우리말과 일치하도록 어구의 빈칸을 완성합니다.

❷ **품사별 단어 변형**
조건에 따라 주어진 단어를 다양한 품사로 변형해 보고 우리말 뜻을 써 봅니다.

❸ **영영 풀이**
영영 풀이에 해당하는 단어를 보기에서 찾아 봅니다.

❹ **문장 빈칸 완성**
우리말과 일치하도록 문장의 빈칸을 완성합니다.

❺ **유의어 or 반의어**
문장 속 밑줄 친 어휘의 유의어 또는 반의어를 보기에서 찾아 써 봅니다.

❻ **단어 받아쓰기**
남녀 원어민의 음성을 듣고 영어와 우리말 뜻을 적어봅니다.

❼ **문장 듣고 받아쓰기**
남녀 원어민의 음성을 듣고 문장 속 빈칸을 완성합니다.

3 | WORKBOOK

쓰기 노트

STEP 1
영어의 우리말 의미를 생각하며 두 번씩 써 보기

일일테스트

STEP 2
DAY별로 학습한 단어로 최종 실력 점검하기

4 | 문제출제프로그램 voca.darakwon.co.kr

그 밖에 3종 이상의 다양한 테스트지를 원하는 범위에서 출제하고 출력해서 쓸 수 있는 문제출제프로그램을 제공합니다.

절대어휘 5100 학습 계획표

중등 내신 기본 900 단어 Master

30일 구성의 계획적인 어휘 학습으로 중등 내신 기본 900 단어를 암기해보세요.

	1회독		2회독	
DAY 01	월	일	월	일
DAY 02	월	일	월	일
REVIEW TEST 01	월	일	월	일
DAY 03	월	일	월	일
DAY 04	월	일	월	일
REVIEW TEST 02	월	일	월	일
DAY 05	월	일	월	일
DAY 06	월	일	월	일
REVIEW TEST 03	월	일	월	일
DAY 07	월	일	월	일
DAY 08	월	일	월	일
REVIEW TEST 04	월	일	월	일
DAY 09	월	일	월	일
DAY 10	월	일	월	일
REVIEW TEST 05	월	일	월	일
DAY 11	월	일	월	일
DAY 12	월	일	월	일
REVIEW TEST 06	월	일	월	일
DAY 13	월	일	월	일
DAY 14	월	일	월	일
REVIEW TEST 07	월	일	월	일
DAY 15	월	일	월	일
DAY 16	월	일	월	일
REVIEW TEST 08	월	일	월	일

	1회독		2회독	
DAY 17	월	일	월	일
DAY 18	월	일	월	일
REVIEW TEST 09	월	일	월	일
DAY 19	월	일	월	일
DAY 20	월	일	월	일
REVIEW TEST 10	월	일	월	일
DAY 21	월	일	월	일
DAY 22	월	일	월	일
REVIEW TEST 11	월	일	월	일
DAY 23	월	일	월	일
DAY 24	월	일	월	일
REVIEW TEST 12	월	일	월	일
DAY 25	월	일	월	일
DAY 26	월	일	월	일
REVIEW TEST 13	월	일	월	일
DAY 27	월	일	월	일
DAY 28	월	일	월	일
REVIEW TEST 14	월	일	월	일
DAY 29	월	일	월	일
DAY 30	월	일	월	일
REVIEW TEST 15	월	일	월	일

절대어휘 5100 권장 학습법

1 회독

1. 하루에 30개의 표제어를 학습합니다. (30일 완성!)
2. QR코드를 통해 표제어, 어구, 예문을 들으며 발음을 따라해 봅니다.
3. 유의어, 반의어, 파생어 등을 살펴보며 어휘력을 확장합니다.
4. REVIEW TEST로 2일 동안 학습한 단어들을 점검해 봅니다.
5. 워크북을 활용하여 단어의 철자와 뜻을 한번 더 확인합니다.

2 회독

1. 하루에 60개의 표제어를 학습합니다. (15일 완성!)
2. QR코드를 통해 표제어를 들으며 발음을 따라해 봅니다.
3. 표제어와 함께 유의어, 반의어, 파생어 등을 꼼꼼히 살펴봅니다.
4. REVIEW TEST에서 자주 틀리거나 헷갈리는 단어들을 오답노트에 정리합니다.
5. 단어테스트지와 문제출제프로그램을 통해 학습한 단어를 최종 점검합니다.

N 회독

1. QR코드 또는 MP3를 반복해서 들어보세요.
2. 반복 학습으로 중등 내신 기본 900 단어를 마스터해보세요.

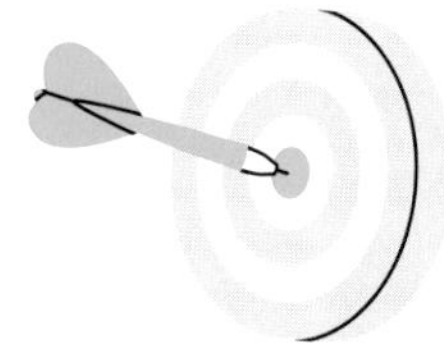

■ 책 속의 책 Workbook 제공

3rd Edition

절대어휘 5100

1 중등 내신 기본 900

*DAY 01~30

책에 쓰인 여러 기호

동 동사	명 명사	대 대명사	형 형용사	부 부사
전 전치사	접 접속사	감 감탄사	유 유의어	반 반의어
참 참고어	단 단수형	복 복수형	*pl.* (~s)일 때의 뜻	

001 **ability** [əbíləti]
명 능력 | 형 able ~할 수 있는
have the ability to+동사원형 ~할 능력이 있다

002 **alligator** [ǽligèitər]
명 악어 | 유 crocodile
an alligator handbag 악어 가죽 핸드백

003 **boring** [bɔ́:riŋ]
형 지루하게 하는 | 참 bored 지루하게 느끼는
a boring class 지루한 수업

004 **calm** [kɑ:m]
형 고요한, 침착한 동 가라앉히다 | 유 peaceful
calm down 진정하다

005 **chief** [tʃi:f]
명 우두머리 형 중요한
the chief of a family 가장

006 **compose** [kəmpóuz]
동 작곡하다, 구성하다 | 명 composition 작곡, 구성 유 make up
compose a piano concerto 피아노 협주곡을 작곡하다

007 **dangerous** [déindʒərəs]
형 위험한 | 명 danger 위험 반 safe 안전한
dangerous to one's health 건강에 좋지 않은

008 **dig** [dig]
동 파다
dig up the truth 진실을 알아내다

009 **eager** [í:gər]
형 열망하는 | 반 unenthusiastic 열망하지 않는
be eager to do 간절히 ~하고 싶어하다

010 **environmental** [invàiərənméntl]
형 환경의 | 명 environment 환경
environmental problem 환경 문제

011 **fable** [féibl]
명 우화
Aesop's Fables 〈이솝 우화집〉

012 **flood** [flʌd]
명 홍수 동 범람시키다
a flood of tears 쏟아지는 눈물

013 **gain** [gein]
동 얻다 | 유 get, earn
nothing to gain 얻을 것이 없음

014 **gym** [dʒim]
명 체육관 | 유 gymnasium
exercise in a gym 체육관에서 운동하다

015 **handicap** [hǽndikæ̀p]
명 불리한 조건, 제약 | 유 disability, obstacle
a handicap in the interview 면접에서 불리한 조건

✦ 주어진 우리말 문장에 맞도록 알맞은 단어를 넣어 문장을 완성하시오. 정답 p.193

He has the   to cure people.
그는 사람들의 병을 치유하는 능력이 있다.

There are many   around this river.
이 강 근처에는 악어가 많다.

His speech was so   .
그의 연설은 너무 지루했다.

Surprisingly, her voice was very   .
놀랍게도 그녀의 목소리는 매우 침착했다.

My father works very hard as the   of my family.
우리 아빠는 가장으로서 매우 열심히 일하신다.

Beethoven   nine symphonies throughout his life.
베토벤은 일생 동안 9개의 교향곡을 작곡했다.

A little learning is a   thing.
《속담》 선무당이 사람 잡는다. (선부른 배움은 위험한 것이다.)

Let's   a hole fast.
구멍을 빨리 파자.

She is   to be the ace of the team.
그녀는 팀의 1인자가 되길 간절히 원한다.

We must solve the   problem.
우리는 환경 문제를 해결해야 한다.

My grandmother always tells me some interesting   .
우리 할머니는 항상 나에게 재미있는 우화를 말씀해 주신다.

Many people and animals died in the   .
많은 사람과 동물이 홍수로 죽었다.

Nothing ventured, nothing   .
《속담》 모험하지 않으면 얻는 것도 없다.

He works at a   .
그는 체육관에서 일한다.

Poor eyesight is a   to a student.
낮은 시력은 학생에게 제약이 된다.

DAY 01

016	**hunger** [hʌ́ŋgər]	명 굶주림 a hunger for fame 명예욕	형 hungry 배고픈 유 starvation
017	**judge** [dʒʌdʒ]	동 판단하다 명 판사 judge by ~으로 판단하다	
018	**loyal** [lɔ́iəl]	형 충성스러운 a loyal person 충성스러운 사람	명 loyalty 충성 유 faithful
019	**magical** [mǽdʒikəl]	형 마법의 a magical spell 마법 주문	명 magic 마법
020	**minor** [máinər]	형 중요치 않은, 소수의 a minor question 사소한 문제	반 major 중요한, 다수의
021	**narrow** [nǽrou]	형 좁은 a narrow point of view 좁은 시선	명 narrowness 좁음 반 wide 넓은
022	**officer** [ɔ́:fisər]	명 장교, 공무원, 관리 a military officer 육군 장교	유 official
023	**package** [pǽkidʒ]	명 꾸러미, 소포 동 포장하다 a package tour 패키지 여행	
024	**prefer** [prifə́:r]	동 ~을 더 좋아하다 prefer cats to dogs 개보다 고양이를 선호하다	명 preference 선호
025	**raft** [ræft]	명 뗏목 a rubber raft 고무 보트	
026	**remain** [riméin]	동 여전히 ~이다, 남다 명 나머지 remain calm 얌전히 있다	
027	**sacrifice** [sǽkrəfàis]	명 희생 동 희생하다 a spirit of sacrifice 희생 정신	
028	**surprisingly** [sərpráiziŋli]	부 놀랍게도 not surprisingly 놀라울 것 없이, 당연하게도	형 surprising 놀라운 유 amazingly
029	**tame** [teim]	동 길들이다 형 길든 tame a wild horse 야생마를 길들이다	유 domesticate
030	**typical** [típikəl]	형 전형적인 a typical businessman 전형적인 사업가	부 typically 전형적으로

✦ 주어진 우리말 문장에 맞도록 알맞은 단어를 넣어 문장을 완성하시오. 정답 p.193

Many children suffer from ______________ in North Korea.
북한에서는 많은 어린이들이 굶주림으로 고통받고 있다.

Don't ______________ people by their appearances.
사람들을 외모로 판단하지 마라.

Soldiers are ______________ to their own countries.
군인들은 자신의 나라에 충성을 다한다.

______________ spells are difficult to understand.
마법 주문은 이해하기가 어렵다.

They thought it was a ______________ problem.
그들은 그것이 사소한 문제라고 생각했다.

Widen your ______________ point of view.
너의 좁은 시선을 넓혀라.

His uncle is a military ______________.
그의 삼촌은 육군 장교다.

A large ______________ has arrived for her.
큰 소포 하나가 그녀에게 도착했다.

Tom ______________ soccer to baseball.
톰은 야구보다 축구를 좋아한다.

A man is floating on a ______________.
한 남자가 뗏목에 올라탄 채로 떠다니고 있다.

The dog ______________ calm.
그 개는 얌전히 있었다.

It's not easy to ______________ oneself for others.
타인을 위해 자신을 희생하는 것은 쉽지 않다.

______________, he finished his job in time.
놀랍게도 그는 제시간에 일을 끝마쳤다.

The trainer ______________ the lion.
그 조련사는 사자를 길들였다.

He is a ______________ artist.
그는 전형적인 예술가이다.

DAY 02

DAY 02
표제어 듣기

031 **unbelievable** [ʌnbilíːvəbl]
형 믿을 수 없는
an unbelievable case 믿을 수 없는 사건

032 **vaccine** [vǽksiːn]
명 백신
a combined vaccine 혼합 백신

033 **wage** [weidʒ]
명 임금 유 income
a raise in one's wages 임금 인상

034 **yawn** [jɔːn]
명 하품 동 하품하다 형 yawny 지루한
with a yawn 하품을 하면서

035 **aboard** [əbɔ́ːrd]
전 ~을 타고 부 탑승하여
go aboard 탑승하다

036 **allow** [əláu]
동 허락하다 명 allowance 허락 유 permit
allow A to B A가 B하는 것을 허락하다

037 **ashamed** [əʃéimd]
형 부끄럽게 여기는 반 proud 자랑스러워하는
be ashamed of ~을 부끄럽게 여기다

038 **baggage** [bǽgidʒ]
명 여행 가방, 수화물 유 luggage
a piece of baggage 수화물 한 개

039 **borrow** [bárou]
동 빌리다 반 lend 빌려주다
borrow trouble 쓸데없는 걱정을 하다

040 **canal** [kənǽl]
명 운하 동 canalize 운하를 파다

041 **childhood** [tʃáildhùd]
명 어린 시절
in one's childhood 어릴 적에

042 **concentrate** [kánsəntrèit]
동 집중하다 명 concentration 집중 유 focus
concentrate on ~에 집중하다

043 **couch** [kautʃ]
명 긴 의자, 소파 유 sofa

044 **deadline** [dédlàin]
명 최종 기한, 마감 시간 유 finishing time
deadline for ~에 대한 최종 기한

045 **dimension** [diménʃən]
명 차원 형 dimensional 차원의
three dimensions 3차원

✦ 주어진 우리말 문장에 맞도록 알맞은 단어를 넣어 문장을 완성하시오. 정답 p.193

We saw an case in the news.
우리는 뉴스에서 믿기 힘든 사건을 봤다.

What did he say about this ?
그가 이 백신에 대해 뭐라고 했어?

We are expecting a raise in our .
우리는 임금 인상을 기대하고 있다.

He stretched and then gave a big .
그는 기지개를 켜고는 크게 하품을 했다.

No one was the airplane at that time.
그 당시 비행기에는 아무도 타고 있지 않았다.

My mom will me to play computer games.
엄마는 내가 컴퓨터 게임 하는 것을 허락하실 것이다.

He was of his mistake.
그는 자신의 실수를 부끄러워했다.

People should check their first.
사람들은 먼저 수화물을 확인해야 한다.

I want to your textbook.
나는 너의 교과서를 빌리고 싶어.

Have you been to the Suez ?
수에즈 운하에 가본 적이 있니?

She was very poor in her .
그녀는 어릴 적에 매우 가난했다.

Good students on studying in class.
훌륭한 학생은 수업시간에 공부에 집중한다.

I put it on my .
나는 그것을 긴 의자 위에 올려두었다.

Tomorrow is the for the writing homework.
내일이 작문 숙제 마감일이다.

Computer design tools work in three .
컴퓨터 디자인 툴은 3차원으로 작동한다.

DAY 02

046	**earn** [ə:rn]	동 (돈을) 벌다, 얻다 earn a living 생계를 유지하다	반 spend (돈을) 쓰다
047	**envy** [énvi]	동 부러워하다 envy his talent 그의 재능을 부러워하다	
048	**factual** [fǽktʃuəl]	형 사실의, 실제의 factual evidence 사실적 증거	명 fact 사실 유 real
049	**focus** [fóukəs]	동 초점을 맞추다, 집중하다 focus on ~에 집중하다	형 focused 집중된 유 concentrate
050	**garbage** [gá:rbidʒ]	명 쓰레기	유 trash
051	**handkerchief** [hǽŋkərtʃif]	명 손수건	참 towel 수건
052	**hurricane** [hə́:rəkèin]	명 허리케인, 대폭풍 a fierce hurricane 사나운 허리케인	
053	**junk** [dʒʌŋk]	명 폐물, 잡동사니 형 질이 낮은 junk food 불량식품, (햄버거 등의) 패스트푸드	유 rubbish
054	**luggage** [lʌ́gidʒ]	명 여행 가방, 수화물 carry-on luggage 휴대용 여행 가방	유 baggage
055	**major** [méidʒər]	형 다수의, 중요한 동 전공하다 the major parts 대부분, 주요한 부분 major in ~을 전공하다	명 majority 대다수 반 minor 소수의, 중요치 않은
056	**missionary** [míʃənèri]	명 선교사 형 선교의 engage in missionary work 선교 사업에 참여하다	유 evangelist
057	**navigate** [nǽvəgèit]	동 항해하다 navigate without a compass 나침반 없이 항해하다	명 navigation 항해 유 steer
058	**order** [ɔ́:rdər]	동 명령하다, 주문하다 명 순서, 질서, 명령 out of order 고장난	형 orderly 정돈된 반 disorder 무질서
059	**painter** [péintər]	명 화가 a female painter 여류 화가	유 artist
060	**prepare** [pripɛ́ər]	동 준비하다 prepare for ~을 준비하다	명 preparation 준비

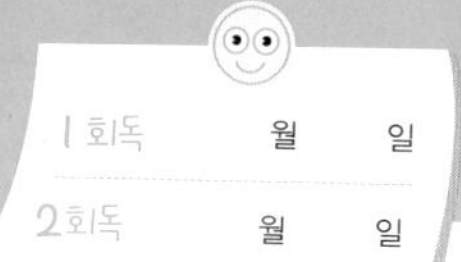

✦ 주어진 우리말 문장에 맞도록 알맞은 단어를 넣어 문장을 완성하시오. 정답 p.193

He ______ lots of money from translating English into Korean.
그는 영어를 한국어로 번역하여 많은 돈을 번다.

I ______ your success.
당신의 성공이 부럽군요.

Science requires ______ evidence to prove theories.
과학은 이론을 증명하는 사실적 증거를 요구한다.

The child was ______ on the computer game.
그 아이는 컴퓨터 게임에 집중하고 있었다(집중된 상태였다).

Take the ______ out in the yard.
쓰레기를 마당에 내놓아라.

I gave my mother a ______ on her birthday.
나는 엄마 생신에 손수건을 드렸다.

A fierce ______ is approaching the town.
사나운 허리케인이 마을로 다가오고 있다.

Stop eating that ______ food.
불량식품 좀 그만 먹어.

You can put your ______ in the overhead compartment.
여행 가방은 머리 위에 있는 칸에 넣으세요.

Our economy is a ______ problem.
우리의 경제가 주요 문제이다.

Later, he went to India as a ______.
나중에 그는 선교사로 인도에 갔다.

The large ship could not ______ the river.
큰 배는 강을 항해할 수 없었다.

She ______ me out of her house.
그녀는 나에게 집에서 나가라고 명령했다.

Picasso was one of the world's greatest ______.
피카소는 세계 최고의 화가 중 한 명이었다.

The students are studying hard to ______ for the exams.
학생들은 시험 준비를 위해 열심히 공부하고 있다.

REVIEW TEST 01

DAY 01 ~ DAY 02

A 우리말과 같은 뜻이 되도록 빈칸에 들어갈 알맞은 단어를 적으시오.

1. go ________________ (탑승하다)
2. a combined ________________ (혼합 백신)
3. out of ________________ (고장난)
4. ________________ in (~을 전공하다)
5. ________________ a wild horse (야생마를 길들이다)
6. be ________________ of (~을 부끄럽게 여기다)
7. an ________________ case (믿을 수 없는 사건)
8. a ________________ businessman (전형적인 사업가)
9. a raise in one's ________________ (임금 인상)
10. ________________ for (~을 준비하다)

B 다음 괄호 안의 지시대로 주어진 단어를 변형시키고 그 뜻을 적으시오.

		변형	뜻
1	ability (형용사형으로)	→ ________	________
2	canal (동사형으로)	→ ________	________
3	hunger (형용사형으로)	→ ________	________
4	prefer (명사형으로)	→ ________	________
5	typical (부사형으로)	→ ________	________
6	yawn (형용사형으로)	→ ________	________
7	dimension (형용사형으로)	→ ________	________
8	factual (명사형으로)	→ ________	________
9	major (명사형으로)	→ ________	________
10	navigate (명사형으로)	→ ________	________

정답 p.193

C 다음 영영풀이에 해당하는 단어를 보기에서 골라 적으시오.

보기				
hurricane	baggage	vaccine	dig	chief
compose	gym	wage	deadline	package

1. highest in rank or authority → ______________
2. to make up or form the basis → ______________
3. to break up, turn over, or remove earth, sand, etc. → ______________
4. a gymnasium; a place where people go to exercise → ______________
5. something wrapped in paper, packed in a box → ______________
6. any preparation used to provide immunity against a specific disease → ______________
7. money that is paid or received for work or services → ______________
8. trunks, suitcases, etc., used in traveling → ______________
9. the time by which something must be finished or submitted → ______________
10. a violent, tropical, cyclonic storm of the western North Atlantic → ______________

D 우리말과 같은 뜻이 되도록 주어진 문장의 빈칸을 완성하시오.

1. 그녀는 팀의 1인자가 되길 간절히 원한다.
   → She is ______________ to be the ace of the team.
2. 사람들을 외모로 판단하지 마라.
   → Don't ______________ people by their appearances.
3. 타인을 위해 자신을 희생하는 것은 쉽지 않다.
   → It's not easy to ______________ oneself for others.
4. 나는 너의 교과서를 빌리고 싶어.
   → I want to ______________ your textbook.

5 수에즈 운하에 가본 적이 있니?
→ Have you been to the Suez __________?

6 그녀는 어릴 적에 매우 가난했다.
→ She was very poor in her __________.

7 당신의 성공이 부럽군요.
→ I __________ your success.

8 나는 엄마 생신에 손수건을 드렸다.
→ I gave my mother a __________ on her birthday.

9 피카소는 세계 최고의 화가 중 한 명이었다.
→ Picasso was one of the world's greatest __________.

10 학생들은 시험 준비를 위해 열심히 공부하고 있다.
→ The students are studying hard to __________ for the exams.

E 문장의 밑줄 친 부분에 해당하는 유의어 혹은 반의어를 보기에서 골라 적으시오.

보기				
obstacle	focus	crocodile	get	faithful
major	safe	wide	sofa	trash

1 There are many alligators around this river. 유의어 = __________

2 A little learning is a dangerous thing. 반의어 ↔ __________

3 Nothing ventured, nothing gained. 유의어 = __________

4 Poor eyesight is a handicap to a student. 유의어 = __________

5 Soldiers are loyal to their own countries. 유의어 = __________

6 They thought it was a minor problem. 반의어 ↔ __________

7 Widen your narrow point of view. 반의어 ↔ __________

8 Good students concentrate on studying in class. 유의어 = __________

9 I put it on my couch. 유의어 = __________

10 Take the garbage out in the yard. 유의어 = __________

F 영어발음을 듣고 영어단어를 적은 후, 우리말 뜻을 적으시오.

영어단어 듣고 쓰기

	영어	우리말		영어	우리말
①	______	______	⑧	______	______
②	______	______	⑨	______	______
③	______	______	⑩	______	______
④	______	______	⑪	______	______
⑤	______	______	⑫	______	______
⑥	______	______	⑬	______	______
⑦	______	______	⑭	______	______

G 영어문장을 듣고 빈칸에 들어갈 단어를 채워 문장을 완성하시오.

영어문장 듣고 쓰기

① ______ spells are difficult to understand.

② A large ______ has arrived for her.

③ A man is floating on a ______.

④ The trainer ______ the lion.

⑤ We saw an ______ case in the news.

⑥ No one was ______ the airplane at that time.

⑦ He was ______ of his mistake.

⑧ He ______ lots of money from translating English into Korean.

⑨ Later, he went to India as a ______.

⑩ He has the ______ to cure people.

⑪ Many people and animals died in the ______.

⑫ Many children suffer from ______ in North Korea.

⑬ Tom ______ soccer to baseball.

⑭ He stretched and then gave a big ______.

⑮ Computer design tools work in three ______.

⑯ Science requires ______ evidence to prove theories.

DAY 03

061 **raise**
[reiz]
동 올리다 명 가격 인상
raise taxes 세금을 올리다

062 **remember**
[rimémbər]
동 기억하다 명 remembrance 기억 반 forget 잊다
remember the poem by heart 시를 암송하다

063 **safety**
[séifti]
명 안전 형 safe 안전한 부 safely 안전하게 반 risk 위험

064 **shepherd**
[ʃépərd]
명 양치기, 목동
sheep without a shepherd 오합지졸, 양치기 없는 양

065 **specific**
[spisífik]
형 구체적인 유 particular, detailed
specific information 구체적인 정보

066 **survey**
[səːrvéi]
명 조사
a survey of TV viewers TV 시청자 조사

067 **target**
[tάːrgit]
명 목표 유 goal
off target 정확하지 않은, 목표에서 벗어난

068 **uncomfortable**
[ʌnkʌ́mftəbl]
형 불편한, 불쾌한 부 uncomfortably 불쾌하게 반 comfortable 편안한

069 **vain**
[vein]
형 헛된
in vain 헛되이

070 **wander**
[wάndər]
동 헤매다 형 wandering 돌아다니는 유 roam
wander lonely as a cloud 구름처럼 외로이 떠돌다

071 **yell**
[jel]
동 고함치다 유 scream
yell at ~에게 소리를 지르다

072 **abroad**
[əbrɔ́ːd]
부 해외로 유 overseas
go abroad 해외로 가다

073 **allowance**
[əláuəns]
명 용돈, 수당 유 pocket money
a monthly allowance 한 달 용돈

074 **assembly**
[əsémbli]
명 집회 동 assemble 모으다 유 meeting
National Assembly 국회

075 **balance**
[bǽləns]
명 균형 동 균형을 유지하다
balance oneself 몸의 균형을 유지하다

✦ 주어진 우리말 문장에 맞도록 알맞은 단어를 넣어 문장을 완성하시오. 정답 p.194

The party objected to the ________________ of taxes.
그 정당은 세금 인상을 반대했다.

I ________________ seeing her once.
나는 그녀를 한 번 봤던 것을 기억해 냈다.

Housewives give low marks to food ________________.
주부들은 식품 안전에 대해 불신한다.

Finally, the ________________ found the stray lamb.
마침내 목동은 길 잃은 양을 찾았다.

Give me more ________________ information.
내게 더 구체적인 정보를 주세요.

When can we get the results of the ________________?
조사 결과는 언제 받을 수 있죠?

Our company reached the ________________ level last month.
우리 회사는 지난달에 목표 수준에 도달했다.

He feels ________________ around strangers.
그는 낯선 사람들 주변에서 불편함을 느낀다.

The attempt was in ________________.
그 시도는 헛수고가 되었다.

The children ________________ in the woods.
아이들이 숲 속에서 길을 헤매었다.

________________ at other people is very rude.
다른 사람들에게 고함치는 것은 아주 무례한 짓이다.

Have you been ________________?
해외에 가본 적 있니?

I receive an ________________ from my parents.
나는 부모님에게서 용돈을 받는다.

Illegal ________________ are prohibited by law.
불법 집회는 법으로 금지되어 있다.

He tried to ________________ himself on the rope.
그는 줄 위에서 균형을 유지하려고 애썼다.

DAY 03

076 **bouquet** [boukéi]
명 부케, 꽃다발 유 a bunch of flowers
a bouquet of roses 장미 꽃다발

077 **cancel** [kǽnsəl]
동 취소하다 명 취소
cancel one's order 주문을 취소하다

078 **chip** [tʃip]
명 칩, 얇은 조각
potato chips 감자칩

079 **concept** [kánsept]
명 개념 형 conceptual 개념의 유 conception
the concept of equality 평등의 개념

080 **count** [kaunt]
동 세다
count down 카운트다운하다

081 **deal** [di:l]
명 거래 동 다루다, 처리하다

082 **dine** [dain]
동 저녁식사 하다 명 dinner 저녁식사 유 eat
dine out 식사하러 나가다

083 **earthquake** [ə́:rθkwèik]
명 지진
earthquake-proof 내진의

084 **equip** [ikwíp]
동 장비를 갖추다 명 equipment 장비 유 supply
equip oneself 채비하다, 준비하다

085 **failure** [féiljər]
명 실패 동 fail 실패하다 반 success 성공
end in failure 실패로 돌아가다

086 **fold** [fould]
동 접다 형 foldable 접을 수 있는
with one's arms folded 팔짱을 끼고

087 **gardener** [gá:rdnər]
명 정원사, 원예가 유 landscaper
a skilled gardener 숙련된 정원사

088 **handle** [hǽndl]
명 손잡이
turn a handle 손잡이를 돌리다

089 **idiom** [ídiəm]
명 숙어 형 idiomatic 숙어의

090 **Jupiter** [dʒú:pətər]
명 목성
observe Jupiter 목성을 관찰하다

✦ 주어진 우리말 문장에 맞도록 알맞은 단어를 넣어 문장을 완성하시오. 정답 p.194

The bride threw the to her friend.
신부가 친구에게 부케를 던졌다.

All flights were this morning.
모든 비행편이 오늘 아침에 취소되었다.

The are the key components to the system.
그 칩들은 그 시스템에 가장 중요한 요소이다.

He presented a new of the beginning of the universe.
그는 우주 기원의 새로운 개념을 발표했다.

Can you the numbers?
수를 셀 줄 아니?

Don't you think it is a good ?
괜찮은 거래라고 생각하지 않니?

Jenny told me she would have to with Helen that night.
제니는 나에게 그날 밤에 헬렌과 함께 저녁을 먹어야 했다고 말했다.

The town was destroyed by the .
그 마을은 지진으로 파괴되었다.

He himself for a journey.
그는 여행갈 채비를 하였다.

is bitter.
실패는 쓰다.

I don't know how to the paper like it.
나는 종이를 그렇게 접는 방법을 몰라요.

The replanted the uprooted flower.
정원사가 그 뿌리 뽑힌 꽃을 다시 심었다.

Pull the when you want to open the door.
문을 열고 싶으면 손잡이를 잡아당기세요.

reflect cultural influences on languages.
숙어는 언어에 대한 문화적 영향을 반영한다.

is the largest planet in the solar system.
목성은 태양계에서 가장 큰 행성이다.

DAY 04

091	**lung** [lʌŋ]	명 폐 have good lungs 폐가 튼튼하다, 목소리가 크다	
092	**male** [meil]	형 남자의 명 남자 a male animal 동물의 수컷	반 female 여성의; 여성
093	**moment** [móumənt]	명 순간 at any moment 언제든지, 아무 때나	형 momentary 순간적인
094	**nearby** [níərbài]	형 가까운 a nearby station 가까운 역	유 neighboring
095	**outdoor** [áutdɔ̀ːr]	형 야외의 an outdoor life 야외 생활	반 indoor 실내의
096	**pale** [peil]	형 창백한 turn pale 창백해지다	
097	**preserve** [prizə́ːrv]	동 보존하다, 유지하다 preserve order 질서를 유지하다	명 preservation 보존 유 conserve
098	**range** [reindʒ]	명 범위, 사정거리 at long range 원거리에서	유 scope
099	**remind** [rimáind]	동 상기시키다 remind A of B A에게 B를 상기시키다	형 remindful 생각나게 하는
100	**saint** [seint]	명 성인, 성자 St. Valentine's Day 성 밸런타인데이	
101	**shortcut** [ʃɔ́ːrtkʌ̀t]	명 지름길 take a shortcut 지름길을 택하다	
102	**speechless** [spíːtʃlis]	형 말문이 막힌 become speechless 말문이 막히게 되다	부 speechlessly 말문이 막히게
103	**survive** [sərváiv]	동 생존하다 survive in the jungle 정글에서 생존하다	명 survival 생존
104	**task** [tæsk]	명 일, 업무 a task force 대책 위원회, 특별 전문 위원회	유 work
105	**underground** [ʌ̀ndərgráund]	형 지하의 an underground cave 지하 동굴	

✦ 주어진 우리말 문장에 맞도록 알맞은 단어를 넣어 문장을 완성하시오. 정답 p.194

There is a strong connection between smoking and ______ cancer.
흡연과 폐암 사이에는 강한 상관관계가 있다.

It is not easy to see ______ nurses in a hospital.
병원에서 남자 간호사를 보기가 쉽지 않다.

At the ______, he came into the room.
그 순간, 그가 방으로 들어왔다.

Let's hit the road to the ______ bookstore.
가까운 서점으로 출발하자.

I like ______ sports.
나는 야외 스포츠를 좋아한다.

You look so ______. What's the matter?
너 무척 창백해 보여. 무슨 일이니?

They tried hard to ______ peace.
그들은 평화를 유지하기 위해 애썼다.

What is the ______ of this gun?
이 총의 사정거리가 얼마나 되나요?

This picture ______ me of my childhood.
이 사진은 나에게 어린 시절을 생각나게 한다.

He is as generous as a ______.
그는 성자처럼 인자하다.

You can take a ______ to go there.
그곳으로 가는 지름길을 택하실 수 있습니다.

On hearing the news, she became ______.
그녀는 소식을 듣자마자 말문이 막혔다.

The instructor taught us how to ______.
그 지도자는 우리에게 생존하는 법을 가르쳐주었다.

The government organized a ______ force.
정부는 대책 위원회를 구성했다.

A person discovered several ______ caves.
한 사람이 몇 개의 지하 동굴을 발견했다.

DAY 04

106	**value** [vǽljuː]	명 가치 face value 액면가	형 valuable 가치 있는 유 worth
107	**warmly** [wɔ́ːrmli]	부 따뜻하게 dress warmly 따뜻하게 입다	형 warm 따뜻한
108	**youth** [juːθ]	명 젊음 in one's youth 젊을 때에	형 youthful 젊은, 발랄한
109	**accent** [ǽksent]	명 억양, 강조 a British accent 영국 억양	
110	**alone** [əlóun]	부 혼자, 홀로 leave someone alone ~를 홀로 내버려두다	유 solely
111	**assignment** [əsáinmənt]	명 숙제 give an assignment 과제를 주다	동 assign 할당하다 유 homework
112	**ban** [bæn]	명 금지 동 금지하다 remove a ban 금지를 해제하다	유 prohibit 반 permit 허락하다
113	**brag** [bræg]	동 자랑하다, 허풍떨다	유 boast
114	**cancer** [kǽnsər]	명 암 lung cancer 폐암	유 carcinoma
115	**choose** [tʃuːz]	동 고르다 as you choose 원하시는 대로	명 choice 선택 유 select
116	**conductor** [kəndʌ́ktər]	명 지휘자, 기관사	
117	**countryside** [kʌ́ntrisàid]	명 시골	유 country
118	**debate** [dibéit]	명 토론 동 토론하다 debate a question 문제에 대해 토론하다	유 discussion
119	**dinosaur** [dáinəsɔ̀ːr]	명 공룡 dinosaur bones 공룡 뼈	
120	**economics** [èkənɑ́miks | ìːkə-]	명 경제학 home economics 가정 경제학	형 economic 경제의

✦ 주어진 우리말 문장에 맞도록 알맞은 단어를 넣어 문장을 완성하시오. 정답 p.194

The ________ of the dollar may fall.
달러화의 가치가 하락할지도 모른다.

You should dress ________ in winter.
겨울에는 옷을 따뜻하게 입어야 한다.

She was beautiful in her ________.
그녀는 젊었을 때 아름다웠다.

The man spoke with a British ________.
그 남자는 영국 억양으로 말했다.

I hate living ________.
나는 혼자 사는 것이 싫다.

Did you finish your ________?
숙제를 끝냈니?

I think there should be a ________ on human cloning.
나는 인간 복제가 금지되어야 한다고 생각한다.

You shouldn't ________ about your sports car.
너의 스포츠카에 대해 자랑하면 안 된다.

My uncle is being treated for lung ________.
삼촌은 폐암 치료를 받고 계신다.

You should think about your interests when you ________ your job.
직장을 구할 때는 흥미를 고려해야 한다.

The ________ is holding a baton.
지휘자가 지휘봉을 쥐고 있다.

He grew up in the ________.
그는 시골에서 자랐다.

The ________ was on English education at an early stage.
그 토론은 영어 조기 교육에 관한 것이었다.

They found some fossilized ________ bones.
그들은 화석이 된 공룡 뼈를 발견했다.

He studied ________ at university.
그는 대학에서 경제학을 공부했다.

REVIEW TEST 02 DAY 03 ~ DAY 04

A 우리말과 같은 뜻이 되도록 빈칸에 들어갈 알맞은 단어를 적으시오.

1. ________________ at (~에게 소리를 지르다)
2. a monthly ________________ (한 달 용돈)
3. ________________ one's order (주문을 취소하다)
4. ________________ oneself (채비하다, 준비하다)
5. with one's arms ________________ (팔짱을 끼고)
6. ________________ a question (문제에 대해 토론하다)
7. turn ________________ (창백해지다)
8. dress ________________ (따뜻하게 입다)
9. leave someone ________________ (~를 홀로 내버려두다)
10. ________________ order (질서를 유지하다)

B 다음 괄호 안의 지시대로 주어진 단어를 변형시키고 그 뜻을 적으시오.

		변형	뜻
1	assembly (동사형으로)	→ ________________	________________
2	failure (동사형으로)	→ ________________	________________
3	survive (명사형으로)	→ ________________	________________
4	value (형용사형으로)	→ ________________	________________
5	youth (형용사형으로)	→ ________________	________________
6	assignment (동사형으로)	→ ________________	________________
7	choose (명사형으로)	→ ________________	________________
8	economics (형용사형으로)	→ ________________	________________
9	uncomfortable (부사형으로)	→ ________________	________________
10	equip (명사형으로)	→ ________________	________________

정답 p.194

C 다음 영영풀이에 해당하는 단어를 보기에서 골라 적으시오.

보기				
accent	survey	dinosaur	raise	abroad
shepherd	male	concept	cancel	conductor

1. to move to a higher position; lift up; elevate → ____________
2. a person who herds, tends, and guards sheep → ____________
3. an act of examining or of taking a comprehensive view of something → ____________
4. in or to a foreign country or countries → ____________
5. to decide or announce that a planned event will not take place → ____________
6. a general notion or idea → ____________
7. a person bearing an X and Y chromosome pair in the cell nuclei → ____________
8. a characteristic pronunciation → ____________
9. a person who directs an orchestra or chorus → ____________
10. any reptile of the extinct species of which are the largest known land animals → ____________

D 우리말과 같은 뜻이 되도록 주어진 문장의 빈칸을 완성하시오.

1. 내게 더 구체적인 정보를 주세요.
   → Give me more ____________ information.
2. 우리 회사는 지난달에 목표 수준에 도달했다.
   Our company reached the ____________ level last month.
3. 아이들이 숲 속에서 길을 헤매었다.
   → The children ____________ in the woods.
4. 그는 줄 위에서 균형을 유지하려고 애썼다.
   → He tried to ____________ himself on the rope.

5 그 칩들은 그 시스템에 가장 중요한 요소이다.
→ The ______________ are the key components to the system.

6 괜찮은 거래라고 생각하지 않니?
→ Don't you think it is a good ______________?

7 나는 종이를 그렇게 접는 방법을 몰라요.
→ I don't know how to ______________ the paper like it.

8 숙어는 언어에 대한 문화적 영향을 반영한다.
→ ______________ reflect cultural influences on languages.

9 이 사진은 나에게 어린 시절을 생각나게 한다.
→ This picture ______________ me of my childhood.

10 정부는 대책 위원회를 구성했다.
→ The government organized a ______________ force.

E 문장의 밑줄 친 부분에 해당하는 유의어 혹은 반의어를 보기에서 골라 적으시오.

보기				
solely	comfortable	success	indoor	permit
conserve	forget	pocket money	scream	supply

1 I remember seeing her once. 반의어 ↔ ______________

2 Yelling at other people is very rude. 유의어 = ______________

3 I receive an allowance from my parents. 유의어 = ______________

4 Failure is bitter. 반의어 ↔ ______________

5 I like outdoor sports. 반의어 ↔ ______________

6 They tried hard to preserve peace. 유의어 = ______________

7 I hate living alone. 유의어 = ______________

8 He feels uncomfortable around strangers. 반의어 ↔ ______________

9 He equipped himself for a journey. 유의어 = ______________

10 I think there should be a ban on human cloning. 반의어 ↔ ______________

F 영어발음을 듣고 영어단어를 적은 후, 우리말 뜻을 적으시오.

	영어	우리말		영어	우리말
①			⑧		
②			⑨		
③			⑩		
④			⑪		
⑤			⑫		
⑥			⑬		
⑦			⑭		

G 영어문장을 듣고 빈칸에 들어갈 단어를 채워 문장을 완성하시오.

영어문장
듣고 쓰기

① Housewives give low marks to food ______________.

② The bride threw the ______________ to her friend.

③ Can you ______________ the numbers?

④ The town was destroyed by the ______________.

⑤ The ______________ replanted the uprooted flower.

⑥ ______________ is the largest planet in the solar system.

⑦ There is a strong connection between smoking and ______________ cancer.

⑧ Let's hit the road to the ______________ bookstore.

⑨ What is the ______________ of this gun?

⑩ He is as generous as a ______________.

⑪ On hearing the news, she became ______________.

⑫ A person discovered several ______________ caves.

⑬ You should dress ______________ in winter.

⑭ You shouldn't ______________ about your sports car.

⑮ He grew up in the ______________.

⑯ Illegal ______________ are prohibited by law.

121 **erase** [iréiz]
동 지우다 명 eraser 지우개 유 remove
erase a word 단어를 지우다

122 **faint** [feint]
형 기절할 것 같은, 희미한 동 기절하다

123 **follow** [fálou]
동 따라오다[가다] 반 lead 이끌다
the following sentence 다음에 나오는 문장

124 **gasoline** [gǽsəlì:n]
명 휘발유
a gasoline engine 가솔린 엔진[기관]

125 **hang** [hæŋ]
동 매달다, 매달리다 유 suspend
hang one's head (부끄러워) 고개를 숙이다 *hang-hung-hung*

126 **illegal** [ilí:gəl]
형 불법의 반 legal 합법적인
an illegal sale 밀매

127 **knowledge** [nálidʒ]
명 지식 동 know 알다 반 ignorance 무지
of common knowledge 상식의

128 **manager** [mǽnidʒər]
명 관리자, 경영자 동 manage 관리하다
a sales manager 판매부장

129 **moreover** [mɔːróuvər]
부 게다가 유 furthermore

130 **necessary** [nésəsèri]
형 필요한, 필수의 명 necessity 필요 반 unnecessary 불필요한
if necessary 만일 필요하다면

131 **overweight** [óuvərwèit]
형 중량 초과의, 과체중의 명 중량 초과, 과체중
an overweight load 중량 초과의 짐

132 **parachute** [pǽrəʃù:t]
명 낙하산 동 낙하산으로 떨어뜨리다
release a parachute 낙하산을 펴다

133 **prevent** [privént]
동 막다 명 prevention 예방 유 stop, avoid
prevent A from B A를 B로부터 막다

134 **rank** [ræŋk]
명 계급, 지위 동 등급을 매기다
be in the first rank 일류급이다

135 **remote** [rimóut]
형 먼, 외딴 유 far
a remote future 먼 장래

✦ 주어진 우리말 문장에 맞도록 알맞은 단어를 넣어 문장을 완성하시오. 정답 p.195

Don't   the line.
그 선을 지우지 마라.

She felt   from hunger.
그녀는 배가 너무 고파서 기절할 지경이었다.

The police officer made the taxi   the white car.
경찰관이 택시에게 흰 차를 따라가라고 시켰다.

This car needs   to move.
이 차는 움직이려면 휘발유가 필요하다.

Please   the picture on the wall.
그림을 벽에 걸어주세요.

What you are trying to do is   .
네가 하려고 하는 일은 불법이야.

We go to school to get   about many different things.
우리는 서로 다른 여러 가지에 대한 지식을 얻고자 학교에 다닌다.

He became the   of the store.
그는 그 가게의 관리자가 되었다.

               , it began to rain.
게다가 비가 내리기 시작했다.

Air is   to live.
공기는 살아가는 데 필수적이다.

The police checked the truck with the   load.
경찰은 중량 초과의 화물을 실은 트럭을 점검했다.

Today, we practiced releasing our   .
오늘 우리는 낙하산 펴는 것을 연습했다.

The snow   him from going out.
그는 눈 때문에 나갈 수가 없었다.

My father was promoted to a higher   .
우리 아빠는 더 높은 지위로 승진하셨다.

Alaska is a   icy land.
알래스카는 얼음으로 뒤덮인 먼 땅이다.

DAY 05

136 **satisfy**
[sǽtisfài]
동 만족시키다 형 satisfied 만족하는, satisfying 만족할 만한
be satisfied with ~에 만족하다

137 **sigh**
[sai]
동 한숨 쉬다 명 한숨
sigh with relief 안도의 한숨을 쉬다

138 **spell**
[spel]
명 주문, 마력 동 철자를 말하다 유 charm
cast a spell on ~에게 마법을 걸다

139 **sushi**
[súːʃi]
명 초밥
a rotating sushi shop 회전 초밥집

140 **tax**
[tæks]
명 세금
income tax 소득세

141 **underwater**
[ʌ̀ndərwɔ́ːtər]
형 물속의
underwater photography 수중 촬영

142 **vehicle**
[víːikl]
명 교통수단, 탈것
a motor vehicle 자동차

143 **warn**
[wɔːrn]
동 경고하다 명 warning 경고 유 alarm
warn A of B A에게 B에 대하여 경고하다

144 **accept**
[æksépt]
동 받아들이다 명 acceptance 수용 유 receive
accept an offer 제안을 받아들이다

145 **already**
[ɔːlrédi]
부 이미, 벌써

146 **athlete**
[ǽθliːt]
명 운동선수 형 athletic 경기의 유 player
an amateur athlete 아마추어 선수

147 **bandage**
[bǽndidʒ]
명 붕대 유 dressing
apply a bandage to ~에게 붕대를 감다

148 **brief**
[briːf]
형 짧은, 간결한 유 short
a brief visit 짧은 방문

149 **capital**
[kǽpətl]
명 수도, 자본 형 자본의, 주요한, 수도의
a capital city 수도

150 **chore**
[tʃɔːr]
명 하기 싫은 일, 가사
a household chore 집안일

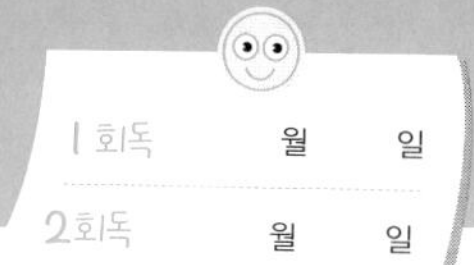

✦ 주어진 우리말 문장에 맞도록 알맞은 단어를 넣어 문장을 완성하시오. 정답 p.195

The results ______ everyone on the committee.
그 결과는 위원회의 모든 사람들을 만족시켰다.

He ______ with relief.
그는 안도의 한숨을 쉬었다.

The wicked witch cast a ______ on the princess.
그 사악한 마녀가 공주에게 마법을 걸었다.

He served ______.
그는 초밥을 대접했다.

Citizens should pay ______.
시민이라면 세금을 내야 한다.

Submarines are ______ ships.
잠수함은 물속에 있는 배다.

A train will be the perfect ______ to travel there.
기차는 그곳을 여행하는 데 완벽한 교통수단이 될 것이다.

The police officer ______ her not to park on the street.
경찰관은 그녀에게 길에 주차하지 말라고 경고했다.

The company ______ my offer.
회사가 나의 제안을 받아들였다.

She has ______ finished her work.
그녀는 벌써 일을 끝냈다.

My cousin wants to be an ______ in the future.
내 사촌은 장래에 운동선수가 되고 싶어한다.

His leg was wrapped in a ______.
그의 다리는 붕대로 감겨 있었다.

I had a ______ conversation on the phone with my friend.
나는 친구와 전화로 간단한 대화를 나누었다.

Seoul is the ______ of Korea.
서울은 한국의 수도이다.

Doing laundry is one of my least favorite ______.
빨래하는 것은 내가 가장 싫어하는 일들 중 하나다.

DAY 06

151 **confidence** [kάnfidəns]
명 자신, 확신 | 형 confidential 기밀의, 은밀한
with confidence 자신을 갖고 self-confidence 자신감, 자부심

152 **courage** [kə́:ridʒ]
명 용기 | 형 courageous 용기 있는 유 bravery
great courage 대단한 용기

153 **deceive** [disí:v]
동 속이다, 기만하다
deceive oneself 자신을 속이다, 잘못 생각하다

154 **direction** [dirékʃən]
명 방향
in all directions 사방팔방으로

155 **economy** [ikάnəmi]
명 경제 | 형 economic 경제의
a national economy 국가 경제

156 **erupt** [irʌ́pt]
동 분출하다, 폭발하다 | 명 eruption 분출 유 explode

157 **faithful** [féiθfəl]
형 충실한 | 명 faith 신뢰 유 loyal
be faithful to ~에 충실하다

158 **forecast** [fɔ́:rkæ̀st]
동 예보하다 명 예보 | 유 predict
a weather forecast 일기 예보 *forecast-forecast[forecasted]-forecast[forecaste*

159 **gather** [gǽðər]
동 모으다 | 반 scatter 흩뿌리다
gather in crops 농작물을 수확하다

160 **happen** [hǽpən]
동 일어나다 | 유 occur
happen to do 우연히 ~하다

161 **illness** [ílnis]
명 병 | 형 ill 아픈 반 health 건강
a severe illness 중병

162 **label** [léibəl]
명 상표, 라벨 동 표[상표]를 붙이다
a designer label 디자이너 상표

163 **mankind** [mæ̀nkáind]
명 인류 | 유 people
love for all mankind 인류애

164 **motherland** [mʌ́ðərlæ̀nd]
명 조국
miss the motherland 조국을 그리워하다

165 **nowadays** [náuədèiz]
부 요즈음에 명 요즈음 | 유 these days

✦ 주어진 우리말 문장에 맞도록 알맞은 단어를 넣어 문장을 완성하시오. 정답 p.195

With , it is easier to answer the question.
자신을 가지면 질문에 답하기가 더 쉽다.

We lost the to try again.
우리는 다시 시도할 용기를 잃었다.

She is easily .
그녀는 쉽게 속는다.

The dog is running in all .
강아지 한 마리가 사방팔방으로 뛰어다니고 있다.

The global is getting better.
세계 경제가 호전되고 있다.

At last, the volcano at night.
마침내 밤에 화산이 폭발했다.

He is to his wife.
그는 아내에게 충실하다.

A hurricane has been for tomorrow afternoon.
내일 오후에 허리케인이 예보되어 있다.

The teacher the students.
선생님은 학생들을 모았다.

I to meet my boss on the street.
나는 길에서 우연히 사장님을 만났다.

is something we don't want to have.
병은 우리가 앓고 싶지 않은 것이다.

She likes wearing clothes with designer .
그녀는 디자이너 상표의 옷을 입는 것을 좋아한다.

It was a great step forward for all of .
그것은 전인류에게 커다란 일보 전진이었다.

She wanted to go back to her .
그녀는 조국으로 돌아가고 싶어했다.

I don't see much of Jane .
난 요즘 제인을 통 보지 못했다.

DAY 06

166 **owe**
[ou]
동 빚지고 있다, 은혜를 입고 있다

167 **parade**
[pəréid]
명 행렬, 퍼레이드 유 march
march in a parade 행렬로 행진하다

168 **previous**
[príːviəs]
형 예전의
the previous day 전날

169 **rarely**
[rέərli]
부 좀처럼 ~않는 형 rare 드문 반 commonly 흔히
rarely ever 좀처럼 ~하지 않는

170 **rent**
[rent]
명 집세 참 landlord 집주인
pay high rent 높은 임대료를 내다

171 **Saturn**
[sǽtərn]
명 토성
Saturn's rings 토성의 고리

172 **signal**
[sígnəl]
명 신호 유 cue
without any signal 아무런 신호 없이

173 **spill**
[spil]
동 엎지르다 명 엎지름
spill salt 소금을 엎다 *spill-spilled[spilt]-spilled[spilt]*

174 **swallow**
[swálou]
동 삼키다
swallow the bait 미끼를 삼키다

175 **tear**
[tέər]
동 찢다 유 rip
tear something into pieces ~을 갈기갈기 찢다 *tear-tore-torn*

176 **undeveloped**
[ʌ̀ndivéləpt]
형 미개발된 반 developed 개발된
an undeveloped country 후진국

177 **Venus**
[víːnəs]
명 금성

178 **warship**
[wɔ́ːʃip]
명 군함
the crew of a warship 군함의 선원

179 **access**
[ǽkses]
명 접근 형 accessible 접근할 수 있는
have access to ~에 접근하다

180 **alter**
[ɔ́ːltər]
동 변경하다 유 change
alter for the better 개선하다

✦ 주어진 우리말 문장에 맞도록 알맞은 단어를 넣어 문장을 완성하시오. 정답 p.195

I ________ you a lot.
큰 빚을 졌습니다. (신세를 많이 졌습니다.)

The Olympic Games begin with a ________ of all the competing nations.
올림픽 게임은 모든 경합국들의 행렬로 시작된다.

He handed the flowers to her the ________ day.
그는 전날 그녀에게 꽃을 전했다.

Lions ________ ever eat plants.
사자는 좀처럼 풀을 먹지 않는다.

You must pay your ________ in advance.
당신은 집세를 미리 내야 합니다.

Is it possible for us to visit ________ someday?
언젠가 우리가 토성을 방문할 수 있을까?

He gave the ________ to the pitcher.
그는 투수에게 신호를 보냈다.

She ________ her drink.
그녀는 음료를 엎질렀다.

He always ________ his food without chewing.
그는 항상 음식을 씹지 않고 삼킨다.

She ________ the letter into pieces.
그녀는 편지를 갈기갈기 찢었다.

The resources are as yet ________.
자원은 이제껏 개발되지 않고 있다.

________ is the second planet in the solar system.
금성은 태양계에 있는 두 번째 행성이다.

A ________ is a ship with guns used for fighting in wars.
군함은 전쟁에서 전투용으로 쓰이는 총을 싣는 배이다.

I have ________ to the secret room.
나는 밀실에 접근할 수 있다.

Sandy is going to ________ the schedule for today.
샌디는 오늘의 일정을 변경할 것이다.

REVIEW TEST 03 DAY 05 ~ DAY 06

A 우리말과 같은 뜻이 되도록 빈칸에 들어갈 알맞은 단어를 적으시오.

1. ________________ one's head (고개를 숙이다)
2. ________________ A from B (A가 B하는 것을 막다)
3. be ________________ with (~에 만족하다)
4. ________________ salt (소금을 얹다)
5. ________________' rings (토성의 고리)
6. a ________________ visit (짧은 방문)
7. a household ________________ (집안일)
8. self-________________ (자신감, 자부심)
9. pay high ________________ (높은 임대료를 내다)
10. ________________ to do (우연히 ~하다)

B 다음 괄호 안의 지시대로 주어진 단어를 변형시키고 그 뜻을 적으시오.

		변형	뜻
1	manager (동사형으로) →	________	________
2	satisfy (형용사형으로) →	________	________
3	athlete (형용사형으로) →	________	________
4	economy (형용사형으로) →	________	________
5	erupt (명사형으로) →	________	________
6	faithful (명사형으로) →	________	________
7	illness (형용사형으로) →	________	________
8	warn (명사형으로) →	________	________
9	courage (형용사형으로) →	________	________
10	prevent (명사형으로) →	________	________

정답 p.195

C 다음 영영풀이에 해당하는 단어를 보기에서 골라 적으시오.

보기				
vehicle	spell	bandage	faint	happen
rank	capital	parachute	hang	direction

1. lacking brightness, clearness, strength → ________
2. to fasten or attach a thing so that it is supported only from above → ________
3. a folding, umbrella-like fabric device with cords supporting a harness or straps, designed to support a person, object, package → ________
4. any means in or by which someone travels or something is carried → ________
5. a strip of cloth or other material used to bind up a wound → ________
6. the city or town that is the official seat of government in a country, state, etc. → ________
7. the course or path along which someone or something moves → ________
8. to take place; come to pass; occur → ________
9. a social or official position or standing, as in the armed forces → ________
10. a word, phrase, or form of words supposed to have magic power → ________

D 우리말과 같은 뜻이 되도록 주어진 문장의 빈칸을 완성하시오.

1. 이 차는 움직이려면 휘발유가 필요하다.
   → This car needs ________ to move.
2. 게다가 비가 내리기 시작했다. → ________, it began to rain.
3. 그녀는 벌써 일을 끝냈다. → She has ________ finished her work.
4. 빨래하는 것은 내가 가장 싫어하는 일들 중 하나다.
   → Doing laundry is one of my least favorite ________.

5 내일 오후에 허리케인이 예보되어 있다.

→ A hurricane has been ______________ for tomorrow afternoon.

6 그것은 전인류에게 커다란 일보 전진이었다.

→ It was a great step forward for all of ______________.

7 올림픽 게임은 모든 경합국들의 행렬로 시작된다.

→ The Olympic Games begin with a ______________ of all the competing nations.

8 그는 전날 그녀에게 꽃을 전했다.

→ He handed the flowers to her the ______________ day.

9 그는 항상 음식을 씹지 않고 삼킨다.

→ He always ______________ his food without chewing.

10 군함은 전쟁에서 전투용으로 쓰이는 총을 싣는 배이다.

→ A ______________ is a ship with guns used for fighting in wars.

E 문장의 밑줄 친 부분에 해당하는 유의어 혹은 반의어를 보기에서 골라 적으시오.

보기				
stop	remove	commonly	these days	ignorance
legal	alarm	far	scatter	developed

1 Don't erase the line. 유의어 = ______________

2 What you are trying to do is illegal. 반의어 ↔ ______________

3 The snow prevented him from going out. 유의어 = ______________

4 Alaska is a remote icy land. 유의어 = ______________

5 The police officer warned her not to park on the street. 유의어 = ______________

6 The teacher gathered the students. 반의어 ↔ ______________

7 Lions rarely ever eat plants. 반의어 ↔ ______________

8 The resources are as yet undeveloped. 반의어 ↔ ______________

9 We go to school to get knowledge about many different things. 반의어 ↔ ______________

10 I don't see much of Jane nowadays. 유의어 = ______________

F 영어발음을 듣고 영어단어를 적은 후, 우리말 뜻을 적으시오.

영어단어 듣고 쓰기

	영어	우리말		영어	우리말
1			8		
2			9		
3			10		
4			11		
5			12		
6			13		
7			14		

G 영어문장을 듣고 빈칸에 들어갈 단어를 채워 문장을 완성하시오.

영어문장 듣고 쓰기

1. Don't ______________ the line.
2. The police checked the truck with the ______________ load.
3. My father was promoted to a higher ______________.
4. He ______________ with relief.
5. The wicked witch cast a ______________ on the princess.
6. He served ______________.
7. Submarines are ______________ ships.
8. I had a ______________ conversation on the phone with my friend.
9. We lost the ______________ to try again.
10. She is easily ______________.
11. I don't see much of Jane ______________.
12. I ______________ you a lot.
13. She ______________ the letter into pieces.
14. Sandy is going to ______________ the schedule for today.
15. He became the ______________ of the store.
16. The results ______________ everyone on the committee.

DAY 07

181 **attach** [ətǽtʃ]
동 첨부하다, 붙이다 | 명 attachment 부착 유 stick
attach a file 파일을 첨부하다

182 **bang** [bæŋ]
명 쿵 하는 소리 동 쿵 소리나다
bang into ~와 우연히 마주치다

183 **bright** [brait]
형 밝은 | 명 brightness 밝음 반 dark 어두운
bright colors 밝은 색

184 **capture** [kǽptʃər]
동 붙잡다 명 포획 | 유 catch
captured prisoners 붙잡힌 죄수

185 **claim** [kleim]
동 요구하다, 주장하다 | 유 demand
claim back 되찾다

186 **conflict** [kənflíkt]
동 충돌하다 | 명 confliction 싸움, 충돌 반 agree 일치하다
conflict with ~와 충돌하다, 겹치다

187 **cradle** [kréidl]
명 요람, 아기 침대
from the cradle 어린 시절부터

188 **decision** [disíʒən]
명 결정 | 동 decide 결정하다 유 determination
make a decision 결정을 내리다

189 **directly** [diréktli]
부 직접적으로 | 형 direct 직접의 반 indirectly 간접적으로
tell directly 직접 말하다

190 **edge** [edʒ]
명 가장자리 | 유 border
on edge 초조하여

191 **escape** [iskéip]
동 탈출하다 명 탈출 | 유 flee
escape from ~로부터 탈출하다

192 **familiar** [fəmíljər]
형 잘 알려진, 친숙한 | 명 familiarity 친숙함
be familiar with ~을 잘 알다

193 **foreign** [fɔ́:rən]
형 외국의 | 명 foreigner 외국인 반 domestic 국내의
foreign affairs 외교 문제

194 **gear** [giər]
명 기구, 기어, 전동장치
out of gear 기어가 풀려서

195 **hardly** [hɑ́:rdli]
부 거의 ~ 않다 | 유 barely, scarcely

✦ 주어진 우리말 문장에 맞도록 알맞은 단어를 넣어 문장을 완성하시오. 정답 p.196

Don't forget to ______ the files.
그 파일들을 첨부하는 것을 잊지 마라.

It sounded like a ______.
쿵 소리가 나는 것 같았다.

Look on the ______ side.
밝은 면을 보세요.

The security guard ______ a thief.
경비원이 도둑을 잡았다.

He ______ his baggage.
그는 짐을 찾았다.

My schedule ______ with that course.
내 스케줄이 그 수업과 겹친다.

Babies are lying in the ______.
아기들은 요람에 누워 있다.

The committee couldn't make a ______.
위원회는 결정을 내릴 수 없었다.

Tell him ______.
그에게 직접 말하세요.

The ______ of the knife is dull.
칼날이 무디다.

A prisoner ______ from the prison yesterday.
한 죄수가 어제 탈옥했다.

I am not ______ with Chinese culture.
나는 중국 문화를 잘 모른다.

Learning a ______ language is very important nowadays.
요즘 외국어를 배우는 것은 매우 중요하다.

You have to wear protective ______ all the time.
당신은 언제나 보호구를 착용해야 해요.

My legs were so weak I could ______ stand.
나는 다리가 너무 약해서 거의 서 있을 수 없었다.

DAY 07

196 **imitate** [ímitèit]
동 흉내 내다, 모방하다 명 imitation 모방 유 copy

197 **laboratory** [lǽbərətɔ̀:ri]
명 실험실 형 실험실의
a chemical laboratory 화학 실험실

198 **marriage** [mǽridʒ]
명 결혼 동 marry ~와 결혼하다 반 divorce 이혼

199 **motion** [móuʃən]
명 동작, 몸짓, 운동 형 motional 운동의 유 movement
make a motion 몸짓으로 알리다

200 **oxygen** [ɑ́ksidʒən]
명 산소
an oxygen mask 산소 마스크

201 **paste** [peist]
동 풀로 붙이다 명 풀 형 pasty 풀 같은 유 glue
paste two pieces 두 조각을 풀로 붙이다

202 **priceless** [práislis]
형 매우 귀중한 명 pricelessness 매우 귀중한 것 유 invaluable
a priceless treasure 천금으로도 살 수 없는 보물

203 **rate** [reit]
명 비율, 등급, 요금 유 degree
interest rate 이자율

204 **repair** [ripɛ́ə:r]
명 수리 동 수리하다 명 repairman 수리공 유 fix

205 **scale** [skeil]
명 규모
on a large scale 대규모로

206 **similar** [símələr]
형 비슷한 명 similarity 비슷함 유 like
similar tastes 유사한 취미

207 **spin** [spin]
동 회전시키다 유 whirl
spin the wheel 운전대를 돌리다 *spin-spun-spun*

208 **sweat** [swet]
동 땀을 흘리다 명 땀 유 perspiration

209 **technology** [teknɑ́lədʒi]
명 과학기술 형 technological 과학기술의
modern technology 현대 기술

210 **uneasy** [ʌní:zi]
형 불안한 명 uneasiness 불안
an uneasy pose 불안한 자세

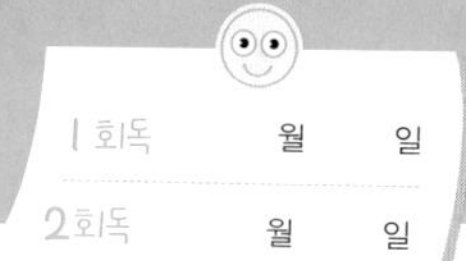

✦ 주어진 우리말 문장에 맞도록 알맞은 단어를 넣어 문장을 완성하시오. 정답 p.196

Boys try to ＿＿＿＿＿＿ their fathers.
남자아이들은 아버지를 흉내 내려고 한다.

The university built a new ＿＿＿＿＿＿.
그 대학교는 새 실험실을 지었다.

People envy our ＿＿＿＿＿＿.
사람들이 우리의 결혼을 부러워한다.

All her ＿＿＿＿＿＿ were graceful.
그녀의 모든 몸짓들은 우아했다.

＿＿＿＿＿＿ is necessary for people to survive.
산소는 사람들이 생존하는 데 필수적이다.

Several posters were ＿＿＿＿＿＿ on the wall.
몇 개의 포스터가 벽에 붙어 있었다.

We saw some ＿＿＿＿＿＿ paintings at the museum.
우리는 박물관에서 매우 귀중한 그림들을 보았다.

How is the exchange ＿＿＿＿＿＿ today?
오늘의 환율은 어떤가요?

The refrigerator needs to be ＿＿＿＿＿＿.
냉장고는 수리되어야 한다.

The movie was made on a large ＿＿＿＿＿＿.
그 영화는 대규모로 제작되었다.

My car is ＿＿＿＿＿＿ to yours.
내 차는 네 차와 비슷하다.

He ＿＿＿＿＿＿ his car around and ran after them.
그는 차를 돌려 그들을 쫓아갔다.

He ＿＿＿＿＿＿ a lot during his workout.
그는 운동하는 동안 땀을 많이 흘렸다.

There are some huge advances in ＿＿＿＿＿＿.
과학기술에 엄청난 진보가 있다.

The circus rider's pose was ＿＿＿＿＿＿.
곡예사의 자세가 불안했다.

211 **version** [vɔ́ːrʒən]
명 형태, 번역(본), 버전
the English version of the original 원작의 영어 번역본

212 **weakness** [wíːknis]
명 허약, 약점 　형 weak 약한
have no weaknesses 약점이 없다

213 **accident** [ǽksədənt]
명 사고 　형 accidental 우연한
a car accident 교통사고

214 **amaze** [əméiz]
동 깜짝 놀라게 하다 　명 amazement 놀람 형 amazed 깜짝 놀란 유 surprise

215 **attempt** [ətémpt]
동 시도하다 명 시도 　유 try
attempt to solve a problem 문제를 풀려고 시도하다

216 **barrier** [bǽriər]
명 장벽 　유 wall
tariff barriers 관세 장벽

217 **brilliant** [bríljənt]
형 빛나는, 훌륭한 　명 brilliance 광택, 훌륭함 유 intelligent
a brilliant idea 훌륭한 아이디어

218 **care** [kɛər]
명 주의, 조심, 돌봄 　유 attention
take care 조심하다

219 **clap** [klæp]
동 박수 치다, 손뼉 치다
clap one's hands 박수 치다

220 **confuse** [kənfjúːz]
동 혼란스럽게 하다 　명 confusion 혼란 유 disorder
confuse one's ideas 생각을 혼란스럽게 하다

221 **crawl** [krɔːl]
동 포복하다, 기다 　유 creep
crawl up (옷 등이) 말려 올라가다

222 **deck** [dek]
명 갑판
the upper deck 상층 갑판

223 **disability** [dìsəbíləti]
명 장애
a person with a disability 장애인

224 **education** [èdʒukéiʃən]
명 교육 　형 educational 교육의
public education 공교육

225 **especially** [ispéʃəli]
부 특히 　유 specially
especially for 특히 ~을 위해서

✦ 주어진 우리말 문장에 맞도록 알맞은 단어를 넣어 문장을 완성하시오. 정답 p.196

The stage   of this movie will be made soon.
이 영화의 연극 버전이 곧 제작될 것이다.

I feel sorry because of his   .
나는 그가 허약한 것이 안타깝다.

I heard Tom got into an   .
나는 톰이 사고를 당했다는 소식을 들었다.

People were   with the fire.
사람들은 그 화재에 놀랐다.

He   to climb the wall.
그는 벽 오르기를 시도했다.

Some people are running beyond the   .
몇몇 사람들이 장벽을 넘어 뛰어가고 있다.

What a   idea!
이 얼마나 훌륭한 생각인가!

It needs a lot of   .
그것은 많은 주의를 요합니다.

Let's welcome them by   our hands.
박수를 치며 그들을 환영합시다.

The government   people with its unclear explanation.
정부는 불분명한 설명으로 사람들을 혼란스럽게 했다.

Many insects are   in the hut.
오두막에 수많은 곤충들이 기어다니고 있어요.

All the crew members are walking on the   .
모든 선원들이 갑판 위를 걷고 있다.

She has a learning   .
그녀는 학습 장애가 있다.

We need to strengthen public   .
우리는 공교육을 강화시킬 필요가 있다.

He is good at math,   functions.
그는 수학, 특히 함수를 잘한다.

DAY 08

226	**famous** [féiməs]	형 유명한 famous for ~으로 유명한	유 well-known
227	**forgive** [fərgív]	동 용서하다 forgive A for B B에 대하여 A를 용서하다 *forgive-forgave-forgiven*	유 excuse
228	**gender** [dʒéndər]	명 성, 성별 gender discrimination 성차별	
229	**hardworking** [hɑ́ːrdwə̀ːrkiŋ]	형 근면한, 부지런한 a hardworking student 근면한 학생	유 diligent
230	**impact** [ímpækt]	명 충돌, 충격 on impact 부딪히는 순간에	유 collision
231	**lack** [læk]	명 부족 동 부족하다 a lack of skill at ~에 대한 기술 부족	
232	**Mars** [mɑːrz]	명 화성 an unmanned Mars probe 무인 화성 탐사선	형 Martian 화성의
233	**motivate** [móutəvèit]	동 동기를 부여하다	명 motivation 동기 유 inspire
234	**patient** [péiʃənt]	형 인내심이 강한 명 환자 be patient with ~를 잘 견디다	명 patience 인내심 반 impatient 조급한
235	**pride** [praid]	명 자랑, 자부심 take pride in ~에 자부심을 가지다	형 proud 자부심이 강한 반 shame 치욕
236	**rather** [rǽðər]	부 오히려 would rather+동사원형 오히려 ~하는 편이 낫다	
237	**replace** [ripléis]	동 대신하다	명 replacement 대체 유 take the place of
238	**scare** [skεər]	동 놀라게[겁먹게] 하다 scare birds away 새를 쫓아버리다	형 scared 겁에 질린 유 frighten
239	**sincere** [sinsíər]	형 성실한, 진실의 sincere sympathy 진심어린 동정	명 sincerity 성실 유 honest
240	**spirit** [spírit]	명 영혼	유 soul

1 회독 월 일
2 회독 월 일

✦ 주어진 우리말 문장에 맞도록 알맞은 단어를 넣어 문장을 완성하시오. 정답 p.196

Paris is ______ for the Eiffel Tower.
파리는 에펠탑으로 유명하다.

She ______ him for the theft.
그녀는 그의 절도를 용서했다.

______ discrimination is a serious crime.
성차별은 심각한 범죄이다.

______ doctors save many patients' lives.
근면한 의사들이 많은 환자들의 생명을 구한다.

The comet made a big ______ on the planet.
혜성이 행성에 큰 충격을 주었다.

She has a ______ of skill at writing.
그녀는 글 쓰는 기술이 부족하다.

Does life exist on ______?
화성에 생명체가 존재하는가?

His friend ______ him to study hard.
그의 친구는 그가 열심히 공부하도록 동기를 부여했다.

She isn't ______ with young children at all.
그녀는 어린아이들을 절대 못 견뎌한다.

The Korean team took ______ in winning the game against the Japanese team.
한국 팀은 일본 팀과의 경기에서 승리한 것에 자부심을 가졌다.

I would ______ walk than take a taxi.
택시를 타느니 차라리 걷는 편이 낫겠다.

Can anything ______ a mother's love and care?
어떤 것이 엄마의 사랑과 관심을 대신할 수 있을까?

The thunder ______ the children.
천둥이 아이들을 놀라게 했다.

Everybody wants to have ______ friends.
모든 사람들이 진실된 친구를 갖고자 한다.

He has a noble ______.
그는 고귀한 영혼을 지녔다.

REVIEW TEST 04 DAY 07 ~ DAY 08

A 우리말과 같은 뜻이 되도록 빈칸에 들어갈 알맞은 단어를 적으시오.

1. ________________ for (특히 ~을 위해서)
2. ________________ with (~와 충돌하다, 겹치다)
3. ________________ colors (밝은 색)
4. a chemical ________________ (화학 실험실)
5. ________________ for (~으로 유명한)
6. ________________ sympathy (진심어린 동정)
7. tariff ________________ (관세 장벽)
8. be ________________ with (~를 잘 견디다)
9. ________________ a file (파일을 첨부하다)
10. would ________________ + **동사원형** (오히려 ~하는 편이 낫다)

B 다음 괄호 안의 지시대로 주어진 단어를 변형시키고 그 뜻을 적으시오.

		변형	뜻
1	attach (명사형으로)	→ ________	________
2	decision (동사형으로)	→ ________	________
3	imitate (명사형으로)	→ ________	________
4	marriage (동사형으로)	→ ________	________
5	weakness (형용사형으로)	→ ________	________
6	accident (형용사형으로)	→ ________	________
7	education (형용사형으로)	→ ________	________
8	motivate (명사형으로)	→ ________	________
9	pride (형용사형으로)	→ ________	________
10	replace (명사형으로)	→ ________	________

정답 p.196

C 다음 영영풀이에 해당하는 단어를 보기에서 골라 적으시오.

보기				
oxygen	spin	claim	edge	attempt
spirit	hardly	priceless	rate	disability

1. to demand as a right or as due → ________________
2. the sharpness proper to a blade; a brink or verge → ________________
3. a colorless, odorless, gaseous element constituting about one-fifth of the volume of the atmosphere and present in a combined state in nature → ________________
4. having a value beyond all price; invaluable → ________________
5. a fixed charge per unit of quantity; degree of speed, progress, etc.
   → ________________
6. to cause to turn around rapidly, as on an axis; whirl → ________________
7. to make an effort at; try → ________________
8. a condition that damages or limits a person's physical or mental abilities
   → ________________
9. the soul regarded as separating from the body at death → ________________
10. barely; not almost → ________________

D 우리말과 같은 뜻이 되도록 주어진 문장의 빈칸을 완성하시오.

1. 그에게 직접 말하세요.
   → Tell him ________________.
2. 당신은 언제나 보호구를 착용해야 해요.
   → You have to wear protective ________________ all the time.
3. 그녀의 모든 몸짓들은 우아했다.
   → All her ________________ were graceful.
4. 냉장고는 수리되어야 한다.
   → The refrigerator needs to be ________________.

5 그는 운동하는 동안 땀을 많이 흘렸다.

→ He ________________ a lot during his workout.

6 과학기술에 엄청난 진보가 있다.

→ There are some huge advances in ________________.

7 곡예사의 자세가 불안했다.

→ The circus rider's pose was ________________.

8 이 영화의 연극 버전이 곧 제작될 것이다.

→ The stage ________________ of this movie will be made soon.

9 정부는 불분명한 설명으로 사람들을 혼란스럽게 했다.

→ The government ________________ people with its unclear explanation.

10 혜성이 행성에 큰 충격을 주었다.

→ The comet made a big ________________ on the planet.

E 문장의 밑줄 친 부분에 해당하는 유의어 혹은 반의어를 보기에서 골라 적으시오.

보기				
like	agree	dark	diligent	domestic
well-known	impatient	frighten	barely	wall

1 Look on the bright side. 반의어 ↔ ________________

2 Learning a foreign language is very important nowadays. 반의어 ↔ ________________

3 My car is similar to yours. 유의어 = ________________

4 Some people are running beyond the barrier. 유의어 = ________________

5 Paris is famous for the Eiffel Tower. 유의어 = ________________

6 Hardworking doctors save many patients' lives. 유의어 = ________________

7 She isn't patient with young children at all. 반의어 ↔ ________________

8 The thunder scared the children. 유의어 = ________________

9 My schedule conflicts with that course. 반의어 ↔ ________________

10 My legs were so weak I could hardly stand. 유의어 = ________________

영어단어 듣고 쓰기

F 영어발음을 듣고 영어단어를 적은 후, 우리말 뜻을 적으시오.

	영어	우리말		영어	우리말
1			8		
2			9		
3			10		
4			11		
5			12		
6			13		
7			14		

영어문장 듣고 쓰기

G 영어문장을 듣고 빈칸에 들어갈 단어를 채워 문장을 완성하시오.

1. The university built a new ________.
2. Several posters were ________ on the wall.
3. People were ________ with the fire.
4. Let's welcome them by ________ our hands.
5. Many insects are ________ in the hut.
6. All the crew members are walking on the ________.
7. He is good at math, ________ functions.
8. She ________ him for the theft.
9. Does life exist on ________?
10. I would ________ walk than take a taxi.
11. The security guard ________ a thief.
12. People envy our ________.
13. I feel sorry because of his ________.
14. We need to strengthen public ________.
15. His friend ________ him to study hard.
16. The Korean team took ________ in winning the game against the Japanese team.

241 **sweet**
[swi:t]
형 달콤한 | 반 bitter 쓴 참 salty 짠
sweet stuff 단 것

242 **temperature**
[témpərətʃər]
명 온도 | 형 temperate 기후가 온화한
the normal temperature 평년 기온

243 **unexpected**
[ʌnikspéktid]
형 예기치 않은 | 명 unexpectedness 갑작스러움 유 sudden
an unexpected visitor 불시의 방문객

244 **via**
[váiə | ví:ə]
전 ~을 통하여 | 유 through
via satellite 인공위성을 통하여

245 **wealth**
[welθ]
명 부, 재산 | 형 wealthy 부유한, 풍부한
a man of wealth 부자

246 **according**
[əkɔ́:rdiŋ]
부 ~에 따라서 | 동 accord 일치하다
according to ~에 따라서

247 **amount**
[əmáunt]
명 양, 액
the amount of money 총액, 금액

248 **attend**
[əténd]
동 출석하다 | 명 attendance 출석 반 be absent 결석하다
attend school 등교하다

249 **basement**
[béismənt]
명 지하실
a basement parking area 지하 주차장

250 **bring**
[briŋ]
동 가져오다
bring about 야기하다, 초래하다 *bring-brought-brought*

251 **career**
[kəríər]
명 직업, 경력 | 유 job
make a career 경력을 쌓다

252 **clay**
[klei]
명 찰흙 | 유 mud
a clay model 점토 원형

253 **congratulate**
[kəngrǽtʃəlèit]
동 축하하다 | 명 congratulation 축하
congratulate you on your marriage 너의 결혼을 축하하다

254 **create**
[kriéit]
동 창조하다 | 명 creation 창조
create a scene 소란을 피우다

255 **declare**
[diklέər]
동 발표하다, 선포하다 | 명 declaration 발표, 선언
declare one's position 입장을 밝히다

✦ 주어진 우리말 문장에 맞도록 알맞은 단어를 넣어 문장을 완성하시오. 정답 p.197

I want something .
나는 뭔가 달콤한 것을 원한다.

The in summer is very high.
여름의 온도는 매우 높다.

The question was .
그 질문은 예기치 못한 것이었다.

We are watching the game satellite.
우리는 인공위성을 통해서 경기를 보고 있다.

is just a factor of happiness.
부는 단지 행복의 한 요소일 뿐이다.

to him, the book is really good.
그의 말에 따르면 그 책은 정말 좋다.

He needs that of money to buy a new bike.
그는 새 자전거를 사려면 그만큼의 돈이 필요하다.

Did she school today?
그녀는 오늘 학교에 등교했나요?

We store food in the .
우리는 식량을 지하실에 비축한다.

Don't forget to the document.
그 문서를 가져오는 것을 잊지 마라.

He will succeed in his .
그는 직업적으로 성공할 것이다.

is used to produce bowls.
찰흙은 그릇을 생산하는 데 사용된다.

He her for graduating.
그는 그녀의 졸업을 축하했다.

Man can wonderful works.
인간은 훌륭한 작품을 창조할 수 있다.

Our teacher the scores of the test.
선생님이 시험 성적을 발표하셨다.

256 **disadvantage** [dìsədvǽntidʒ]
명 불이익, 불리한 점 | 형 disadvantageous 불리한 | 반 advantage 이점
at a disadvantage 불리한 입장에서

257 **effect** [ifékt]
명 효과, 결과 | 형 effective 효과적인 | 유 result
cause and effect 원인과 결과

258 **essence** [ésns]
명 본질, 진수 | 형 essential 필수적인 | 유 nature
the essence of religion 종교의 본질

259 **fantastic** [fæntǽstik]
형 환상적인 | 유 wonderful
a fantastic view 환상적인 경관

260 **formal** [fɔ́ːrməl]
형 격식을 차리는, 공식적인 | 반 informal 격식 차리지 않는, 비공식적인
formal words 공식적인 말

261 **general** [dʒénərəl]
형 일반적인, 보통의 | 부 generally 일반적으로 | 유 common
a general opinion 여론

262 **harmful** [hɑ́ːrmfəl]
형 해로운 | 명 harm 해 | 반 harmless 해롭지 않은
a harmful effect 해로운 효과

263 **impress** [imprés]
동 깊은 인상을 주다 | 명 impression 감동
be impressed by ~에 감동하다

264 **landmark** [lǽndmɑ̀ːrk]
명 획기적인 사건, 주요 지형지물

265 **master** [mǽstər]
명 정통한 사람 | 명 mastery 정통
a master of disguise 변장에 능한 사람

266 **multiple** [mʌ́ltəpl]
형 다수의 | 동 multiply 늘리다
a multiple choice (question) 객관식 문제

267 **paycheck** [péitʃèk]
명 급료, 임금
an error on the paycheck 급료의 오류

268 **priest** [priːst]
명 성직자 | 형 priestlike 성직자다운 | 유 pastor

269 **raw** [rɔː]
형 날것의, 가공하지 않은 | 명 rawness 날것 | 유 natural
a raw fish dish 생선회 요리

270 **represent** [rèprizént]
동 나타내다 | 명 representation 대표
represent a view 의견을 나타내다

✦ 주어진 우리말 문장에 맞도록 알맞은 단어를 넣어 문장을 완성하시오. 정답 p.197

One of this place is the lack of water.
이곳의 한 가지 불리한 점은 물 부족이다.

The punishment had very little on Sam.
처벌은 샘에게 효과가 거의 없었다.

She showed us the of the poetry.
그녀는 우리에게 시의 진수를 보여주었다.

This is just .
이것은 정말 멋지네요.

Don't be so .
그렇게 격식 차리지 마세요.

The new student didn't understand the rules of our school.
새로 온 학생은 우리 학교의 일반적인 규칙을 이해하지 못했다.

Smoking has a effect on people's health.
흡연은 건강에 해로운 효과를 준다.

She was very by his letter.
그녀는 그의 편지에 매우 감동받았다.

Winning a gold medal in swimming will be a in Korea.
수영에서 금메달을 따는 것이 한국에서는 획기적인 사건이 될 것이다.

She is a of five languages.
그녀는 5개 국어에 능통한 사람이다.

There were only choice questions on the test.
그 시험에는 객관식 문제만 있었다.

How was your this time?
이번에는 급료가 어땠나요?

He had trained to be a Catholic .
그는 신부가 되기 위해 훈련을 받았다.

Most Americans do not like fish.
대부분의 미국인들은 생선회를 좋아하지 않는다.

Each color a different team.
각 색깔마다 다른 팀을 나타낸다.

DAY 10

271	**scary** [skέəri]	형 무서운 a scary moment 무서운 순간	동 scare 겁먹게 하다 유 frightening
272	**sink** [siŋk]	동 가라앉다 sink into ~안으로 가라앉다	명 sinkage 함몰, 가라앉음 *sink-sank-sunk*
273	**spoil** [spɔil]	동 망치다 spoil a child 아이를 잘못 키우다	형 spoilable 상할 수 있는 유 ruin
274	**symphony** [símfəni]	명 교향곡 a symphony orchestra 교향악단	형 symphonic 교향곡의
275	**temple** [témpl]	명 절	참 church 교회
276	**unfair** [ʌnfέər]	형 불공평한 unfair treatment 불공평한 대우	명 unfairness 불공정 반 fair 공평한
277	**violent** [váiələnt]	형 난폭한 violent heat 폭염	명 violence 격렬 반 gentle 온화한
278	**weapon** [wépən]	명 무기 a nuclear weapon 핵무기	명 weaponry 무기류 유 arms
279	**account** [əkáunt]	명 은행 계좌 a savings account 보통예금 계좌	
280	**amusement** [əmjú:zmənt]	명 즐거움 an amusement park 놀이동산	형 amused 즐거운
281	**attitude** [ǽtitjù:d]	명 태도, 마음가짐	
282	**basis** [béisis]	명 기초, 원리 on the basis of ~에 기초하여	형 basic 기초의 유 foundation
283	**broadcast** [brɔ́:dkæ̀st]	동 방송하다 broadcast live 생방송을 하다	참 be on the air 방송 중이다
284	**careful** [kέərfəl]	형 조심성 있는 be careful 조심하다	명 care 조심, 걱정 반 careless 부주의한
285	**clear** [kliər]	형 맑은, 명백한 all clear 경보 해제	유 obvious

✦ 주어진 우리말 문장에 맞도록 알맞은 단어를 넣어 문장을 완성하시오. 정답 p.197

My brother likes ______ movies.
내 동생은 공포영화를 좋아한다.

The boat ______ to the bottom of the sea.
그 배는 바다 밑으로 가라앉았다.

Being too kind to kids will ______ them.
아이들에게 너무 친절한 것이 아이들을 버릇없게 만들 것이다.

He only composed the ______.
그는 오직 교향곡만 작곡했다.

There used to be a ______ here.
예전에는 이곳에 절이 있었다.

It is ______ not to give him a chance.
그에게 기회를 주지 않는 것은 불공평하다.

The boat sank in a ______ storm at sea.
배가 격렬한 폭풍 속으로 바다에 침몰했다.

The man carries a ______ all the time.
그 남자는 항상 무기를 가지고 다닌다.

I want to open a bank ______.
은행 계좌를 만들고 싶습니다.

We will go to an ______ park tomorrow.
우리는 내일 놀이동산에 갈 것이다.

She doesn't like his ______.
그녀는 그의 태도를 좋아하지 않는다.

On the ______ of the information, we will start our project.
그 정보에 기초하여, 우리는 프로젝트를 실시할 것이다.

They ______ some programs about global warming.
그들은 지구 온난화에 관한 몇몇 프로그램을 방송한다.

Please be ______ not to catch a cold.
감기 걸리지 않게 조심하세요.

The ______ weather will continue through this weekend.
맑은 날씨가 주말 내내 계속되겠습니다.

286 **congress** [káŋgris]
[명] 국회, 의회 [형] congressional 의회의 [유] council
in Congress 국회 개회 중, 의회에서

287 **creative** [kri:éitiv]
[형] 창조적인 [동] create 창조하다 [유] inventive
be creative of ~을 창조하다

288 **decline** [dikláin]
[동] 하락하다 [명] 하락
a declining birthrate 하락하는 출산율

289 **disagree** [dìsəgrí:]
[동] 의견이 다르다 [명] disagreement 불일치

290 **effectively** [iféktivli]
[부] 효과적으로 [형] effective 효과적인 [반] ineffectively 효과 없이
do effectively 효과적으로 하다

291 **establish** [istǽbliʃ]
[동] 설립하다 [명] establishment 설립 [유] found
establish a company 회사를 설립하다

292 **farther** [fá:rðər]
[부] 더 멀리 [형] 더 먼 [형] far 먼
farther back 더 오래 전에 *far-farther-farthest*

293 **format** [fɔ́:rmæt]
[명] 형식 [유] style

294 **generous** [dʒénərəs]
[형] 관대한 [부] generously 관대하게 [반] ungenerous 인색한
be generous with ~에 대하여 관대하다

295 **harmony** [há:rməni]
[명] 조화 [형] harmonious 잘 조화된
a harmony of colors 색깔의 조화

296 **include** [inklú:d]
[동] 포함하다 [명] inclusion 포함 [반] exclude 제외하다
batteries not included 건전지 별매

297 **lately** [léitli]
[부] 최근에, 요즈음 [유] recently
till lately 최근까지

298 **match** [mætʃ]
[동] 어울리다 [유] fit
match up 잘 조화되다

299 **mysterious** [mistíəriəs]
[형] 신비한 [명] mystery 신비
a mysterious event 신비한 사건

300 **peaceful** [pí:sfəl]
[형] 평화로운 [명] peace 평화
a peaceful period 평화로운 시기

✦ 주어진 우리말 문장에 맞도록 알맞은 단어를 넣어 문장을 완성하시오. 정답 p.197

He was elected to the United States in 1988.
그는 1988년 미국 의회에 선출되었다.

Human beings are animals.
인간은 창조적인 동물이다.

The birthrate has .
출산율이 하락했다.

She with his speech.
그녀는 그의 연설과 의견이 다르다.

You should spend your time .
너는 시간을 효과적으로 써야 한다.

Her father an electrical company.
그녀의 아버지는 전기 회사를 설립했다.

The grocery store is than I thought.
식료품점이 생각보다 더 멀리 있다.

My boss had me make a new .
나의 상사는 나에게 새로운 형식을 만들도록 했다.

My father is with his money.
우리 아버지는 돈에 대하여 관대하시다.

The of the melodies is a very important factor.
멜로디의 조화는 매우 중요한 요인이다.

The cost tax.
비용은 세금을 포함하고 있다.

I haven't seen him .
최근에는 그를 본 적이 없다.

This tie your suit.
이 넥타이는 당신의 양복에 어울립니다.

Several things kept happening in the house.
몇 가지 신비한 일들이 그 집에서 계속 일어났다.

We should maintain the period as long as possible.
우리는 평화로운 시기를 가능한 한 길게 유지해야 한다.

REVIEW TEST 05 DAY 09 ~ DAY 10

A 우리말과 같은 뜻이 되도록 빈칸에 들어갈 알맞은 단어를 적으시오.

1. a nuclear ________________ (핵무기)
2. an ________________ visitor (불시의 방문객)
3. make a ________________ (경력을 쌓다)
4. at a ________________ (불리한 입장에서)
5. ________________ a view (의견을 나타내다)
6. a ________________ orchestra (교향악단)
7. a savings ________________ (보통예금 계좌)
8. be ________________ (조심하다)
9. a ________________ birthrate (하락하는 출산율)
10. a ________________ event (신비한 사건)

B 다음 괄호 안의 지시대로 주어진 단어를 변형시키고 그 뜻을 적으시오.

		변형	뜻
1	attend (명사형으로)	→ ________________	________________
2	congratulate (명사형으로)	→ ________________	________________
3	effect (형용사형으로)	→ ________________	________________
4	amusement (형용사형으로)	→ ________________	________________
5	basis (형용사형으로)	→ ________________	________________
6	creative (동사형으로)	→ ________________	________________
7	establish (명사형으로)	→ ________________	________________
8	peaceful (명사형으로)	→ ________________	________________
9	general (부사형으로)	→ ________________	________________
10	include (명사형으로)	→ ________________	________________

정답 p.197

C 다음 영영풀이에 해당하는 단어를 보기에서 골라 적으시오.

보기				
match	farther	priest	wealth	congress
declare	generous	basement	attitude	disagree

1. a story of a building, partly or wholly underground → ________________
2. a person whose office is to perform religious rites → ________________
3. manner, disposition, feeling, position, etc. → ________________
4. the national legislative body of a nation → ________________
5. to fail to agree; differ → ________________
6. at or to a greater distance: the comparative form of far → ________________
7. liberal in giving or sharing; unselfish → ________________
8. to harmonize with → ________________
9. a great quantity or store of money, valuable possessions, property, or other riches
   → ________________
10. to make known or state clearly, especially in explicit or formal terms
    → ________________

D 우리말과 같은 뜻이 되도록 주어진 문장의 빈칸을 완성하시오.

1. 나는 뭔가 달콤한 것을 원한다.
   → I want something ________________.
2. 그 문서를 가져오는 것을 잊지 마라.
   → Don't forget to ________________ the document.
3. 그녀는 그의 편지에 매우 감동받았다.
   → She was very ________________ by his letter.
4. 수영에서 금메달을 따는 것이 한국에서는 획기적인 사건이 될 것이다.
   → Winning a gold medal in swimming will be a ________________ in Korea.

5 그녀는 5개 국어에 능통한 사람이다.

→ She is a ________________ of five languages.

6 그 배는 바다 밑으로 가라앉았다.

→ The boat ________________ to the bottom of the sea.

7 예전에는 이곳에 절이 있었다.

→ There used to be a ________________ here.

8 맑은 날씨가 주말 내내 계속되겠습니다.

→ The ________________ weather will continue through this weekend.

9 나의 상사는 나에게 새로운 형식을 만들도록 했다.

→ My boss had me make a new ________________.

10 최근에는 그를 본 적이 없다.

→ I haven't seen him ________________.

E 문장의 밑줄 친 부분에 해당하는 유의어 혹은 반의어를 보기에서 골라 적으시오.

보기				
job	informal	exclude	common	through
fair	careless	gentle	ineffectively	sudden

1 The question was unexpected. 유의어 = ________________

2 He will succeed in his career. 유의어 = ________________

3 Don't be so formal. 반의어 ↔ ________________

4 It is unfair not to give him a chance. 반의어 ↔ ________________

5 The boat sank in a violent storm at sea. 반의어 ↔ ________________

6 Please be careful not to catch a cold. 반의어 ↔ ________________

7 The cost includes tax. 반의어 ↔ ________________

8 The new student didn't understand the general rules of our school.

유의어 = ________________

9 You should spend your time effectively. 반의어 ↔ ________________

10 We are watching the game via satellite. 유의어 = ________________

영어단어
듣고 쓰기

F 영어발음을 듣고 영어단어를 적은 후, 우리말 뜻을 적으시오.

	영어	우리말		영어	우리말
1	________	________	8	________	________
2	________	________	9	________	________
3	________	________	10	________	________
4	________	________	11	________	________
5	________	________	12	________	________
6	________	________	13	________	________
7	________	________	14	________	________

G 영어문장을 듣고 빈칸에 들어갈 단어를 채워 문장을 완성하시오.

영어문장
듣고 쓰기

1. ________ is just a factor of happiness.
2. ________ is used to produce bowls.
3. Our teacher ________ the scores of the test.
4. One ________ of this place is the lack of water.
5. This is just ________.
6. How was your ________ this time?
7. Most Americans do not like ________ fish.
8. Each color ________ a different team.
9. My brother likes ________ movies.
10. They ________ some programs about global warming.
11. The ________ of the melodies is a very important factor.
12. Several ________ things kept happening in the house.
13. Did she ________ school today?
14. The punishment had very little ________ on Sam.
15. We will go to an ________ park tomorrow.
16. Human beings are ________ animals.

DAY 11

DAY 11 표제어 듣기

301 **principal** [prínsəpəl]
형 주요한 | 참 fundamental 기본적인
a principal cause 주요한 원인

302 **razor** [réizər]
명 면도칼
a safety razor 안전 면도칼

303 **request** [rikwést]
명 요구 동 청하다 | 유 demand
on request 요구에 따라

304 **scene** [siːn]
명 장면, 광경 | 명 scenery (전체의) 풍경 유 view
on the scene 현장에, 그 자리에

305 **situation** [sìtʃuéiʃən]
명 상황 | 형 situational 상황의 유 circumstance
the present situation 현재 상황

306 **spot** [spɑt]
명 반점, (특정) 장소 | 형 spotty 얼룩덜룩한 유 mark
on the spot 즉석에서

307 **symptom** [símptəm]
명 증상 | 형 symptomatic 징후의
symptoms of a cold 감기 증상

308 **term** [təːrm]
명 학기 | 유 semester
a mid-term exam 중간고사

309 **unfamiliar** [ʌ̀nfəmíljər]
형 익숙하지 않은, 생소한 | 반 familiar 친숙한
be unfamiliar with ~을 잘 모르다

310 **visa** [víːzə]
명 비자
apply for a visa 비자를 신청하다

311 **weave** [wiːv]
동 짜다, 엮다 | 유 knit
weave a rug 깔개를 짜다 | *weave-wove-woven*

312 **activity** [æktívəti]
명 활동 | 형 active 활동적인
a club activity 특별 활동, 동아리 활동

313 **ancestor** [ǽnsestər]
명 조상 | 형 ancestral 조상의 반 descendant 후손
ancestor worship 조상 숭배

314 **attract** [ətrǽkt]
동 끌다, 매혹하다 | 명 attraction 끌어당김, 매력 유 charm
be attracted by ~에 끌리다

315 **bay** [bei]
명 만 | 유 gulf

✦ 주어진 우리말 문장에 맞도록 알맞은 단어를 넣어 문장을 완성하시오. 정답 p.198

It was the ______ cause of the success.
그것이 성공의 주요 원인이었다.

He is as sharp as a ______.
그는 면도칼처럼 날카로운 사람이다.

Pamphlets will be sent on ______.
팸플릿은 요청에 따라 발송될 것입니다.

All the people were shocked at the ______ of the accident.
모든 사람들이 그 사고 광경에 충격을 받았다.

The ______ is getting better.
상황이 호전되고 있다.

He couldn't give an answer on the ______.
그는 즉석에서 대답하지 못했다.

A fever is one of the ______ of a cold.
열은 감기의 증상들 중 하나이다.

Did you take the mid-______ exam yesterday?
어제 중간고사 봤니?

She was ______ with her new camera.
그녀는 자신의 새 카메라에 대해 잘 몰랐다.

She applied for her ______.
그녀는 비자를 신청했다.

He skillfully ______ a bamboo basket.
그는 대나무 바구니를 솜씨 있게 짰다.

Computer games are my favorite free-time ______.
컴퓨터 게임은 내가 가장 좋아하는 여가활동이다.

______ worship is a common custom in Asian countries.
조상 숭배는 아시아 국가에서는 흔한 관습이다.

Sam has been ______ by the beautiful scenery.
샘은 아름다운 경치에 매료되었다.

San Francisco ______ is a popular rest area.
샌프란시스코 만은 인기 있는 휴양지이다.

DAY 11

316	**broaden** [brɔ́ːdn]	동 넓히다 broaden one's view 견해를 넓히다	형 broad 넓은 유 widen
317	**carelessly** [kέərlisli]	부 부주의하게, 경솔하게 behave carelessly 경솔하게 행동하다	형 careless 부주의한 반 carefully 주의 깊게
318	**client** [kláiənt]	명 고객 a regular client 단골 손님	유 customer
319	**connect** [kənékt]	동 연결하다 in connection with ~와 관계가 있는	명 connection 연결
320	**crime** [kraim]	명 범죄 commit a crime 범죄를 저지르다	참 criminal 범죄자 유 offense
321	**decoration** [dèkəréiʃən]	명 장식, 꾸밈 an interior decoration 실내 장식	동 decorate 장식하다
322	**disappear** [dìsəpíər]	동 사라지다 disappear in the crowd 군중 속으로 사라지다	명 disappearance 사라짐 반 appear 나타나다
323	**effort** [éfərt]	명 노력 make an effort 노력하다	
324	**etiquette** [étikit | -kèt]	명 예의, 예절, 에티켓 a breach of etiquette 결례	유 manners
325	**fasten** [fǽsn]	동 묶다, 고정시키다	유 tie
326	**fortune** [fɔ́ːrtʃən]	명 행운 bad[ill] fortune 불운	형 fortunate 운이 좋은 유 luck
327	**genetic** [dʒənétik]	형 유전적인 genetic engineering 유전자 공학	부 genetically 유전적으로
328	**harvest** [hɑ́ːrvist]	명 수확 동 수확하다 a good harvest 풍작	
329	**incredible** [inkrédəbl]	형 놀라운, 믿어지지 않는 an incredible memory 굉장한 기억력	부 incredibly 대단히 유 amazing
330	**laughter** [lǽftər]	명 웃음 burst into laughter 웃음을 터뜨리다	동 laugh 웃다

✦ 주어진 우리말 문장에 맞도록 알맞은 단어를 넣어 문장을 완성하시오. 정답 p.198

Traveling can ________ my knowledge of other countries.
여행은 다른 나라에 대한 나의 지식을 넓혀줄 수 있다.

It can be very dangerous to drive ________.
부주의하게 운전하는 것은 매우 위험할 수 있다.

She is one of the shop's best ________.
그녀는 그 가게의 최우수 고객 중 한 명이다.

________ the wire to the phone.
그 전선을 전화기에 연결해라.

The ________ rate is getting higher.
범죄율이 점점 증가하고 있다.

I like the ________ on this cake.
나는 이 케이크의 장식이 마음에 든다.

The dinosaurs ________ long ago.
공룡은 오래 전에 사라졌다.

He made an ________ to get an A in math.
그는 수학에서 A를 받기 위해 노력했다.

According to ________, you should stand up to meet a guest.
예법에 따라, 손님을 맞기 위해서는 일어서야 한다.

The little boy has learned to ________ his belt.
어린 소년은 벨트를 매는 법을 배웠다.

________ smiled on me.
나는 운이 좋았다. (행운이 나를 보고 미소 지었다.)

Everybody has a unique set of ________ information.
모두가 일련의 독특한 유전자 정보를 가지고 있다.

A good ________ is everyone's wish.
풍작은 모든 사람들의 소망이다.

His appetite was ________.
그의 식욕은 놀라웠다.

Our house is usually full of ________.
우리집은 보통 웃음이 가득하다.

DAY 12

331	**material** [mətíəriəl]	명 재료, 물질 a fire-resisting material 불에 잘 견디는 재료	유 substance
332	**per** [pəːr]	전 ~마다, ~당 per year 1년에	
333	**private** [práivət]	형 사적인 a private school 사립학교	반 public 공적인
334	**realistic** [rìːəlístik]	형 현실적인 a realistic goal 현실적인 목표	부 realistically 현실적으로 반 ideal 이상적인
335	**rescue** [réskjuː]	동 구조하다 명 구조 rescue a drowning child 물에 빠진 아이를 구조하다	참 rescuer 구조자 유 save
336	**schedule** [skédʒuːl]	명 일정, 시간표 according to schedule 일정에 따르면	형 schedular 일정의 유 plan
337	**skip** [skip]	동 건너뛰다 skip breakfast 아침식사를 거르다	
338	**spray** [sprei]	동 뿌리다 spray A with B A에 B를 뿌리다	
339	**thankful** [θǽŋkfəl]	형 감사하는 be thankful to A for B A에게 B에 대해 고마워하다	부 thankfully 감사히 유 grateful
340	**unforgettable** [ʌ̀nfərgétəbl]	형 잊을 수 없는 an unforgettable impression 잊을 수 없는 인상	반 forgettable 잊을 수 있는
341	**volcano** [vɑlkéinou]	명 화산 an active volcano 활화산	형 volcanic 화산의
342	**weightless** [wéitlis]	형 무중력의 become weightless 무중력 상태가 되다	
343	**actually** [ǽktʃuəli]	부 실제로	형 actual 실제의 유 really
344	**ancient** [éinʃənt]	형 고대의, 옛날의 an ancient civilization 고대 문명	부 anciently 고대에 반 modern 현대의
345	**automatic** [ɔ̀ːtəmǽtik]	형 자동의 an automatic dishwasher 자동 식기 세척기	동 automatize 자동화하다 반 manual 수동의

✦ 주어진 우리말 문장에 맞도록 알맞은 단어를 넣어 문장을 완성하시오. 정답 p.198

We have to use   that naturally break down.
우리는 자연적으로 분해되는 재료를 써야 한다.

The lunch is $4   person.
점심식사는 한 사람당 4달러씩이다.

Dead Poet's Society is a novel about a student and a teacher in a   school.
〈죽은 시인의 사회〉는 사립학교의 한 학생과 선생님에 대한 소설이다.

You should set a   goal.
너는 현실적인 목표를 세워야 한다.

They   the drowning little girl.
그들이 물에 빠진 어린 소녀를 구했다.

What's my   like today?
오늘 내 스케줄은 어떤가?

Let's   lunch today.
오늘 점심식사는 건너뛰자.

Farmers   crops with pesticides.
농부들은 작물에 살충제를 뿌린다.

I'm   to you for your help.
도움에 감사드립니다.

The trip gave me some   memories.
그 여행은 내게 잊을 수 없는 추억을 선사했다.

I saw the great picture of the   in his room.
나는 그의 방에서 멋진 화산 그림을 보았다.

Man is   in space.
사람은 우주에서는 무중력 상태이다.

               , he came to the party.
실제로 그가 파티에 왔다.

Peter is interested in   Korean history.
피터는 한국 고대사에 관심이 있다.

I bought an   dishwasher for my wife.
나는 아내에게 자동 식기 세척기를 사주었다.

DAY 12

346	**bead** [bi:d]	명 구슬 thread beads 구슬을 꿰다	형 beady 구슬 같은
347	**broker** [bróukər]	명 중개인	참 brokerage 중개업
348	**cause** [kɔ:z]	명 원인 동 일으키다 cause and effect 원인과 결과	유 reason
349	**cliff** [klif]	명 낭떠러지, 벼랑 cliffhanger 스릴 만점의 영화, 손에 땀을 쥐게 하는 것	유 bluff
350	**conquer** [káŋkər]	동 정복하다 stoop to conquer 굴욕을 참고 목적을 달성하다	명 conquest 정복 유 defeat
351	**criminal** [krímənl]	형 범죄의 a previous criminal record 전과 기록	명 crime 범죄
352	**definite** [défənit]	형 명확한 a definite answer 확답	동 define 정의를 내리다 유 specific
353	**disappoint** [dìsəpɔ́int]	동 실망시키다 be disappointed with ~으로 낙담하다	명 disappointment 실망 유 let down
354	**elect** [ilékt]	동 선출하다 elect A as B A를 B로 선출하다	
355	**even** [í:vən]	부 ~조차, ~라도 even now 지금까지도	
356	**fat** [fæt]	명 지방 형 뚱뚱한 body fat 체지방	
357	**forward** [fɔ́:rwərd]	부 앞으로, 전방으로 look forward to+(동)명사 ~을 고대하다	반 backward 뒤로
358	**genius** [dʒí:njəs]	명 천재 a genius in physics 물리학의 천재	
359	**hatch** [hætʃ]	동 부화하다, 꾸미다 hatch a plot 음모를 꾸미다	형 hatchable 부화 가능한 유 incubate
360	**indeed** [indí:d]	부 정말로	유 really

✦ 주어진 우리말 문장에 맞도록 알맞은 단어를 넣어 문장을 완성하시오. 정답 p.198

She's making a hairpin with glass .
그녀는 유리 구슬로 헤어핀을 만들고 있다.

He is a car sales .
그는 자동차 판매 중개인이다.

What is the of the fire?
화재의 원인이 무엇입니까?

There was a tiny flower on the .
낭떠러지 위에 작은 꽃 한 송이가 있었다.

Napoleon used this strategy to Europe.
나폴레옹은 유럽 정복을 위해 이 전략을 사용했다.

The police investigated his previous record.
경찰은 그의 전과 기록을 조사했다.

She can't give a answer now.
그녀는 지금 확답을 할 수가 없다.

The result of my test my parents.
내 시험 결과가 부모님들을 실망시켰다.

He was as President of Korea.
그는 한국의 대통령으로 선출되었다.

he did not believe what she said.
그조차도 그녀가 말한 것을 믿지 않았다.

This ham has too much .
이 햄은 지방이 너무 많다.

The soldiers went .
병사들은 전진했다.

His goal is to be a in physics.
그의 목표는 물리학의 천재가 되는 것이다.

When will the eggs ?
언제쯤 달걀들이 부화될까?

He is an excellent writer.
그는 정말로 뛰어난 작가이다.

REVIEW TEST 06 DAY 11 ~ DAY 12

A 우리말과 같은 뜻이 되도록 빈칸에 들어갈 알맞은 단어를 적으시오.

1. ________________ year (1년에, 1년 마다)
2. an active ________________ (활화산)
3. behave ________________ (겸손하게 행동하다)
4. ________________ in the crowd (군중 속으로 사라지다)
5. commit a ________________ (범죄를 저지르다)
6. ________________ engineering (유전자 공학)
7. burst into ________________ (웃음을 터뜨리다)
8. make an ________________ (노력하다)
9. an ________________ civilization (고대 문명)
10. ________________ a drowning child (물에 빠진 아이를 구조하다)

B 다음 괄호 안의 지시대로 주어진 단어를 변형시키고 그 뜻을 적으시오.

		변형	뜻
1	broaden (형용사형으로)	→ ________________	________________
2	carelessly (형용사형으로)	→ ________________	________________
3	decoration (동사형으로)	→ ________________	________________
4	fortune (형용사형으로)	→ ________________	________________
5	genetic (부사형으로)	→ ________________	________________
6	incredible (부사형으로)	→ ________________	________________
7	laughter (동사형으로)	→ ________________	________________
8	actually (형용사형으로)	→ ________________	________________
9	criminal (명사형으로)	→ ________________	________________
10	situation (형용사형으로)	→ ________________	________________

정답 p.198

C 다음 영영풀이에 해당하는 단어를 보기에서 골라 적으시오.

보기				
unforgettable	effort	symptom	fat	indeed
ancestor	material	rescue	bay	elect

1. a sign or indication of something → ______________
2. a person in your family who lived a long time ago → ______________
3. a body of water forming an indentation of the shoreline, larger than a cove but smaller than a gulf → ______________
4. an earnest or strenuous attempt → ______________
5. the substance of which a thing is made or composed → ______________
6. to free or deliver from confinement, violence, danger, or evil → ______________
7. impossible to forget → ______________
8. to choose or select by vote → ______________
9. obese; plump; well-fed → ______________
10. in fact; in reality; in truth; truly → ______________

D 우리말과 같은 뜻이 되도록 주어진 문장의 빈칸을 완성하시오.

1. 그것이 성공의 주요 원인이었다.
   → It was the ______________ cause of the success.
2. 팸플릿은 요청에 따라 발송될 것입니다.
   → Pamphlets will be sent on ______________.
3. 그녀는 자신의 새 카메라에 대해 잘 몰랐다.
   → She was ______________ with her new camera.
4. 공룡은 오래 전에 사라졌다.
   → The dinosaurs ______________ long ago.

⑤ 어린 소년은 벨트를 매는 법을 배웠다.

→ The little boy has learned to ______________ his belt.

⑥ 풍작은 모든 사람들의 소망이다.

→ A good ______________ is everyone's wish.

⑦ 농부들은 작물에 살충제를 뿌린다.

→ Farmers ______________ crops with pesticides.

⑧ 나는 아내에게 자동 식기 세척기를 사주었다.

→ I bought an ______________ dishwasher for my wife.

⑨ 나폴레옹은 유럽 정복을 위해 이 전략을 사용했다.

→ Napoleon used this strategy to ______________ Europe.

⑩ 그조차도 그녀가 말한 것을 믿지 않았다.

→ ______________ he did not believe what she said.

E 문장의 밑줄 친 부분에 해당하는 유의어 혹은 반의어를 보기에서 골라 적으시오.

보기				
let down	carefully	public	ideal	backward
circumstance	semester	grateful	modern	charmed

① You should set a realistic goal. 반의어 ↔ ______________

② I'm thankful to you for your help. 유의어 = ______________

③ Peter is interested in ancient Korean history. 반의어 ↔ ______________

④ The result of my test disappointed my parents. 유의어 = ______________

⑤ The soldiers went forward. 반의어 ↔ ______________

⑥ Sam has been attracted by the scenery. 유의어 = ______________

⑦ *Dead Poet's Society* is a novel about a student and a teacher in a private school.
반의어 ↔ ______________

⑧ Did you take the mid-term exam yesterday? 유의어 = ______________

⑨ The situation is getting better. 유의어 = ______________

⑩ It can be very dangerous to drive carelessly. 반의어 ↔ ______________

F 영어발음을 듣고 영어단어를 적은 후, 우리말 뜻을 적으시오.

영어단어 듣고 쓰기

	영어	우리말		영어	우리말
1			8		
2			9		
3			10		
4			11		
5			12		
6			13		
7			14		

G 영어문장을 듣고 빈칸에 들어갈 단어를 채워 문장을 완성하시오.

영어문장 듣고 쓰기

1. He is as sharp as a ______________.
2. All the people were shocked at the ______________ of the accident.
3. The ______________ is getting better.
4. She applied for her ______________.
5. He skillfully ______________ a bamboo basket.
6. ______________ the wire to the phone.
7. The lunch is $4 ______________ person.
8. What's my ______________ like today?
9. Man is ______________ in space.
10. She's making a hairpin with glass ______________.
11. He is a car sales ______________.
12. There was a tiny flower on the ______________.
13. The police investigated his previous ______________ record.
14. She can't give a ______________ answer now.
15. His goal is to be a ______________ in physics.
16. When will the eggs ______________?

DAY 13

DAY 13 표제어 듣기

361	**layer** [léiər]	명 층, 겹 the ozone layer 오존층
362	**mathematics** [mæ̀θəmǽtiks]	명 수학 유 math major in mathematics 수학을 전공하다
363	**percentage** [pərséntidʒ]	명 비율, 백분율 the percentage of risk 위험률
364	**probably** [prábəbli]	부 아마도 형 probable 있음직한 유 perhaps most probably 아마도, 대개
365	**reality** [riǽləti]	명 현실 유 truth a reality check 현실 확인[직시]
366	**research** [risə́ːrtʃ]	명 연구, 탐구, 조사 유 study space research 우주 탐구
367	**scholar** [skálər]	명 학자 참 scholarship 장학금 a scholar and a gentleman 훌륭한 교육을 받은 교양인, 학자이자 신사
368	**skyscraper** [skáiskrèipər]	명 초고층 빌딩 build a skyscraper 초고층 빌딩을 짓다
369	**spread** [spred]	동 펼치다, 퍼뜨리다 spread abroad (소문 등을) 퍼뜨리다 *spread-spread-spread*
370	**therapy** [θérəpi]	명 치료 유 treatment alternative therapies 대체 요법
371	**unfortunately** [ʌnfɔ́ːrtʃənitli]	부 불행히도 형 unfortunate 불행한 반 fortunately 운 좋게도
372	**volunteer** [vɑ̀ləntíər]	명 자원봉사자 동 자원하다
373	**welcome** [wélkəm]	명 환영 동 환영하다 부 welcomely 반갑게 give someone a warm welcome ~를 따뜻하게 맞이하다
374	**addition** [ədíʃən]	명 추가, 덧셈 형 additional 부가적인 반 subtraction 뺄셈, 공제 in addition 게다가
375	**animate** [ǽnəmèit]	동 만화영화로 만들다 명 animation 만화영화 an animated movie 만화영화

✦ 주어진 우리말 문장에 맞도록 알맞은 단어를 넣어 문장을 완성하시오. 정답 p.199

The ozone ____________ is being destroyed.
오존층이 파괴되고 있다.

I would like to major in ____________ in college.
나는 대학에서 수학을 전공하고 싶다.

A high ____________ of the students are overweight.
높은 비율의 학생들이 과체중이다.

It will ____________ rain.
아마 비가 올 것이다.

Let's talk about ____________ now.
이제 현실에 대해 이야기해 보자.

It was proven by the ____________.
그것은 연구에 의해 증명되었다.

My father is a ____________ and a gentleman.
우리 아버지는 훌륭한 교육을 받은 교양인이시다(학자이자 신사이다).

The company is planning to build a ____________ in Seoul.
그 회사는 서울에 초고층 빌딩을 지을 계획이다.

She ____________ a towel on the sand and lay on it.
그녀는 모래 위에 수건을 펼치고 그 위에 누웠다.

Most patients need drug ____________.
대부분의 환자들에게 약물 치료가 필요하다.

____________, the pilot couldn't escape from the plane.
불행히도 그 조종사는 비행기에서 탈출하지 못했다.

Lots of ____________ gathered at the shore to clean the oil spill.
많은 자원봉사자들이 유출된 기름을 청소하기 위해 바닷가에 모였다.

He received a warm ____________ from his neighbors.
그는 이웃들로부터 따뜻한 환영을 받았다.

In ____________, he didn't tell me anything about his wedding.
게다가 그는 나에게 자신의 결혼에 관해 전혀 얘기하지 않았다.

Children love to see ____________ movies.
아이들은 만화영화 보는 것을 좋아한다.

DAY 13

376	**available** [əvéiləbl]	형 이용할 수 있는 명 availability 이용도 반 unavailable 이용할 수 없는 available energy 유효 에너지
377	**bear** [bɛər]	동 참다 bear hardship 고난을 견디다 *bear-bore-born(e)*
378	**brotherhood** [brʌ́ðərhùd]	명 형제관계, 형제애, 친선 단체 an international brotherhood 국제 친선 단체
379	**ceiling** [síːliŋ]	명 천장, 한계 reach the ceiling 한계점에 도달하다
380	**climate** [kláimit]	명 기후, (기후상으로 본) 지방 형 climatic 기후상의 참 weather 날씨 a wet climate 습한 지방
381	**conscious** [kɑ́nʃəs]	형 알고 있는, 지각하고 있는 명 consciousness 의식 유 aware be conscious of ~을 알고 있다
382	**critic** [krítik]	명 평론가, 비평가 형 critical 비평의, 비판적인 a music critic 음악 평론가
383	**degree** [digríː]	명 정도, 단계 to a certain degree 어느 정도까지
384	**disaster** [dizǽstər]	명 재해, 재난 형 disastrous 재난의, 비참한 a big disaster 큰 재해
385	**electric** [iléktrik]	형 전기의 명 electricity 전기 an electric shock 전기 충격
386	**evidence** [évidəns]	명 증거 형 evident 분명한, evidential 증거의 유 proof in evidence 눈에 띄는
387	**fault** [fɔːlt]	명 과실, 잘못 유 mistake find fault with ~의 흠을 잡다
388	**found** [faund]	동 설립하다 명 foundation 창설 유 establish a house founded on the rock 바위 위에 지은 집 *found-founded-founded*
389	**gentle** [dʒéntl]	형 온화한, 부드러운 부 gently 온화하게 유 kind in a gentle voice 부드러운 목소리로
390	**headline** [hédlàin]	명 헤드라인, 표제 동 표제를 붙이다 형 주요한 headline news 주요 뉴스

✦ 주어진 우리말 문장에 맞도록 알맞은 단어를 넣어 문장을 완성하시오. 정답 p.199

The computer is not ______ in this house.
이 집에서는 컴퓨터를 사용할 수가 없다.

He couldn't ______ the situation.
그는 그 상황을 참을 수 없었다.

It is an international ______ of social workers.
그것은 사회 사업가들의 국제 친선 단체이다.

Why are you staring at the ______?
왜 천장을 응시하고 있어요?

The ______ here is either too hot or too cold.
이곳의 기후는 매우 춥거나 매우 덥다.

The man is ______ of his guilt.
그 남자는 자신의 죄를 알고 있다.

She is one of the most well-known ______.
그녀는 가장 잘 알려진 비평가 중 한 명이다.

I understand his situation to a certain ______.
나는 그의 상황을 어느 정도까지 이해한다.

The fire was a ______.
그 화재는 재해였다.

This ______ bulb is quite expensive.
이 전구는 값이 꽤 나간다.

The detective found some ______.
그 탐정은 약간의 증거를 찾았다.

It was your ______ to think you could prepare for the test in a day.
하루만에 시험 준비를 할 수 있을 거라고 생각한 것은 네 잘못이었다.

They ______ a college.
그들은 대학을 설립했다.

A ______ breeze is blowing.
온화한 산들바람이 불고 있다.

Her scandal was the ______ of today's newspaper.
그녀의 스캔들은 오늘자 신문의 헤드라인이었다.

391 **independence** [ìndipéndəns]
명 독립 형 independent 독립의 반 dependence 의존
Independence Day 독립 기념일

392 **lazy** [léizi]
형 게으른 명 laziness 게으름 유 idle
become lazy 게을러지다

393 **mayor** [méiər]
명 시장
the mayor of Seoul 서울 시장

394 **personal** [pə́:rsənl]
형 개인적인 명 personality 개성 유 private
personal information 개인정보

395 **produce** [prədjú:s]
동 생산하다, 산출하다 명 production 생산 유 yield
produce oil 석유를 산출하다

396 **realize** [rí:əlàiz]
동 깨닫다 명 realization 깨달음
realize the reality 현실을 깨닫다

397 **reserve** [rizə́:rv]
명 비축 동 남겨두다, 예약하다 명 reservation 예약 유 leave
without reserve 남김없이, 거리낌 없이

398 **scientific** [sàiəntífik]
형 과학적인 명 science 과학 반 unscientific 비과학적인
scientific management 과학적 경영

399 **slavery** [sléivəri]
명 노예의 신분 참 slave 노예 반 freedom 자유, 해방

400 **square** [skwέər]
명 정사각형 참 rectangle 직사각형
a square-shaped clock 정사각형 모양의 시계

401 **thoughtful** [θɔ́:tfəl]
형 신중한, 사려 깊은 명 thought 생각, 사려 유 careful
a thoughtful person 신중한 사람

402 **unique** [ju:ní:k]
형 유일한, 독특한 부 uniquely 유일무이하게 유 only
in a unique way 독특한 방법으로

403 **volunteer work** [vɑ́ləntìər wə:rk]
명 자원봉사 참 volunteer 자원봉사자; 자원하다
promote volunteer work 자원봉사를 격려하다

404 **widow** [wídou]
명 과부
a lonely widow 외로운 과부

405 **admire** [ædmáiər]
동 존경하다 명 admiration 감탄, 존경 유 respect
admire for ~에 대해 감탄하다, 존경하다

✦ 주어진 우리말 문장에 맞도록 알맞은 단어를 넣어 문장을 완성하시오. 정답 p.199

When is Korean Day?
한국의 광복절이 언제지?

Don't be . Stop wasting your time.
게으르게 지내지 마. 시간을 그만 낭비하렴.

He is the first Black of the city.
그는 그 도시의 첫 번째 흑인 시장이다.

information should not be given out unwillingly.
개인의 정보는 의사에 반하여 유출되어서는 안 된다.

Farmers rice.
농부들은 쌀을 생산한다.

She the importance of her work.
그녀는 자기 업무의 중요성을 깨달았다.

The students ate all the burgers without .
학생들은 햄버거를 남김없이 모두 먹었다.

The professor is seeking answers to this question.
교수님은 이 문제에 대한 과학적인 해답을 찾고 계신다.

Tom was sold into when he was about 5 years old.
톰은 5살쯤 되었을 때 노예의 신분으로 팔렸다.

We will use this paper first.
우리는 먼저 이 정사각형 종이를 사용할 것입니다.

The President was a person.
그 대통령은 신중한 사람이었다.

Her style is very .
그녀의 스타일은 매우 독특하다.

All the students at the school must engage in .
전교생이 자원봉사에 참여해야 한다.

She is a lonely without any children.
그녀는 아이들이 없는 외로운 과부이다.

Every student the math teacher.
모든 학생이 수학 선생님을 존경한다.

DAY 14

406 **anniversary** [ænəvə́ːrsəri]
명 기념일
a wedding anniversary 결혼 기념일

407 **average** [ǽvəridʒ]
명 평균
on average 평균하여

408 **beat** [biːt]
동 치다, 패배시키다 유 hit
beat a drum 드럼을 치다

409 **brow** [brau]
명 이마 pl. 눈썹 참 eyebrow 눈썹
furrow one's brows 이맛살을 찌푸리다

410 **celebrate** [séləbrèit]
동 축하하다 명 celebration 축하 유 congratulate
celebrate a birthday 생일을 축하하다

411 **climax** [kláimæks]
명 절정
reach its climax 절정에 달하다

412 **consider** [kənsídər]
동 고려하다 형 considerate 사려 깊은 유 think
all things considered 만사를 고려하여

413 **crossroad** [krɔ́ːsròud]
명 네거리, 갈림길
stand at the crossroads 기로에 서다, 위기에 직면하다

414 **delay** [diléi]
동 미루다 명 연기 유 postpone
delay the departure 출발을 미루다

415 **discomfort** [diskʌ́mfərt]
명 불쾌, 불편 반 comfort 편안함

416 **electricity** [ilektrísəti]
명 전기 형 electric 전기의
frictional electricity 마찰 전기

417 **evil** [íːvəl]
명 악
social evil 사회악

418 **favor** [féivər]
명 호의, 친절 형 favorite 가장 좋아하는
do someone a favor of ~의 부탁을 들어주다

419 **frail** [freil]
형 약한, 무른 부 frailly 무르게
a frail girl 연약한 소녀

420 **gesture** [dʒéstʃər]
명 몸짓, 손짓 동 몸짓[손짓]을 하다
speak with gestures 몸짓으로 말하다

✦ 주어진 우리말 문장에 맞도록 알맞은 단어를 넣어 문장을 완성하시오. 정답 p.199

Today is the ______ of the day I first met you.
오늘은 내가 너를 처음으로 만난 기념일이다.

My ______ school grades have improved.
나의 평균 학교 성적이 향상되었다.

Don't ______ me with your cane.
네 지팡이로 나를 때리지 말아라.

When he heard the bad news, he furrowed his ______.
그는 나쁜 소식을 들었을 때 이맛살을 찌푸렸다.

We're going to ______ John's birthday tomorrow.
우리는 내일 존의 생일을 축하해 줄 것이다.

The show reached its ______ after his dance performance.
그의 댄스 공연 이후에 쇼는 절정에 이르렀다.

I think our company has to ______ some better marketing strategies.
나는 우리 회사가 보다 나은 마케팅 전략을 고려해야 한다고 생각한다.

You can cross the street at the ______.
네거리에서 길을 건너세요.

They had to ______ the schedule.
그들은 일정을 미루어야만 했다.

It caused him great ______.
그것은 그를 굉장히 불편하게 했다.

Do you use ______ for cooking?
요리하는 데 전기를 사용하니?

I saw ______ inside of him.
나는 그에게 내재되어 있는 악을 보았다.

Would you do me a ______?
부탁 좀 들어주시겠어요?

He's ______ and in poor health.
그는 약하고 건강이 좋지 않아요.

Baseball coaches speak with ______ to their players.
야구 코치들은 선수들에게 손짓으로 말한다.

REVIEW TEST 07 DAY 13 ~ DAY 14

A 우리말과 같은 뜻이 되도록 빈칸에 들어갈 알맞은 단어를 적으시오.

1. space ________________ (우주 탐구)
2. ________________ abroad (소문 등을 퍼뜨리다)
3. find ________________ with (~의 흠을 잡다)
4. the ________________ of Seoul (서울 시장)
5. a ________________-shaped clock (정사각형 모양의 시계)
6. ________________ for (~에 대해 감탄하다, 존경하다)
7. speak with ________________ (몸짓으로 말하다)
8. furrow one's ________________ (이맛살을 찌푸리다)
9. social ________________ (사회악)
10. do someone a ________________ of (~의 부탁을 들어주다)

B 다음 괄호 안의 지시대로 주어진 단어를 변형시키고 그 뜻을 적으시오.

		변형	뜻
1. probably (형용사형으로)	→	________	________
2. climate (형용사형으로)	→	________	________
3. scientific (명사형으로)	→	________	________
4. critic (형용사형으로)	→	________	________
5. evidence (형용사형으로)	→	________	________
6. independence (형용사형으로)	→	________	________
7. realize (명사형으로)	→	________	________
8. celebrate (명사형으로)	→	________	________
9. consider (형용사형으로)	→	________	________
10. lazy (명사형으로)	→	________	________

정답 p.199

C 다음 영영풀이에 해당하는 단어를 보기에서 골라 적으시오.

보기				
unique	electric	percentage	unfortunately	slavery
thoughtful	animate	degree	square	average

1. sadly; regrettably; unluckily → ________
2. make alive; to prepare or produce as an animated cartoon → ________
3. any of a series of steps or stages, as in a process or course of action → ________
4. pertaining to, derived from, produced by, or involving electricity → ________
5. a rectangle having all four sides of equal length → ________
6. showing consideration for others; considerate → ________
7. having no like or equal; unparalleled; incomparable → ________
8. a quantity, rating, or the like that represents a typical value → ________
9. the condition of a slave; bondage → ________
10. a rate or proportion per hundred → ________

D 우리말과 같은 뜻이 되도록 주어진 문장의 빈칸을 완성하시오.

1. 그 회사는 서울에 초고층 빌딩을 지을 계획이다.
   → The company is planning to build a ________ in Seoul.
2. 그녀는 모래 위에 수건을 펼치고 그 위에 누웠다.
   → She ________ a towel on the sand and lay on it.
3. 그는 이웃들로부터 따뜻한 환영을 받았다.
   → He received a warm ________ from his neighbors.
4. 그는 그 상황을 참을 수 없었다.
   → He couldn't ________ the situation.

⑤ 그것은 사회 사업가들의 국제 친선 단체이다.

➡ It is an international ________________ of social workers.

⑥ 왜 천장을 응시하고 있어요?

➡ Why are you staring at the ________________?

⑦ 게으르게 지내지 마. 시간을 그만 낭비하렴.

➡ Don't be ________________. Stop wasting your time.

⑧ 그는 그 도시의 첫 번째 흑인 시장이다.

➡ He is the first Black ________________ of the city.

⑨ 농부들은 쌀을 생산한다.

➡ Farmers ________________ rice.

⑩ 학생들이 햄버거를 남김없이 먹었다.

➡ The students ate all the burgers without ________________.

E 문장의 밑줄 친 부분에 해당하는 유의어 혹은 반의어를 보기에서 골라 적으시오.

보기				
dependence	unscientific	study	establish	postpone
treatment	freedom	private	comfort	congratulate

① It was proven by the research. 유의어 = ________________

② Most patients need drug therapy. 유의어 = ________________

③ They founded a college. 유의어 = ________________

④ Personal information should not be given out unwillingly. 유의어 = ________________

⑤ The professor is seeking scientific answers to this question.

반의어 ↔ ________________

⑥ Tom was sold into slavery when he was about 5 years old. 반의어 ↔ ________________

⑦ It caused him great discomfort. 반의어 ↔ ________________

⑧ When is Korean Independence Day? 반의어 ↔ ________________

⑨ We're going to celebrate John's birthday tomorrow. 유의어 = ________________

⑩ They had to delay the schedule. 유의어 = ________________

F 영어발음을 듣고 영어단어를 적은 후, 우리말 뜻을 적으시오.

영어단어 듣고 쓰기

	영어	우리말		영어	우리말
❶	________	________	❽	________	________
❷	________	________	❾	________	________
❸	________	________	❿	________	________
❹	________	________	⓫	________	________
❺	________	________	⓬	________	________
❻	________	________	⓭	________	________
❼	________	________	⓮	________	________

G 영어문장을 듣고 빈칸에 들어갈 단어를 채워 문장을 완성하시오.

영어문장 듣고 쓰기

❶ Let's talk about ________ now.

❷ It was your ________ to think you could prepare for the test in a day.

❸ She is a lonely ________ without any children.

❹ Every student ________ the math teacher.

❺ Don't ________ me with your cane.

❻ When he heard the bad news, he furrowed his ________.

❼ The show reached its ________ after his dance performance.

❽ You can cross the street at the ________.

❾ Do you use ________ for cooking?

❿ Would you do me a ________?

⓫ It will ________ rain.

⓬ Lots of ________ gathered at the shore to clean the oil spill.

⓭ She is one of the most well-known ________.

⓮ The detective found some ________.

⓯ She ________ the importance of her work.

⓰ I think our company has to ________ some better marketing strategies.

DAY 15

421 **healthy** [hélθi]
형 건강한, 건강에 좋은　유 healthful 건강에 좋은　반 unhealthy 건강이 좋지 못한
a healthy diet 건강에 좋은 식사

422 **industry** [índəstri]
명 산업　형 industrial 산업의　유 business
the tourist industry 관광 산업

423 **lead** [li:d]
동 이끌다　명 leader 지도자　반 follow 따르다
lead an army 군대를 이끌다

424 **meadow** [médou]
명 초원, 목초지　형 meadowy 목초지의　유 pasture
an open meadow 널따란 초원

425 **pioneer** [pàiəníər]
명 개척자 형 개척자의　유 pathfinder
a gold pioneer 금 개척자

426 **project** [prádʒekt]
명 기획, 계획, 프로젝트　유 plan, scheme
draw up a project 계획을 세우다

427 **reason** [rí:zn]
명 이유　형 reasonable 분별 있는, 적당한　유 cause
beyond reason 터무니없는

428 **resource** [rí:sɔ:rs]
명 자원
natural resources 천연 자원

429 **script** [skript]
명 대본, 원고 동 ~의 대본을 쓰다
a movie script 영화 대본

430 **slippery** [slípəri]
형 미끄러운
a slippery floor 미끄러운 바닥

431 **stage** [steidʒ]
명 무대
stand on the stage 무대 위에 서다

432 **thread** [θred]
명 실　유 strand
a needle and thread 실 꿴 바늘

433 **unlike** [ʌnláik]
전 ~와 다른　명 unlikeness 다름　반 like ~와 같은
not unlike 같은

434 **vomit** [vámit]
동 토하다 명 구토
vomit some blood 피를 조금 토하다

435 **wildlife** [wáildlàif]
명 야생생물 형 야생생물의
native wildlife 토종 야생생물

✦ 주어진 우리말 문장에 맞도록 알맞은 단어를 넣어 문장을 완성하시오. 정답 p.200

She looks .
그녀는 건강해 보인다.

The information service is the one with a good future.
정보 서비스 산업은 매우 유망한 산업이다.

She is a suitable person to the group.
그녀는 그 단체를 이끌기에 적절한 사람이다.

A flock of sheep is running in the .
양떼가 초원에서 뛰고 있다.

He is known as a in this field.
그는 이 분야의 개척자로 알려져 있다.

The information on the new will be presented.
새로운 기획에 대한 정보가 발표될 것이다.

The she was ill was that she had eaten bad meat.
그녀가 아팠던 이유는 상한 고기를 먹었기 때문이었다.

The government plans to develop the .
정부는 그 자원을 개발할 계획이다.

Actors have different ways to memorize their lines in the .
배우들은 대본의 대사를 외우는 다양한 방법들을 가지고 있다.

The floor is as as an eel.
바닥이 뱀장어처럼 무척 미끄럽다.

Standing on the makes me nervous.
무대 위에 서는 것은 나를 긴장시킨다.

A coin and are all you need for this magic trick.
동전과 실이 네가 이 마술을 하는 데 필요한 전부이다.

My personality is my sister's personality.
내 성격은 언니 성격과 다르다.

I want to because I feel carsick.
차멀미 때문에 토하고 싶다.

Many kinds of are endangered because of human civilization.
많은 종류의 야생생물들이 인간의 문명 때문에 멸종의 위기에 처해 있다.

DAY 15

436 **advance** [ədvǽns]
명 진보 — 형 advanced 진보한
in advance 미리, 사전에

437 **announcement** [ənáunsmənt]
명 공고, 알림 — 동 announce 알리다
make an announcement 알리다

438 **avoid** [əvɔ́id]
동 피하다 — 명 avoidance 회피 유 prevent
avoid bad company 나쁜 교제를 피하다

439 **behave** [bihéiv]
동 행동하다 — 명 behavior 행동 유 act
behave well 예절 바르게 행동하다

440 **browse** [brauz]
동 (사지 않고) 상품을 구경하다 — 명 browser (컴퓨터) 정보 검색 프로그램
유 window-shop, look around

441 **cell** [sel]
명 세포, 전지 — 형 cellular 세포로 된, 셀 방식의
a dry cell 건전지

442 **clockwise** [klɑ́kwàiz]
형 시계방향의 부 시계방향으로
a clockwise direction 우회전

443 **consist** [kənsíst]
동 구성되다 — 형 consistent 일관된 유 be made up of
consist of ~로 구성되다 — 참 consist in ~에 있다, 존재하다

444 **crowd** [kraud]
명 군중, 인파
in crowds 여럿이서

445 **deliver** [dilívər]
동 배달하다 — 명 delivery 배달
deliver packages 소포를 배달하다

446 **discover** [diskʌ́vər]
동 발견하다 — 명 discovery 발견 유 find

447 **element** [éləmənt]
명 요소, 원소 — 유 component
a vital element 필수 요소

448 **exact** [igzǽkt]
형 정확한 — 명 exactness 정확 유 accurate
to be exact 엄밀히 말하면, 정확히 말하면

449 **favorite** [féivərit]
형 가장 좋아하는, 마음에 드는 — 명 favor 친절
a favorite singer 좋아하는 가수

450 **freedom** [frí:dəm]
명 자유 — 형 free 자유로운
freedom of speech 언론의 자유

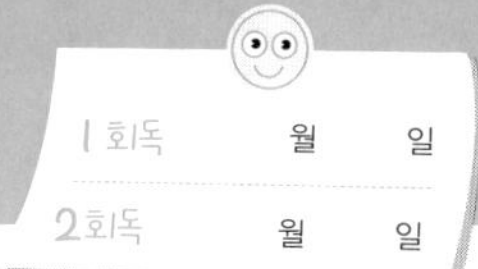

✦ 주어진 우리말 문장에 맞도록 알맞은 단어를 넣어 문장을 완성하시오. 정답 p.200

Science has achieved many big ______ in the 20th century.
과학은 20세기에 여러 커다란 진보를 이루었다.

The pilot made an ______.
기장이 공고를 했다.

Here are the solutions to ______ traffic jams.
여기 교통체증을 피하는 해결책들이 있다.

He ______ badly to his father.
그는 아버지에게 버릇없이 행동했다.

We are ______ in the department store.
우리는 백화점에서 물건을 구경하고 있다.

Every ______ functions independently.
모든 세포들은 독립적으로 작용한다.

Turn the car in a ______ direction.
차를 우회전해라.

This English book ______ of 12 chapters.
이 영어책은 12개의 장으로 구성되어 있다.

The ______ is listening to his speech.
군중이 그의 연설을 듣고 있다.

We can ______ it to your door.
우리는 그것을 문 앞까지 배달해 드립니다.

The scientist ______ a new kind of material.
그 과학자는 새로운 종류의 물질을 발견했다.

There are many important ______ of success.
중요한 성공 요소가 많이 있다.

The ______ number of people here is 10.
여기에 있는 사람들의 정확한 수는 열 명이다.

Who's your ______ singer?
좋아하는 가수가 누구니?

Democracy guarantees ______ of speech.
민주주의는 언론의 자유를 보장한다.

DAY 16

DAY 16 표제어 듣기

451 **ghost** [goust]
명 유령 형 ghostly 유령의 유 spirit
as pale as a ghost 매우 창백한

452 **heartbreaking** [hά:rtbrèikiŋ]
형 비통하게 하는, 안타까운
heartbreaking news 비통한 소식

453 **inexpensive** [ìnikspénsiv]
형 저렴한 명 inexpensiveness 저렴함 반 expensive 비싼
inexpensive cars 저렴한 차들

454 **leak** [li:k]
동 새다 명 새는 구멍, 누출 명 leakage 누출 형 leaky 새는

455 **mechanical** [məkǽnikəl]
형 기계의 명 machine 기계
mechanical products 기계 제품

456 **pleasant** [plézənt]
형 즐거운, 유쾌한 반 unpleasant 불쾌한
a pleasant surprise 뜻하지 않은 기쁨

457 **promising** [prάmisiŋ]
형 장래성 있는, 유망한 부 promisingly 가망 있게
a promising athlete 장래성 있는 선수

458 **receipt** [risí:t]
명 영수증, 수령 동 receive 받다
get a receipt 영수증을 받다

459 **respond** [rispάnd]
동 응답하다 명 response 응답 유 answer
respond to ~에 응답하다

460 **sculpture** [skʌ́lptʃər]
명 조각 형 sculptural 조각된, 조각술의
a stone sculpture 석조

461 **slum** [slʌm]
명 빈민가 동 빈민가를 방문하다
slum it (평소 익숙한 것보다) 형편없는 상황을 감수하다

462 **starve** [stɑ:rv]
동 굶주리다 명 starvation 기아
starve to death 굶어 죽다

463 **thrill** [θril]
명 스릴, 전율

464 **unnecessary** [ʌ̀nnésəsèri]
형 불필요한 부 unnecessarily 불필요하게 유 needless
unnecessary information 불필요한 정보

465 **vote** [vout]
동 투표하다 명 투표 참 elect 선출하다
vote for ~에게 찬성 투표를 하다

✦ 주어진 우리말 문장에 맞도록 알맞은 단어를 넣어 문장을 완성하시오. 정답 p.200

Some people believe in .
어떤 사람들은 유령을 믿는다.

The news was for everybody.
그 소식은 모두에게 비통한 소식이었다.

Most people like but high-quality products.
대다수의 사람들은 값이 저렴하면서도 품질이 뛰어난 제품을 좋아한다.

A small will sink a great ship.
작은 구멍이 큰 배를 가라앉게 할 것이다.

We need some new parts to fix the machine.
그 기계를 수리하기 위해서는 새로운 기계 부품들이 조금 필요하다.

It was a afternoon.
유쾌한 오후였다.

The young girl is regarded as a athlete.
그 어린 소녀는 유망한 선수로 알려져 있다.

Did you get a ?
영수증 받으셨어요?

I didn't to his question.
나는 그의 질문에 응답하지 않았다.

Some were spotted in the garden of the museum.
몇몇 조각들이 박물관 정원에 띄엄띄엄 놓여 있었다.

Living conditions are bad in the .
빈민가에서는 생활 조건이 나쁘다.

Let's have dinner. I'm .
저녁 먹자. 나 너무 배고파.

The roller coaster was a .
그 롤러코스터는 스릴 그 자체였다.

Your instructions are . I know what to do.
당신의 지시는 필요없습니다. 저는 뭘 해야 할지 알고 있습니다.

Everyone has a right to in this election.
이번 선거에는 모든 사람들에게 투표권이 있다.

DAY 16

466 **wipe** [waip]
동 닦다
wipe one's eyes 눈물을 닦다

467 **advertise** [ǽdvərtàiz]
동 광고하다
명 advertisement 광고 (=ad)

468 **annoy** [ənɔ́i]
동 짜증나게 하다, 괴롭히다
형 annoyed 짜증나는 유 irritate

469 **award** [əwɔ́:rd]
동 수여하다 명 상
유 prize
a customer award 고객 상

470 **belonging** [bilɔ́ːŋiŋ]
명 소지품 pl. 소유물, 재산
유 possession
a personal belonging 개인 소지품

471 **bud** [bʌd]
명 싹, 꽃봉오리
a flower bud 꽃망울

472 **central** [séntrəl]
형 중심적인, 중심의
명 center 중심
a central character 중심 인물

473 **clone** [kloun]
동 복제하다 명 복제품
a human clone 복제인간

474 **consonant** [kánsənənt]
명 자음
반 vowel 모음
a consonant sound 자음 소리

475 **cruel** [krúːəl]
형 잔혹한
명 cruelty 잔혹, 잔인함
be cruel to ~에게 잔인하게 대하다

476 **demand** [dimǽnd]
동 요구하다
형 demandable 요구할 수 있는 유 claim
on demand 요구가 있는 즉시

477 **discussion** [diskʌ́ʃən]
명 토론, 논의
동 discuss 토론하다 유 debate
beyond discussion 논할 여지도 없는

478 **emergency** [imə́ːrdʒənsi]
명 비상사태
형 emergent 비상사태의
in case of emergency 비상시에

479 **examination** [igzæ̀mənéiʃən]
명 조사, 검사, 시험
동 examine 조사하다 유 checkup
under examination 조사 중

480 **feature** [fíːtʃər]
명 특징
유 aspect
make a feature of ~을 특색으로 삼다

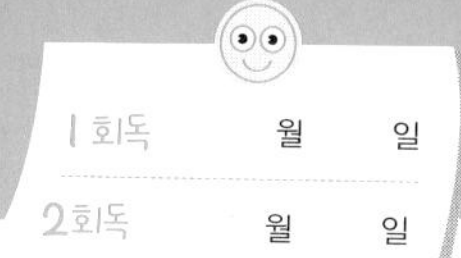

✦ 주어진 우리말 문장에 맞도록 알맞은 단어를 넣어 문장을 완성하시오. 정답 p.200

My father is ______________ off the window.
아빠는 창문을 닦고 계신다.

The company ______________ its product.
그 회사는 제품을 광고했다.

My roommate's rude behavior has always ______________ me.
내 룸메이트의 예의 없는 행동은 항상 나를 짜증나게 했다.

He was ______________ the grand prize.
그는 대상을 받았다.

You can leave your ______________ in the locker.
소지품들을 사물함에 넣으세요.

The flower ______________ appear in spring.
꽃망울들은 봄에 나온다.

He is a ______________ person in this project.
그는 이 계획의 중심 인물이다.

Dr. Kim has been trying to ______________ a human for years.
김박사는 수년 간 인간 복제를 시도해 오고 있다.

The letter "L" is a ______________.
문자 'L'은 자음이다.

He is ______________ to animals.
그는 동물을 학대한다.

We will send the product to you on ______________.
요구 즉시 제품을 보내드리겠습니다.

The incident caused much ______________ among the public.
그 사건이 대중들 사이에서 많은 논의를 일으켰다.

The ambulance flashed its ______________ lights.
구급차는 비상등을 깜빡였다.

A close ______________ of the butterfly showed that it had four wings.
나비를 세밀히 조사해 보니 네 개의 날개가 있음을 알 수 있었다.

This is a key ______________ of our society.
이것은 우리 사회의 주요한 특징이다.

REVIEW TEST 08 DAY 15 ~ DAY 16

A 우리말과 같은 뜻이 되도록 빈칸에 들어갈 알맞은 단어를 적으시오.

1. a movie ______________ (영화 대본)
2. beyond ______________ (터무니없는)
3. ______________ some blood (피를 조금 토하다)
4. a vital ______________ (필수 요소)
5. ______________ products (기계 제품)
6. to be ______________ (엄밀히 말하면, 정확히 말하면)
7. a ______________ athlete (장래성 있는 선수)
8. ______________ to death (굶어 죽다)
9. ______________ one's eyes (눈물을 닦다)
10. in case of ______________ (비상시에)

B 다음 괄호 안의 지시대로 주어진 단어를 변형시키고 그 뜻을 적으시오.

		변형	뜻
1	reason (형용사형으로) →	______________	______________
2	respond (명사형으로) →	______________	______________
3	announcement (동사형으로) →	______________	______________
4	cell (형용사형으로) →	______________	______________
5	favorite (명사형으로) →	______________	______________
6	leak (형용사형으로) →	______________	______________
7	receipt (동사형으로) →	______________	______________
8	central (명사형으로) →	______________	______________
9	examination (동사형으로) →	______________	______________
10	discussion (동사형으로) →	______________	______________

정답 p.200

C 다음 영영풀이에 해당하는 단어를 보기에서 골라 적으시오.

보기				
thread	sculpture	starve	advertise	clone
slum	award	unnecessary	demand	wipe

1. twisted filaments or fibers of any kind used to sew → ______________
2. the art of carving or molding clay, stone, etc. → ______________
3. a densely populated, run-down area inhabited by poor people → ______________
4. to be in the process of perishing or suffering severely from hunger → ______________
5. not necessary or essential; needless; unessential → ______________
6. to remove by rubbing with or on something → ______________
7. to announce a product, service, etc. in some public medium of communication in order to induce people to buy or use it → ______________
8. to give as merited → ______________
9. to produce a copy or imitation of → ______________
10. to ask for with proper authority; claim as a right → ______________

D 우리말과 같은 뜻이 되도록 주어진 문장의 빈칸을 완성하시오.

1. 양떼가 초원에서 뛰고 있다.
   → A flock of sheep is running in the ______________.
2. 그는 이 분야의 개척자로 알려져 있다.
   → He is known as a ______________ in this field.
3. 정부는 그 자원을 개발할 계획이다.
   → The government plans to develop the ______________.
4. 이 바닥은 뱀장어처럼 무척 미끄럽다.
   → The floor is as ______________ as an eel.

5 많은 종류의 야생생물들이 인간의 문명 때문에 멸종의 위기에 처해 있다.

→ Many kinds of ________________ are endangered because of human civilization.

6 차를 우회전해라.

→ Turn the car in a ________________ direction.

7 군중이 그의 연설을 듣고 있다.

→ The ________________ is listening to his speech.

8 어떤 사람들은 유령을 믿는다.

→ Some people believe in ________________.

9 유쾌한 오후였다.

→ It was a ________________ afternoon.

10 모든 세포들은 독립적으로 작용한다.

→ Every cell functions ________________.

E 문장의 밑줄 친 부분에 해당하는 유의어 혹은 반의어를 보기에서 골라 적으시오.

보기				
irritate	follow	aspect	window-shop	preventing
like	vowel	expensive	accurate	find

1 She is a suitable person to <u>lead</u> the group. 반의어 ↔ ________________

2 Here are the solutions to <u>avoiding</u> traffic jams. 유의어 = ________________

3 We <u>are browsing</u> in the department store. 유의어 = ________________

4 The scientist <u>discovered</u> a new kind of material. 유의어 = ________________

5 The <u>exact</u> number of people here is 10. 유의어 = ________________

6 Most people like <u>inexpensive</u> but high-quality products. 반의어 ↔ ________________

7 My roommate's rude behavior has always <u>annoyed</u> me. 유의어 = ________________

8 My personality is <u>unlike</u> my sister's personality. 반의어 ↔ ________________

9 The letter "L" is a <u>consonant</u>. 반의어 ↔ ________________

10 This is a key <u>feature</u> of our society. 유의어 = ________________

F 영어발음을 듣고 영어단어를 적은 후, 우리말 뜻을 적으시오.

영어단어 듣고 쓰기

	영어	우리말		영어	우리말
1			8		
2			9		
3			10		
4			11		
5			12		
6			13		
7			14		

G 영어문장을 듣고 빈칸에 들어갈 단어를 채워 문장을 완성하시오.

영어문장 듣고 쓰기

1. This English book ______________ of 12 chapters.
2. We can ______________ it to your door.
3. The news was ______________ for everybody.
4. The young girl is regarded as a ______________ athlete.
5. The roller coaster was a ______________.
6. The flower ______________ appear in spring.
7. The letter "L" is a ______________.
8. He is ______________ to animals.
9. This is a key ______________ of our society.
10. The ______________ she was ill was that she had eaten bad meat.
11. The pilot made an ______________.
12. Who's your ______________ singer?
13. Did you get a ______________?
14. He is a ______________ person in this project.
15. A close ______________ of the butterfly showed that it had four wings.
16. The information service ______________ is the one with a good future.

DAY 17

DAY 17 표제어 듣기

481	**freely** [frí:li]	부 자유로이 breathe freely 자유롭게 숨쉬다	형 free 자유로운
482	**giant** [dʒáiənt]	형 거대한 giant size 거대한 크기	유 big, grand
483	**helpful** [hélpfəl]	형 도움이 되는 helpful words 도움이 되는 말	명 helpfulness 유익함 반 helpless 어찌할 수 없는
484	**informal** [infɔ́:rməl]	형 비공식의, 격식 없는 an informal style 구어체	명 informality 비공식 반 formal 격식을 차리는
485	**lean** [li:n]	동 기울다 명 기울기 the Leaning Tower of Pisa 피사의 사탑	유 incline
486	**media** [mí:diə]	명 미디어, 매체 mass media 대중 매체	단 medium
487	**polite** [pəláit]	형 예의 바른, 정중한 in polite language 정중한 말씨로	부 politely 정중하게 반 impolite 무례한
488	**promote** [prəmóut]	동 승진시키다, 판촉하다 promote a new product 신제품을 판촉하다	명 promotion 승진, 촉진
489	**recent** [rí:snt]	형 최근의 in recent years 근년에	부 recently 최근에 유 latest
490	**responsible** [rispɑ́nsəbl]	형 책임이 있는 feel oneself responsible for ~에 책임을 느끼다	명 responsibility 책임감
491	**secretary** [sékrətèri]	명 비서	
492	**smash** [smæʃ]	동 박살내다 smash a window 창을 부수다	
493	**stomach** [stʌ́mək]	명 위, 배 an empty stomach 공복	유 tummy
494	**throughout** [θru:áut]	부 전부, 처음부터 끝까지 전 ~ 내내 throughout the year 1년 내내	
495	**unplug** [ʌnplʌ́g]	동 플러그를 뽑다	반 plug in 플러그를 꽂다

✦ 주어진 우리말 문장에 맞도록 알맞은 단어를 넣어 문장을 완성하시오. 정답 p.201

You can ______ use my car.
제 차를 마음껏 사용하십시오.

Look at this ______ melon.
이 거대한 멜론을 봐.

My wife gave me some ______ advice.
내 아내는 나에게 도움이 되는 충고를 해줬다.

Our team often has ______ meetings.
우리 팀은 비공식 회의를 자주 갖는다.

The tower is ______ little by little every year.
그 탑은 매년 조금씩 기울고 있다.

TV is one of the powerful forms of ______.
텔레비전은 강력한 형태의 매체 중 하나이다.

It's not ______ to point at strangers in public.
공공장소에서 낯선 사람을 손가락으로 가리키는 것은 예의 없는 행동이다.

Our teacher has been ______ to headmaster.
우리 선생님이 교장선생님으로 승진하셨다.

He is one of the greatest tennis players in ______ times.
그는 최근 가장 훌륭한 테니스 선수 중 한 명이다.

Who is ______ for this?
누가 이것에 책임이 있는가?

She is a great ______.
그녀는 훌륭한 비서이다.

The car was totally ______ in the accident.
사고로 차가 완전히 부서졌다.

I had some ______ pain after dinner.
나는 저녁식사 후 배가 조금 아팠다.

The girl read this book ______ without a break.
그 소녀는 이 책을 전부 쉬지 않고 읽었다.

The computer was ______.
그 컴퓨터는 플러그가 뽑혀 있었다.

DAY 17

496	**vowel** [váuəl]	명 모음 a short vowel 단모음	반 consonant 자음
497	**wisdom** [wízdəm]	명 현명함, 지혜 a man of wisdom 지혜로운 사람	형 wise 현명한
498	**advice** [ədváis]	명 충고, 조언 medical advice 의료 조언	동 advise 충고하다 유 counsel
499	**antique** [æntí:k]	형 옛날의, 골동품의 an antique shop 골동품점	반 modern 근대의
500	**awful** [ɔ́:fəl]	형 지독한, 무서운, 형편없는 an awful storm 무시무시한 폭풍우	
501	**beloved** [bilʌ́vid]	형 가장 사랑하는 my beloved dog 내 사랑하는 강아지	유 dear
502	**bullet** [búlit]	명 총알	
503	**ceremony** [sérəmòuni]	명 의식 a wedding ceremony 결혼식	유 ritual
504	**clue** [klu:]	명 단서 find a clue 단서를 잡다	유 hint
505	**constant** [kánstənt]	형 일정한, 끊임없는 constant attention 부단한 주의	부 constantly 일정하게 반 variable 변하기 쉬운
506	**cultural** [kʌ́ltʃərəl]	형 문화의 culture shock 문화 충격	명 culture 문화
507	**depart** [dipá:rt]	동 출발하다, 떠나다 depart from life 죽다	명 departure 출발 유 leave
508	**disease** [dizí:z]	명 질병 a family disease 유전병	유 illness
509	**emotion** [imóuʃən]	명 감정 with emotion 감정을 담아, 감격하여	형 emotional 감정적인 유 feeling
510	**excellent** [éksələnt]	형 뛰어난 excellent service 훌륭한 서비스	명 excellence 우수성

✦ 주어진 우리말 문장에 맞도록 알맞은 단어를 넣어 문장을 완성하시오. 정답 p.201

The Korean alphabet has 10 ____________ .
우리말 자모에는 10개의 모음이 있다.

My brother is a man of ____________ .
우리 형은 지혜로운 사람이다.

My father usually follows my mom's ____________ .
우리 아빠는 보통 엄마의 충고를 따른다.

My mother likes ____________ furniture.
우리 엄마는 옛날풍의 가구를 좋아한다.

This soup tastes ____________ .
이 수프는 맛이 형편없다.

My uncle lost his ____________ wife last year.
우리 삼촌은 작년에 사랑하는 아내를 잃으셨다.

He ran as fast as a ____________ .
그는 총알처럼 빨리 달렸다.

I am going to attend a wedding ____________ .
나는 결혼식에 참석할 것이다.

The police officer found a ____________ .
경찰이 단서를 잡았다.

____________ water drops can make a hole in the rock.
물방울이 일정하게 떨어지면 바위에 구멍이 생길 수 있다.

We should understand the ____________ differences.
우리는 문화적인 차이점을 이해해야 한다.

When does the next train ____________ ?
다음 기차는 언제 출발합니까?

It is easy to catch a ____________ in winter.
겨울에는 병에 걸리기가 쉽다.

Music has a strong influence on our ____________ .
음악은 우리의 감정에 큰 영향을 끼친다.

She speaks ____________ English and Japanese.
그녀는 영어와 일본어 회화를 매우 잘한다.

DAY 18

511 **female** [fíːmeil]
형 여자의 명 여자 유 girl, woman
the female role 여성의 역할

512 **freezer** [fríːzər]
명 냉동고 참 fridge 냉장고

513 **gifted** [gíftid]
형 타고난 재능이 있는 유 talented
a gifted person 재능이 있는 사람

514 **herb** [həːrb]
명 약초, 허브 형 herbal 약초의
a medical herb 약초

515 **instant** [ínstənt]
형 즉시의 부 instantly 즉시 유 immediate
instant food 즉석식품

516 **leisure** [líːʒər]
명 여가 형 leisurely 느긋한, 여유 있는 유 free time
leisure activity 여가활동

517 **medical** [médikəl]
형 의학의 부 medically 의학적으로
a medical certificate 진단서

518 **poll** [poul]
명 투표, 여론조사 유 vote
at the head of the poll 최고 득표로

519 **proper** [prápər]
형 적당한 부 properly 적절히 유 suitable
in a proper way 적당한 방법으로

520 **recipe** [résəpìː]
명 요리법
a recipe for *Bibimbab* 비빔밥 요리법

521 **retire** [ritáiər]
동 은퇴하다 명 retirement 은퇴
retire from a company 회사에서 퇴직하다

522 **security** [sikjúəriti]
명 안전 형 secure 안전한 유 safety
national security 국가 안보

523 **smog** [smɑg]
명 스모그 형 smoggy 스모그가 많은
gray smog 잿빛 스모그

524 **straighten** [stréitn]
동 똑바르게 하다 형 straight 곧은, 일직선의
straighten up 똑바로 서다

525 **tight** [tait]
형 꼭 맞는 동 tighten 꽉 죄다 반 loose 헐렁한
a tight skirt 꼭 끼는 스커트

✦ 주어진 우리말 문장에 맞도록 알맞은 단어를 넣어 문장을 완성하시오. 정답 p.201

A ________ student joined our music club.
한 여학생이 우리 음악 클럽에 가입했다.

The company sells ________ to other countries.
그 회사는 다른 나라에 냉동기를 판매한다.

Mozart was a ________ person in music.
모차르트는 음악에 타고난 재능이 있는 사람이었다.

Many ________ are used in Oriental medicine.
많은 약초가 한의학에 사용된다.

He couldn't give an ________ answer to the question.
그는 그 질문에 즉시 대답을 하지 못했다.

He goes hiking in his ________ time.
그는 여가시간에 하이킹을 간다.

Can you please attach your ________ certificate?
고객님의 진단서를 첨부해 주시겠어요?

Women were excluded from the ________ at that time.
그 당시 여자들은 투표에서 배제되었다.

Parents should punish their children in a ________ way.
부모들은 적절한 방법으로 아이들을 벌주어야 한다.

I'll search for the ________ on the Internet.
인터넷에서 요리법을 검색해 볼게.

My father ________ from the company last year.
우리 아버지는 작년에 회사에서 퇴직하셨다.

Our first priority is national ________.
우리의 최우선 순위는 국가 안보이다.

Seoul has reduced the appearance of ________ during the last decade.
서울시는 지난 10년 동안 스모그의 출현을 줄여 왔다.

He ________ himself up at the sight of his boss.
그는 상사를 보고 똑바로 섰다.

Wearing a ________ skirt is not comfortable.
꼭 끼는 스커트를 입으면 불편하다.

DAY 18

526 **unusual** [ʌnjúːʒuəl]
형 보통이 아닌, 특이한 명 unusualness 비범함 반 usual 보통의
an unusual ability 비범한 능력

527 **witch** [witʃ]
명 마녀 유 enchantress
a white witch 착한 마녀

528 **affect** [əfékt]
동 영향을 미치다 명 affection 애정

529 **anxious** [ǽŋkʃəs]
형 걱정하는 명 anxiety 걱정, 불안 유 worried
be anxious about ~을 걱정하다

530 **awkward** [ɔ́ːkwərd]
형 어색한, 서투른 유 clumsy
an awkward silence 어색한 침묵

531 **bend** [bend]
동 구부리다
bend back 몸을 젖히다 *bend-bent-bent*

532 **bump** [bʌmp]
동 부딪히다 형 bumpy 울퉁불퉁한
bump one's head against ~에 머리를 부딪히다

533 **chairperson** [tʃέərpə̀ːrsn]
명 의장 유 chairman, chairwoman
be elected as chairperson 의장으로 선출되다

534 **collection** [kəlékʃən]
명 수집 동 collect 수집하다
a stamp collection 우표 수집

535 **construction** [kənstrʌ́kʃən]
명 건설 동 construct 건설하다 반 destruction 파괴
under construction 공사 중, 건설 중

536 **cure** [kjuər]
명 치료(법) 동 치료하다 유 heal

537 **depend** [dipénd]
동 의존하다, 의지하다 유 rely
depend on ~에 의존하다, ~에 달려 있다

538 **disgusting** [disgʌ́stiŋ]
형 구역질 나는, 역겨운 동 disgust 구역질 나게 하다
a disgusting smell 구역질 나는 냄새

539 **emperor** [émpərər]
명 황제 명 empire 제국 반 empress 황후, 여왕
the emperor of China 중국 황제

540 **except** [iksépt]
전 ~을 제외하고
except for ~을 제외하면

✦ 주어진 우리말 문장에 맞도록 알맞은 단어를 넣어 문장을 완성하시오. 정답 p.201

The boy showed an ______ ability in math.
그 소년은 수학에서 비범한 능력을 보여주었다.

The ______ transforms men into pigs.
그 마녀는 남자들을 돼지로 변신시킨다.

My friends ______ me in many ways.
내 친구들은 여러 면에서 나에게 영향을 미친다.

I'm ______ about my father's health.
나는 아버지의 건강이 걱정스럽다.

You look very ______ in your black and white shirt.
흑백 셔츠를 입으니 너무 어색해 보인다.

______ back if you are tired.
피곤하다면 몸을 뒤로 젖혀라.

He said he ______ into the wall.
그는 벽에 부딪혔다고 말했다.

The ______ is elected by the committee members.
의장은 의회 의원들에 의해 선출된다.

My cousin has a coin ______.
내 사촌은 동전을 수집한다.

A new building is under ______ in our town.
우리 마을에 새 건물이 지어지고 있다.

There's no known ______ for a cold.
감기에는 알려진 치료법이 없다.

Children greatly ______ on their parents.
아이들은 부모에게 대단히 의존한다.

The rotten meat smells ______.
썩은 고기에서 역겨운 냄새가 난다.

The last ______ of China died long ago.
중국의 마지막 황제는 오래 전에 죽었다.

The house was newly painted ______ for its bathroom.
그 집은 욕실을 제외하고는 모두 새로 칠해졌다.

REVIEW TEST 09 DAY 17 ~ DAY 18

A 우리말과 같은 뜻이 되도록 빈칸에 들어갈 알맞은 단어를 적으시오.

1. ________________ the year (1년 내내)
2. with ________________ (감정을 담아, 감격하여)
3. at the head of the ________________ (최고 득표로)
4. a ________________ for *Bibimbab* (비빔밥 요리법)
5. national ________________ (국가 안보)
6. gray ________________ (잿빛 스모그)
7. an ________________ ability (비범한 능력)
8. be ________________ about (~을 걱정하다)
9. under ________________ (공사 중, 건설 중)
10. ________________ on (~에 의존하다, ~에 달려 있다)

B 다음 괄호 안의 지시대로 주어진 단어를 변형시키고 그 뜻을 적으시오.

		변형	뜻
1 depart (명사형으로)	→	________________	________________
2 polite (부사형으로)	→	________________	________________
3 recent (부사형으로)	→	________________	________________
4 wisdom (형용사형으로)	→	________________	________________
5 advice (동사형으로)	→	________________	________________
6 cultural (명사형으로)	→	________________	________________
7 excellent (명사형으로)	→	________________	________________
8 herb (형용사형으로)	→	________________	________________
9 instant (부사형으로)	→	________________	________________
10 promote (명사형으로)	→	________________	________________

정답 p.201

C 다음 영영풀이에 해당하는 단어를 보기에서 골라 적으시오.

보기				
anxious	proper	depart	bullet	throughout
bend	witch	retire	recipe	gifted

1. from the beginning to the end of → ____________
2. a small metal projectile, part of a cartridge, for firing from small arms → ____________
3. to go away; leave → ____________
4. having great special talent or ability → ____________
5. appropriate to the purpose or circumstances; fit; suitable → ____________
6. a set of instructions for making or preparing something → ____________
7. to withdraw from office, business, or active life, usually because of age → ____________
8. a person, especially a woman, who is believed to practice magic → ____________
9. greatly worried → ____________
10. to force an object from a straight form into a curved or angular on → ____________

D 우리말과 같은 뜻이 되도록 주어진 문장의 빈칸을 완성하시오.

1. 제 차를 마음껏 사용하십시오. → You can ____________ use my car.
2. 누가 이것에 책임이 있는가? → Who is ____________ for this?
3. 그녀는 훌륭한 비서이다. → She is a great ____________.
4. 사고로 차가 완전히 부서졌다.
   → The car was totally ____________ in the accident.

5 그 컴퓨터는 플러그가 뽑혀 있었다.

→ The computer was ______________.

6 우리 엄마는 옛날풍의 가구를 좋아한다.

→ My mother likes ______________ furniture.

7 이 수프는 맛이 형편없다.

→ This soup tastes ______________.

8 나는 결혼식에 참석할 것이다.

→ I am going to attend a wedding ______________.

9 그 회사는 다른 나라에 냉동기를 판매한다.

→ The company sells ______________ to other countries.

10 그는 여가시간에 하이킹을 간다.

→ He goes hiking in his ______________ time.

E 문장의 밑줄 친 부분에 해당하는 유의어 혹은 반의어를 보기에서 골라 적으시오.

보기				
destruction	vote	incline	girl	impolite
feeling	formal	loose	chairman	consonant

1 Our team often has informal meetings. 반의어 ↔ ______________

2 The tower is leaning little by little every year. 유의어 = ______________

3 The Korean alphabet has 10 vowels. 반의어 ↔ ______________

4 A female student joined our music club. 유의어 = ______________

5 Women were excluded from the poll at that time. 유의어 = ______________

6 Wearing a tight skirt is not comfortable. 반의어 ↔ ______________

7 The chairperson is elected by the committee members. 유의어 = ______________

8 Music has a strong influence on our emotion. 유의어 = ______________

9 A new building is under construction in our town. 반의어 ↔ ______________

10 It's not polite to point at strangers in public. 반의어 ↔ ______________

F 영어발음을 듣고 영어단어를 적은 후, 우리말 뜻을 적으시오.

영어단어 듣고 쓰기 

	영어	우리말		영어	우리말
❶	______	______	❽	______	______
❷	______	______	❾	______	______
❸	______	______	❿	______	______
❹	______	______	⓫	______	______
❺	______	______	⓬	______	______
❻	______	______	⓭	______	______
❼	______	______	⓮	______	______

G 영어문장을 듣고 빈칸에 들어갈 단어를 채워 문장을 완성하시오.

영어문장 듣고 쓰기 

❶ My uncle lost his ______ wife last year.

❷ The police officer found a ______.

❸ ______ water drops can make a hole in the rock.

❹ Music has a strong influence on our ______.

❺ The boy showed an ______ ability in math.

❻ He said he ______ into the wall.

❼ A new building is under ______ in our town.

❽ Children greatly ______ on their parents.

❾ The rotten meat smells ______.

❿ The last ______ of China died long ago.

⓫ The house was newly painted ______ for its bathroom.

⓬ My wife gave me some ______ advice.

⓭ He is one of the greatest tennis players in ______ times.

⓮ My father usually follows my mom's ______.

⓯ We should understand the ______ differences.

⓰ Many ______ are used in Oriental medicine.

DAY 19

DAY 19 표제어 듣기

541 **festival** [féstəvəl]
명 축제 / 유 carnival
hold a festival 축제를 열다

542 **frequent** [frí:kwənt]
형 빈번한 / 부 frequently 빈번하게 반 infrequent 드문
a frequent customer 단골 손님

543 **ginseng** [dʒínseŋ]
명 인삼
wild ginseng 산삼

544 **heritage** [héritidʒ]
명 유산 / 유 inheritance
cultural heritage 문화 유산

545 **instrument** [ínstrəmənt]
명 기구 / 유 tool
a musical instrument 악기

546 **lend** [lend]
동 빌려주다 / 반 borrow 빌리다

547 **medium** [mí:diəm]
형 중간의 명 매체 / 복 media
medium-sized 중간 크기의

548 **pollute** [pəlú:t]
동 오염시키다 / 명 pollution 오염 형 polluted 오염된
pollute A with B A를 B로 오염시키다

549 **proportional** [prəpɔ́:rʃənl]
형 비례의 / 명 proportion 비례, 균형 부 proportionally 비례하여
a proportional quantity 비례량

550 **recognize** [rékəgnàiz]
동 알아보다, 인지하다 / 명 recognition 인식

551 **reusable** [ri:jú:zəbl]
형 재활용 가능한 / 동 reuse 재활용하다
a reusable bottle 재활용 가능한 병

552 **seed** [si:d]
명 씨 / 형 seedy 씨가 많은
sow the seeds 씨를 뿌리다

553 **smoky** [smóuki]
형 연기 나는, 연기가 자욱한 / 명 smoke 연기 반 clear 맑은
a smoky room 연기가 자욱한 방

554 **stranger** [stréindʒər]
명 낯선 사람 / 형 strange 낯선, 이상한
a total stranger 전혀 모르는 사람

555 **tin** [tin]
명 깡통, 주석 / 유 can

✦ 주어진 우리말 문장에 맞도록 알맞은 단어를 넣어 문장을 완성하시오. 정답 p.202

There are many ______ in fall to celebrate the harvest.
가을에는 추수를 경축하는 축제가 많다.

He is a ______ customer to the store.
그는 그 가게의 단골손님이다.

All that we're seeing right here is not ______.
우리가 바로 여기에서 보고 있는 모든 것이 인삼은 아니다.

Our national ______ was destroyed by the fire.
우리의 국가 유산이 그 화재로 파손되었다.

Can you play any musical ______?
악기 연주할 수 있는 것 있니?

Will you ______ me 300 dollars?
300달러만 빌려줄래?

I would like to have a ______-sized burger.
저는 중간 크기의 햄버거를 먹고 싶습니다.

People ______ the environment with garbage.
사람들은 쓰레기로 환경을 오염시킨다.

The ______ quantity of rice has decreased.
쌀의 비례량이 감소하였다.

Did you ______ her voice?
그녀의 목소리를 알아들었니?

We can save money by using ______ things.
우리는 재활용품들을 사용함으로써 돈을 절약할 수 있다.

The most important thing is sowing the good ______.
가장 중요한 일은 좋은 씨를 뿌리는 것이다.

The room smells ______.
그 방에서 연기 냄새가 난다.

A ______ is standing in front of the building.
낯선 사람이 건물 앞에 서 있다.

______ are used to contain many foods.
많은 음식물을 담는 데 깡통이 사용된다.

DAY 19

556 **upcoming** [ʌ́pkʌ̀miŋ]
형 다가오는
the upcoming election 다가오는 선거

557 **witness** [wítnis]
명 목격자 동 목격하다 유 eyewitness
be a witness to ~의 목격자이다

558 **afford** [əfɔ́:rd]
동 (금전적) 여유가 있다 유 have the money for
afford to do ~할 여유가 있다

559 **apart** [əpɑ́:rt]
부 떨어져, 별개로 유 separately
apart from ~을 제외하고

560 **bet** [bet]
동 내기를 걸다 유 gamble
You bet! 틀림없다! *bet-bet-bet*

561 **burglar** [bə́:rglər]
명 (주거 침입) 강도 유 housebreaker, robber

562 **challenge** [tʃǽlindʒ]
동 도전하다 명 도전 형 challengeable 도전할 수 있는
give a challenge 도전을 제시하다, 과제를 주다

563 **colorful** [kʌ́lərfəl]
형 다채로운, 화려한
colorful flowers 다채로운 꽃들

564 **consume** [kənsú:m]
동 소비하다 명 consumer 소비자 유 spend
consume energy 에너지를 소비하다

565 **curious** [kjúəriəs]
형 호기심이 강한 명 curiosity 호기심
be curious about ~에 대해 알고 싶어하다, 호기심이 많다

566 **depress** [diprés]
동 우울하게 하다 형 depressed 우울하게 느끼는
depressing weather 우울한 날씨

567 **dislike** [disláik]
동 싫어하다 명 싫어함 형 dislikable 싫어하는 반 like 좋아하다
have a dislike for ~을 싫어하다

568 **encourage** [enkə́:ridʒ]
동 격려하다, 장려하다 명 courage 용기 반 discourage 낙담시키다
encourage saving 저축을 장려하다

569 **exchange** [ikstʃéindʒ]
동 교환하다 형 exchangeable 교환할 수 있는
the exchange rate 환율

570 **fiber** [fáibər]
명 섬유, 식이섬유
a glass fiber 유리 섬유

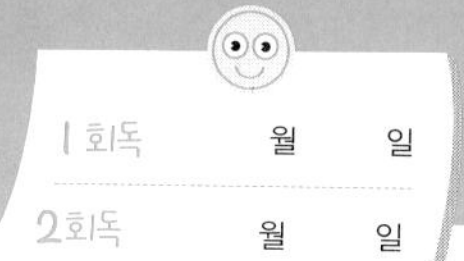

✦ 주어진 우리말 문장에 맞도록 알맞은 단어를 넣어 문장을 완성하시오. 정답 p.202

The class presidential election is ＿＿＿＿＿＿＿＿＿＿.
학급 회장 선거가 다가오고 있다.

The police have three ＿＿＿＿＿＿＿＿＿＿ to the murder case.
경찰은 그 살인사건에 세 명의 목격자를 확보하고 있다.

We can't ＿＿＿＿＿＿＿＿＿＿ to pay such a price.
우리는 그만큼의 값을 지불할 여유가 없다.

My school stands ＿＿＿＿＿＿＿＿＿＿ from my house.
우리 학교는 우리 집과 떨어져 있다.

Tom ＿＿＿＿＿＿＿＿＿＿ 100 dollars on the game.
톰은 그 경기에 100달러를 걸었다.

A ＿＿＿＿＿＿＿＿＿＿ broke into my house last night.
어젯밤에 우리집에 강도가 들었다.

I was ＿＿＿＿＿＿＿＿＿＿ to climb Mt. Halla next year.
나는 내년에 한라산을 등반하라는 도전을 받았다.

The garden was full of ＿＿＿＿＿＿＿＿＿＿ flowers.
그 정원은 다채로운 꽃들로 가득 차 있었다.

The new car ＿＿＿＿＿＿＿＿＿＿ gas much less than the old one.
새 차가 예전 차보다 기름을 훨씬 적게 쓴다.

He is very ＿＿＿＿＿＿＿＿＿＿ about everything.
그는 모든 것에 대해 매우 호기심이 많다.

The cloudy weather ＿＿＿＿＿＿＿＿＿＿ her.
흐린 날씨가 그녀를 우울하게 했다.

She really ＿＿＿＿＿＿＿＿＿＿ frozen food.
그녀는 냉동식품을 정말로 싫어한다.

Father ＿＿＿＿＿＿＿＿＿＿ me to talk to her.
아버지는 그녀에게 말을 걸어보라고 나를 격려해 주셨다.

I am here to ＿＿＿＿＿＿＿＿＿＿ this machine for a different one.
이 기계를 다른 것으로 교환하러 여기에 왔어요.

The ＿＿＿＿＿＿＿＿＿＿ is more expensive.
섬유는 가늘수록 더 비싸다.

571 **friendship** [fréndʃìp]
명 우정
the friendship between us 우리들 사이의 우정

572 **global** [glóubəl]
형 세계의 / 부 globally 세계적으로
global warming 지구 온난화

573 **highlight** [háilàit]
명 가장 중요한 부분, 하이라이트
the highlight of a movie 영화의 하이라이트

574 **insult** 명 [ínsʌlt] 동 [insʌ́lt]
명 모욕 동 모욕하다
a personal insult 인신 공격

575 **lifelong** [láiflɔ̀ːŋ]
형 일생의
lifelong learning 평생 학습

576 **melt** [melt]
동 녹다 / 명 meltage 용해 유 dissolve
melt away 서서히 사라지다

577 **popular** [pápjulər]
형 인기 있는 / 명 popularity 인기
be popular with ~에게 인기 있다

578 **protect** [prətékt]
동 보호하다 / 형 protective 보호하는 유 defend
protect A from B A를 B로부터 보호하다

579 **recommend** [rèkəménd]
동 추천하다 / 명 recommendation 추천 유 suggest
recommend oneself to ~에 자신을 추천하다

580 **reward** [riwɔ́ːrd]
명 보상 / 형 rewarding 가치가 있는
as a reward for ~에 대한 보답으로

581 **seldom** [séldəm]
부 좀처럼 ~ 않다 / 유 rarely
seldom watch TV 좀처럼 TV를 보지 않는다

582 **smooth** [smuːð]
형 매끄러운 / 부 smoothly 매끄럽게 유 even
smooth skin 매끄러운 피부

583 **strap** [stræp]
명 가죽끈 동 가죽끈으로 잡아매다

584 **tip** [tip]
명 끝 / 유 point
finger tips 손가락 끝

585 **upstairs** [ʌ́pstɛ̀ərz]
부 위층에, 위층으로 명 위층 / 반 downstairs 아래층에, 아래층으로; 아래층
go upstairs 위층으로 올라가다

✦ 주어진 우리말 문장에 맞도록 알맞은 단어를 넣어 문장을 완성하시오. 정답 p.202

Their ________ was steady.
그들의 우정은 변함이 없었다.

Korean products are competitive on the ________ market.
한국 상품들은 세계 시장에서 경쟁력이 있다.

This part is the ________ of the movie.
이 부분이 영화의 가장 중요한 부분이다.

Personal ________ will not be tolerated.
인신 공격은 묵인되지 않을 것이다.

This is a ________ work.
이것은 평생을 걸친 일이다.

The sugar ________ in the tea.
설탕이 차에 녹았다.

My brother became very ________ at school after that.
내 남동생은 그 이후 학교에서 매우 유명해졌다.

I need to ________ myself.
나는 스스로를 보호해야 한다.

Can you ________ a good dictionary?
좋은 사전을 추천해 줄 수 있니?

There is no ________ without toil.
수고 없이는 보상도 없다.

They ________ smile in front of her.
그들은 그녀 앞에서 거의 웃지 않는다.

A baby's skin is very soft and ________.
아기 피부는 아주 부드럽고 매끄럽다.

Do you have a ________ with you now?
지금 가죽끈을 가지고 있니?

Fingerprints are the lines on the surface of the finger ________.
지문은 손가락 끝의 표면에 있는 선들이다.

She went ________ crying.
그녀는 울면서 위층으로 올라갔다.

DAY 20

586 **wizard** [wízə:rd]
명 마법사 　형 wizardly 마법사 같은
an incredible powerful wizard 엄청난 마력을 가진 마법사

587 **afterward** [ǽftərwərd]
부 그 후에 　반 beforehand 사전에
one month afterward 한 달 후에

588 **apologize** [əpɑ́lədʒàiz]
동 사과하다, 변명하다 　명 apology 사과
apologize for oneself 자신의 행동에 대하여 변명하다

589 **bill** [bil]
명 청구서, 계산서
a doctor's bill 치료비

590 **burst** [bə́:rst]
동 터지다, 폭발하다 명 폭발 　유 explode
burst into tears 갑자기 울음을 터뜨리다

591 **chance** [tʃæns]
명 기회 　유 opportunity
by chance 우연히

592 **comfortable** [kʌ́mfərtəbl]
형 편안한, (수입이) 넉넉한 　부 uncomfortable 불편한
a comfortable income 넉넉한 수입

593 **contact** [kɑ́ntækt]
동 연락하다, 접촉하다 명 연락 　유 reach
get in contact with ~와 연락하다

594 **curse** [kə:rs]
동 욕하다, 저주하다 명 저주
curse and swear 악담을 퍼붓다

595 **describe** [diskráib]
동 묘사하다 　명 description 묘사

596 **dispatch** [dispǽtʃ]
동 파견하다 명 파견 　유 send
dispatch troops 파병하다

597 **endanger** [indéindʒər]
동 위험에 빠뜨리다 　형 endangered 멸종 위기에 처한
endanger one's life ~의 생명을 위태롭게 하다

598 **excitement** [iksáitmənt]
명 흥분 　동 excite 흥분시키다
in excitement 흥분하여

599 **figure** [fígjər]
명 형태, 모습, 숫자 동 생각하다, 계산하다 　유 shape
figure out 계산하다, 이해하다, 생각해 내다

600 **fright** [frait]
명 공포 　동 frighten 놀라게 하다 　유 fear

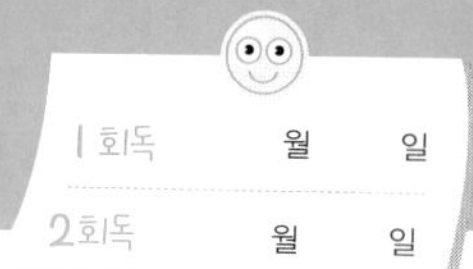

✦ 주어진 우리말 문장에 맞도록 알맞은 단어를 넣어 문장을 완성하시오. 정답 p.202

Have you ever read the book *The* ____________ *of Oz*?
〈오즈의 마법사〉라는 책을 읽어본 적이 있니?

____________, put it in the oven.
그 후에 그것을 오븐에 넣으세요.

He ____________ to her for being rude.
그는 자신의 무례함에 대하여 그녀에게 사과했다.

The waiter gave us the ____________.
웨이터가 우리에게 계산서를 주었다.

The balloon is going to ____________ in front of me.
그 풍선이 내 앞에서 터질 것이다.

She didn't have a ____________ to watch the program.
그녀는 그 프로그램을 볼 기회가 없었다.

We have a spacious swimming pool and a ____________ lounge.
우리는 넓은 수영장과 편안한 휴게실을 가지고 있습니다.

I was too busy to ____________ you yesterday.
어제 너무 바빠서 너에게 연락을 못했다.

The witch ____________ all the people in the village.
마녀는 그 마을의 모든 사람에게 저주를 퍼부었다.

John will ____________ the situation.
존이 그 상황을 묘사할 것이다.

Korea ____________ troops to Iraq.
한국은 이라크에 군대를 파병했다.

The failure seriously ____________ his future.
그 실패가 그의 미래를 심각하게 위험에 빠뜨렸다.

You can feel lots of ____________ in the amusement park.
놀이동산에서는 엄청난 흥분을 느낄 수 있다.

I saw a ____________ in the darkness.
나는 어둠 속에서 한 형상을 보았다.

He ran away with ____________.
그는 겁에 질린 채 도망쳤다.

REVIEW TEST 10 DAY 19 ~ DAY 20

A 우리말과 같은 뜻이 되도록 빈칸에 들어갈 알맞은 단어를 적으시오.

1. by ________________ (우연히)
2. ________________ weather (우울한 날씨)
3. ________________ energy (에너지를 소비하다)
4. the ________________ rate (환율)
5. the ________________ between us (우리들 사이의 우정)
6. as a ________________ for (~에 대한 보답으로)
7. finger ________________ (손가락 끝)
8. ________________ into tears (갑자기 울음을 터뜨리다)
9. ________________ out (계산하다, 이해하다, 생각해 내다)
10. get in ________________ with (~와 연락하다)

B 다음 괄호 안의 지시대로 주어진 단어를 변형시키고 그 뜻을 적으시오.

		변형	뜻
1. frequent (부사형으로)	→	________________	________________
2. pollute (명사형으로)	→	________________	________________
3. recognize (명사형으로)	→	________________	________________
4. smoky (명사형으로)	→	________________	________________
5. challenge (형용사형으로)	→	________________	________________
6. popular (명사형으로)	→	________________	________________
7. apologize (명사형으로)	→	________________	________________
8. describe (명사형으로)	→	________________	________________
9. excitement (동사형으로)	→	________________	________________
10. global (부사형으로)	→	________________	________________

정답 p.202

C 다음 영영풀이에 해당하는 단어를 보기에서 골라 적으시오.

보기				
burglar	tin	wizard	proportional	heritage
depress	protect	fiber	bet	reusable

1. having the same ratio → ________________
2. capable of being used again → ________________
3. any pot, box, can, or other container made of metal → ________________
4. to make a wager; to risk losing something → ________________
5. a person who commits burglary → ________________
6. to make sad or gloomy; lower in spirits → ________________
7. a fine, threadlike piece, as of cotton, jute, or asbestos → ________________
8. to defend or guard from attack, invasion, loss, annoyance, insult, etc.
   → ________________
9. something that belongs to one by reason of birth → ________________
10. a person who practices magic; magician or sorcerer → ________________

D 우리말과 같은 뜻이 되도록 주어진 문장의 빈칸을 완성하시오.

1. 가을에는 추수를 경축하는 축제가 많다.
   → There are many ________________ in fall to celebrate the harvest.
2. 우리가 바로 여기에서 보고 있는 모든 것이 인삼은 아니다.
   → All that we're seeing right here is not ________________.
3. 낯선 사람이 건물 앞에 서 있다.
   → A ________________ is standing in front of the building.
4. 학급 회장 선거가 다가오고 있다.
   → The class presidential election is ________________.

⑤ 그 정원은 다채로운 꽃들로 가득 차 있었다.

→ The garden was full of ________________ flowers.

⑥ 아버지는 그녀에게 말을 걸어보라고 나를 격려해 주셨다.

→ Father ________________ me to talk to her.

⑦ 한국 상품들은 세계 시장에서 경쟁력이 있다.

→ Korean products are competitive on the ________________ market.

⑧ 이 부분이 영화의 가장 중요한 부분이다.

→ This part is the ________________ of the movie.

⑨ 인신 공격은 묵인되지 않을 것이다.

→ Personal ________________ will not be tolerated.

⑩ 수고 없이는 보상도 없다.

→ There is no ________________ without toil.

E 문장의 밑줄 친 부분에 해당하는 유의어 혹은 반의어를 보기에서 골라 적으시오.

보기

shape	borrow	opportunity	spend	suggest
eyewitness	reach	have the money for	dissolve	like

① Will you lend me 300 dollars? 반의어 ↔ ________________

② We can't afford to pay such a price. 유의어 = ________________

③ The new car consumes gas much less than the old one. 유의어 = ________________

④ She really dislikes frozen food. 반의어 ↔ ________________

⑤ The sugar melted in the tea. 유의어 = ________________

⑥ Can you recommend a good dictionary? 유의어 = ________________

⑦ I was too busy to contact you yesterday. 유의어 = ________________

⑧ I saw a figure in the darkness. 유의어 = ________________

⑨ The police have three witnesses to the murder case. 유의어 = ________________

⑩ She didn't have a chance to watch the program. 유의어 = ________________

F 영어발음을 듣고 영어단어를 적은 후, 우리말 뜻을 적으시오.

영어단어 듣고 쓰기

	영어	우리말		영어	우리말
1	________	________	8	________	________
2	________	________	9	________	________
3	________	________	10	________	________
4	________	________	11	________	________
5	________	________	12	________	________
6	________	________	13	________	________
7	________	________	14	________	________

G 영어문장을 듣고 빈칸에 들어갈 단어를 채워 문장을 완성하시오.

영어문장 듣고 쓰기

1. Our national ________ was destroyed by the fire.
2. I would like to have a ________ -sized burger.
3. The police have three ________ to the murder case.
4. I am here to ________ this machine for a different one.
5. Their ________ was steady.
6. A baby's skin is very soft and ________.
7. Have you ever read the book *The* ________ *of Oz*?
8. ________, put it in the oven.
9. The waiter gave us the ________.
10. The balloon is going to ________ in front of me.
11. She didn't have a ________ to watch the program.
12. The witch ________ all the people in the village.
13. Korea ________ troops to Iraq.
14. He ran away with ________.
15. People ________ the environment with garbage.
16. Did you ________ her voice?

601 **government** [gʌ́vərnmənt]
명 정부 형 governmental 정부의
be in the government service 공무원으로 일하다

602 **honor** [ánər]
명 명예, 영광 형 honorable 명예로운
be one's honor ~의 명예가 되다

603 **intelligent** [intélədʒənt]
형 총명한, 지적인 명 intelligence 지능 유 clever

604 **lifespan** [láifspæ̀n]
명 수명 유 longevity
an average lifespan 평균 수명

605 **mend** [mend]
동 고치다 유 repair, fix
mend shoes 신발을 수선하다

606 **popularity** [pɑ̀pjulǽrəti]
명 인기 형 popular 인기 있는 참 population 인구
poll for popularity 인기 투표를 하다

607 **protein** [próutiːn]
명 단백질
taking protein 단백질 섭취

608 **reduce** [ridjúːs]
동 줄이다 명 reduction 감소 유 decrease
reduce speed 속도를 줄이다

609 **rhythm** [ríðm]
명 리듬
the rhythm of heartbeat 심장 박동의 리듬

610 **select** [silékt]
동 선택하다 명 selection 선택 유 choose
a selected candidate 선택된 후보자

611 **snowflake** [snóuflèik]
명 눈송이
big snowflakes 함박눈

612 **string** [striŋ]
명 끈, 실 형 stringy 실 같은 유 cord
a string of pearls 한 줄로 꿴 진주

613 **touching** [tʌ́tʃiŋ]
형 감동적인 동 touch 감동시키다, 접촉하다 유 moving
a touching story 감동적인 이야기

614 **urban** [ə́ːrbən]
형 도시의 반 rural 시골의
urban areas 도시 지역

615 **wonderful** [wʌ́ndərfəl]
형 멋진 유 great

✦ 주어진 우리말 문장에 맞도록 알맞은 단어를 넣어 문장을 완성하시오. 정답 p.203

The   controls national affairs.
정부는 국가의 일을 통제한다.

It is a great   to be here in front of you.
여기 여러분 앞에 서게 되어 매우 영광입니다.

I think dolphins are much more   than other animals.
나는 돌고래가 다른 동물들보다 훨씬 더 똑똑하다고 생각한다.

The average   of Japanese people is eighty-one.
일본인들의 평균 수명은 81세이다.

The mechanic   my car.
그 기계공이 내 차를 수리했다.

The students polled for   in their class.
학생들은 학급에서 인기 투표를 했다.

                is a very important part of nutrition.
단백질은 매우 중요한 영양소이다.

Walking helps to   the risk of heart disease.
걷는 것은 심장 질환의 위험성을 줄이는 데 도움을 준다.

Just follow the   like this.
그냥 이렇게 리듬을 따라봐.

He   a classic novel to read during his vacation.
그는 방학 동안 읽을 고전 소설을 선택했다.

                have a symmetrical beauty.
눈송이는 대칭의 미를 가지고 있다.

You have to bind this box with some   .
이 상자를 약간의 끈으로 묶어야 한다.

His story is very   .
그의 이야기는 매우 감동적이다.

                areas suffer from problems like a lack of housing, poor sanitation, and an increase in crime. 도시 지역은 주택 부족, 열악한 위생, 범죄 증가와 같은 문제를 겪고 있다.

This is a   spot.
여기 정말 멋진 곳이네요.

DAY 21

616 **agent** [éidʒənt]
명 대리인　명 agency 대리점
an insurance agent 보험 대리인

617 **appeal** [əpíːl]
동 간청하다, 호소하다　형 appealing 호소하는, 매력적인　유 plead
appeal to the public 여론에 호소하다

618 **billion** [bíljən]
명 10억　참 million 백만
one billion people 10억 명의 사람들

619 **bury** [béri]
동 묻다　명 burial 매장　반 dig 파다
bury oneself in ~에 몰두하다

620 **change** [tʃeindʒ]
동 바꾸다 명 변화
change one's mind 생각을 바꾸다

621 **command** [kəmǽnd]
명 지휘, 지배 동 통솔하다　형 commandable 명령할 수 있는　유 order
be in command of ~을 통솔하다

622 **contain** [kəntéin]
동 포함하다, 들어 있다　명 containment 포함
be contained between ~ 사이에 있다

623 **custom** [kʌ́stəm]
명 관습　명 customs 관세
break an old custom 옛 관습을 버리다

624 **designate** [dézignèit]
동 표시하다, 지정하다　명 designation 지정　유 denote
designate the boundary 경계를 명시하다

625 **display** [displéi]
동 진열하다, 나타내다 명 전시　유 show
make a display of ~을 과시하다

626 **enemy** [énəmi]
명 적
make an enemy of ~의 반감을 사다

627 **exhibit** [igzíbit]
동 전시하다 명 전시(품)　명 exhibition 전시　유 show
on exhibit 진열되어

628 **find** [faind]
동 발견하다, 찾아내다, 판결하다　유 discover
find out (조사하여) 발견하다, 답을 내다　*find-found-found*

629 **frighten** [fráitn]
동 깜짝 놀라게 하다　명 fright 공포　유 scare
frighten a cat away 고양이를 놀라게 하여 쫓다

630 **governor** [gʌ́vərnər]
명 통치자　유 ruler

✦ 주어진 우리말 문장에 맞도록 알맞은 단어를 넣어 문장을 완성하시오. 정답 p.203

She appointed a new ______________.
그녀는 새로운 대리인을 임명했다.

They ______________ to him to help them.
그들은 그에게 도와달라고 간청했다.

How big is a ______________?
10억은 얼마나 크지?

The dog ______________ the bone in the yard.
개가 마당에 뼈다귀를 묻었다.

My brother ______________ his bad habits.
내 동생은 나쁜 습관을 바꾸었다.

My father is in ______________ of the corps.
우리 아버지는 군단을 통솔하신다.

The pencil case ______________ two pencils and three erasers.
그 필통에는 연필 두 자루와 지우개 세 개가 들어 있다.

The TV program showed the ______________ of a tribe in Africa.
그 텔레비전 프로그램은 한 아프리카 부족의 관습을 보여줬다.

Churches are ______________ on the map by crosses.
교회는 지도에 십자가로 표시되어 있다.

The cakes were ______________ in the window.
케이크가 창가에 진열되어 있었다.

The soldier found an ______________ in the bush.
그 병사는 덤불 속에서 적군을 발견했다.

She ______________ her paintings at our school.
그녀는 우리 학교에 그녀의 그림들을 전시했다.

The court ______________ him guilty.
법정에서 그를 유죄로 판결했다.

The alarm ______________ the burglar away.
경보가 강도를 깜짝 놀라 달아나게 했다.

I think he will be an excellent ______________.
나는 그가 뛰어난 통치자가 될 거라고 생각해.

631 **hopeful** [hóupfəl]
형 희망에 찬 　명 hope 희망 　반 hopeless 희망이 없는
hopeful words 희망에 찬 말

632 **intend** [inténd]
동 의도하다, 고의로 하다 　명 intention 의도
intend to do ~하려고 의도하다

633 **lifetime** [láiftàim]
명 일생 형 일생의
a once-in-a-lifetime opportunity 일생에 한 번뿐인 기회

634 **mental** [méntl]
형 정신적인 　반 physical 육체적인
mental health 정신 건강

635 **positive** [pázətiv]
형 긍정적인 　명 positiveness 긍정성 　반 negative 부정적인
positive thinking 긍정적인 사고

636 **prove** [pru:v]
동 증명하다 　명 proof 증거 　반 disprove ~의 반증을 들다
prove one's identity 신원을 증명하다

637 **refer** [rifə́:r]
동 언급하다, 참조하다 　명 reference 언급, 참조 　유 mention
refer to ~을 언급하다

638 **robbery** [rábəri]
명 강도 행위 　명 robber 강도 　동 rob 훔치다
commit a robbery 강도 행위를 하다

639 **selfish** [sélfiʃ]
형 이기적인 　반 altruistic 이타적인
a selfish child 이기적인 아이

640 **soak** [souk]
동 적시다, 스며들다
soak bread in milk 빵을 우유에 적시다

641 **submarine** [sʌ̀bməríːn]
명 잠수함 형 해저의

642 **tough** [tʌf]
형 힘든, 강인한 　유 difficult
a tough job 힘든 일

643 **urgent** [ə́:rdʒənt]
형 긴급한 　명 urgency 긴급
an urgent situation 긴급한 상황

644 **wooden** [wúdn]
형 나무로 만든 　명 wood 목재
a wooden chair 나무로 만든 의자

645 **aging** [éidʒiŋ]
명 노화
an aging society 고령화 사회

✦ 주어진 우리말 문장에 맞도록 알맞은 단어를 넣어 문장을 완성하시오. 정답 p.203

Her ____________ words encourage me.
그녀의 희망에 찬 말이 나에게 격려가 된다.

I didn't ____________ to hurt her.
그녀를 아프게 할 의도는 아니었다.

He published hundreds of books during his ____________.
그는 일생 동안 수백 권의 책을 출판했다.

She is studying the ____________ development of children.
그녀는 아이들의 정신 발달에 대해 연구하고 있다.

Success requires a ____________ attitude.
성공은 긍정적인 태도를 필요로 한다.

The evidence ____________ his guilt.
그 증거가 그의 유죄를 증명했다.

She ____________ to her experience in the field.
그녀는 그 분야에서의 자신의 경험을 언급했다.

The beggar committed a ____________.
그 걸인은 강도 행위를 저질렀다.

My younger sister is very ____________.
내 여동생은 매우 이기적이다.

The water ____________ the earth.
물은 지면에 스며든다.

People can travel underwater in a ____________.
사람들은 잠수함을 타고 해저를 여행할 수 있다.

Making a decision right now is ____________.
지금 당장 결정을 내리기는 힘들다.

The siren warned them of the ____________ situation.
사이렌이 그들에게 긴급한 상황임을 알렸다.

My father fixed the ____________ chair.
우리 아버지가 나무 의자를 고치셨다.

We are rapidly becoming an ____________ society.
우리는 고령화 사회로 빠르게 들어서고 있다.

DAY 22

646 **appear** [əpíər] 동 나타나다, 나오다 명 appearance 출현 반 disappear 사라지다
appear on an information page 정보 페이지에 나오다

647 **bitter** [bítər] 형 쓴 부 bitterly 쓰게, 몹시 명 bitterness 쓴 맛, 괴로움
a bitter taste 쓴 맛

648 **character** [kǽriktər] 명 성격, 특성 형 characteristic 특색 있는 유 personality
in character 성격에 맞게

649 **committee** [kəmíti] 명 위원회 유 board
a standing committee 상임위원회

650 **continent** [kάntənənt] 명 대륙 형 continental 대륙의
the continent of Africa 아프리카 대륙

651 **customer** [kʌ́stəmər] 명 고객 유 client
customer service 고객 서비스

652 **desire** [dizàiər] 명 욕구 동 바라다 유 want, hope
a strong desire 강한 욕망

653 **disruption** [disrʌ́pʃən] 명 붕괴, 분열 동 disrupt 붕괴시키다
in disruption 혼란 속에

654 **energy** [énərdʒi] 명 힘, 에너지 형 energetic 힘이 넘치는 유 strength
kinetic energy 운동 에너지

655 **exist** [igzíst] 동 존재하다 명 existence 존재

656 **firm** [fəːrm] 형 굳은, 단단한 부 firmly 굳게 유 hard
a firm decision 굳은 결심

657 **frustrate** [frʌ́streit] 동 좌절시키다 명 frustration 좌절 유 disappoint
frustrate a plan 계획을 좌절시키다

658 **grab** [græb] 동 잡다
grab someone by the arm ~의 팔을 붙잡다

659 **hopeless** [hóuplis] 형 희망 없는, 절망적인 명 hopelessness 절망 반 hopeful 희망에 찬
be hopeless at ~을 단념하다

660 **interchange** [ìntərtʃéindʒ] 동 교환하다, 주고받다 명 교환
interchange opinions 의견을 교환하다

✦ 주어진 우리말 문장에 맞도록 알맞은 단어를 넣어 문장을 완성하시오. 정답 p.203

The singer ______________ before the audience.
그 가수가 관중 앞에 나타났다.

This medicine is ______________.
이 약은 쓰다.

His behavior shows his ______________.
그의 행동이 그의 성격을 보여준다.

Bill Gates was elected as chairman of the ______________.
빌 게이츠가 위원장으로 선출되었다.

There are seven ______________ in the world.
세계에는 7개의 대륙이 있다.

The store has a lot of regular ______________.
그 상점은 단골 손님이 많다.

I have no ______________ to study in the morning.
나는 아침에는 공부하고픈 욕구가 없다.

The earthquake caused some serious ______________.
그 지진은 심각한 붕괴를 일으켰다.

He has a lot of ______________.
그는 힘이 넘친다.

A church ______________ here many years ago.
수년 전에 이곳에 교회가 하나 있었다.

He started again with a ______________ decision.
그는 굳은 결심을 가지고 다시 시작했다.

Low scores on the test ______________ him.
낮은 시험 점수가 그를 좌절시켰다.

My boyfriend ______________ me by the arm.
남자친구가 내 팔을 붙잡았다.

The doctor said the old man's condition was ______________.
의사는 그 노인의 상태가 절망적이라고 말했다.

They ______________ their opinions.
그들은 의견을 교환했다.

REVIEW TEST 11 DAY 21 ~ DAY 22

A 우리말과 같은 뜻이 되도록 빈칸에 들어갈 알맞은 단어를 적으시오.

1. ________________ areas (도시 지역)
2. ________________ one's identity (신원을 증명하다)
3. an ________________ situation (긴급한 상황)
4. taking ________________ (단백질 섭취)
5. a ________________ chair (나무로 만든 의자)
6. ________________ service (고객 서비스)
7. ________________ a plan (계획을 좌절시키다)
8. ________________ opinions (의견을 교환하다)
9. ________________ to (~을 언급하다)
10. a ________________ story (감동적인 이야기)

B 다음 괄호 안의 지시대로 주어진 단어를 변형시키고 그 뜻을 적으시오.

	변형	뜻
1. popularity (형용사형으로) →	________________	________________
2. appeal (형용사형으로) →	________________	________________
3. hopeful (명사형으로) →	________________	________________
4. intend (명사형으로) →	________________	________________
5. prove (명사형으로) →	________________	________________
6. appear (명사형으로) →	________________	________________
7. disruption (동사형으로) →	________________	________________
8. frighten (명사형으로) →	________________	________________
9. select (명사형으로) →	________________	________________
10. contain (명사형으로) →	________________	________________

정답 p.203

C 다음 영영풀이에 해당하는 단어를 보기에서 골라 적으시오.

보기				
positive	lifetime	display	government	soak
string	honor	designate	billion	protein

1. the form or system of rule by which a state, community, etc., is governed
   → ________________
2. respect that is given to someone who is admired → ________________
3. A type of molecule found in plant or animal tissues, considered a food source, supplying essential amino acids to the body → ________________
4. a slender cord or thick thread used for binding or tying; line → ________________
5. a thousand millions → ________________
6. to mark or point out; indicate; show; specify → ________________
7. the time that the life of someone or something continues → ________________
8. confident in opinion or assertion; not negative → ________________
9. to lie in and become filled with water or some other liquid → ________________
10. to show or exhibit; make visible → ________________

D 우리말과 같은 뜻이 되도록 주어진 문장의 빈칸을 완성하시오.

1. 눈송이는 대칭의 비를 가지고 있다.
   → ________________ have a symmetrical beauty.
2. 개가 마당에 뼈다귀를 묻었다.
   → The dog ________________ the bone in the yard.
3. 우리 아버지는 군단을 통솔하신다.
   → My father is in ________________ of the corps.
4. 그 필통에는 연필 두 자루와 지우개 세 개가 들어 있다.
   → The pencil case ________________ two pencils and three erasers.

⑤ 그 병사는 덤불 속에서 적군을 발견했다.

→ The soldier found an ______________ in the bush.

⑥ 나는 그가 뛰어난 통치자가 될 거라고 생각해.

→ I think he will be an excellent ______________.

⑦ 그 걸인은 강도 행위를 저질렀다.

→ The beggar committed a ______________.

⑧ 그녀는 우리 학교에 그녀의 그림들을 전시했다.

→ She ______________ her paintings at our school.

⑨ 그녀는 그 분야에서의 자신의 경험을 언급했다.

→ She ______________ to her experience in the field.

⑩ 그 기계공이 내 차를 수리했다.

→ The mechanic ______________ my car.

E 문장의 밑줄 친 부분에 해당하는 유의어 혹은 반의어를 보기에서 골라 적으시오.

보기				
negative	show	disappear	physical	client
clever	decrease	scare	cord	moving

① I think dolphins are much more intelligent than other animals.
유의어 = ______________

② Walking helps to reduce the risk of heart disease. 유의어 = ______________

③ His story is very touching. 유의어 = ______________

④ Success requires a positive attitude. 반의어 ↔ ______________

⑤ The singer appeared before the audience. 반의어 ↔ ______________

⑥ The alarm frightened the burglar away. 유의어 = ______________

⑦ She is studying the mental development of children. 반의어 ↔ ______________

⑧ You have to bind this box with some strings. 유의어 = ______________

⑨ The store has a lot of regular customers. 유의어 = ______________

⑩ She exhibited her paintings at our school. 유의어 = ______________

F 영어발음을 듣고 영어단어를 적은 후, 우리말 뜻을 적으시오.

영어단어 듣고 쓰기 

	영어	우리말		영어	우리말
1			8		
2			9		
3			10		
4			11		
5			12		
6			13		
7			14		

G 영어문장을 듣고 빈칸에 들어갈 단어를 채워 문장을 완성하시오.

영어문장 듣고 쓰기

1. Just follow the ______________ like this.
2. He ______________ a classic novel to read during his vacation.
3. My brother ______________ his bad habits.
4. People can travel underwater in a ______________.
5. The siren warned them of the ______________ situation.
6. My father fixed the ______________ chair.
7. This medicine is ______________.
8. His behavior shows his ______________.
9. Bill Gates was elected as chairman of the ______________.
10. There are seven ______________ in the world.
11. He started again with a ______________ decision.
12. Low scores on the test ______________ him.
13. My boyfriend ______________ me by the arm.
14. The doctor said the old man's condition was ______________.
15. The students polled for ______________ in their class.
16. Her ______________ words encourage me.

661 **likely** [láikli]
형 있음직한 반 unlikely 있을 것 같지 않은
be likely to do ~할 것 같다

662 **mention** [ménʃən]
동 언급하다 형 mentionable 언급할 만한
Don't mention it. 천만의 말씀입니다, 별 말씀을요.

663 **possession** [pəzéʃən]
명 소유, 영토 pl. 재산 동 possess 소유하다 유 property
in possession of ~을 소유하여

664 **provide** [prəváid]
동 제공하다 유 supply
provide A with B A에게 B를 공급하다

665 **reflect** [riflékt]
동 반사하다, 반영하다 명 reflection 반영
reflect heat 열을 반사하다

666 **role** [roul]
명 역할 유 part
play an important role in ~에서 중요한 역할을 하다

667 **semester** [siméstər]
명 학기 유 term
the first semester 제1학기

668 **society** [səsáiəti]
명 사회 형 social 사회의 유 community
human society 인간 사회

669 **success** [səksés]
명 성공 형 successful 성공적인 부 successfully 성공적으로
with success 성공리에

670 **trace** [treis]
명 자취, 흔적 유 track
a trace of war 전쟁의 흔적

671 **useful** [júːsfəl]
형 유용한 부 usefully 유용하게 반 useless 쓸모 없는
useful tips 유용한 팁

672 **workout** [wə́ːrkàut]
명 운동 유 exercise
go to the gym for a workout 운동하러 체육관에 가다

673 **agree** [əgríː]
동 동의하다 명 agreement 동의 반 disagree 의견이 다르다
agree with ~에 동의하다

674 **appetizing** [ǽpitàiziŋ]
형 식욕을 돋우는 명 appetizer 전채음식 명 appetite 식욕
an appetizing food 입맛이 당기는 음식

675 **blame** [bleim]
동 나무라다, 비난하다 유 accuse
be to blame for ~에 대해 책임이 있다(비난받아야 한다)

✦ 주어진 우리말 문장에 맞도록 알맞은 단어를 넣어 문장을 완성하시오. 정답 p.204

It is   to rain soon.
곧 비가 올 것 같다.

She never   it.
그녀는 그것을 전혀 언급하지 않았다.

Some Caribbean islands are still French   .
몇몇 카리브해의 섬들은 여전히 프랑스령이다.

Farmers   people with rice.
농부들은 사람들에게 쌀을 공급한다.

The Moon   the light from the Sun.
달은 태양빛을 반사한다.

He played the   of the old king in our school play.
그는 우리 학교 연극에서 늙은 왕 역을 연기했다.

My average grade in my first   was a B.
나의 1학기 평균 점수는 B였다.

Man must live in   .
사람은 반드시 사회 속에서 살아야 한다.

They finished their wedding ceremony with   .
그들은 결혼식을 성공리에 마쳤다.

The thief left no   behind.
도둑은 아무런 흔적도 남기지 않았다.

She gave us some   information.
그녀는 우리에게 유용한 정보를 조금 주었다.

This afternoon, we are going to the gym for a   .
오늘 오후에 우리는 운동하러 체육관에 갈 것이다.

He doesn't   with the plan.
그는 그 계획에 동의하지 않는다.

This spaghetti doesn't look very   .
이 스파게티는 별로 먹음직스러워 보이지 않는다.

Either she or I am to   for that.
그녀나 나 둘 중에 한 명은 그것에 대해 책임이 있다.

DAY 23

676 **charge** [tʃɑːrdʒ]
동 청구하다 명 청구액
without charge 무상으로

677 **commonly** [kámənli]
부 흔히, 보통 형 common 흔한 유 usually
be commonly known as 주로 ~로 알려지다

678 **continue** [kəntínjuː]
동 계속하다 형 continuing 연속적인 유 keep on
to be continued 다음에 계속

679 **destination** [dèstənéiʃən]
명 목적지 동 destine ~행이다
reach one's destination 목적지에 도착하다

680 **distant** [dístənt]
형 거리가 먼 명 distance 거리, 간격 반 near 가까운
a distant view 원경

681 **engagement** [ingéidʒmənt]
명 약속, 약혼 동 engage 약속하다, 약혼하다
a previous engagement 선약

682 **expensive** [ikspénsiv]
형 비싼 명 expense 비용 반 cheap 싼
come expensive 비용이 많이 들다

683 **fit** [fit]
동 적합하다, 맞다
fit in ~에 잘 들어맞다

684 **function** [fʌ́ŋkʃən]
명 기능 형 functional 기능적인

685 **graduate** 동 [grǽdʒuèit] 명, 형 [grǽdʒuət]
동 졸업하다 명 졸업생 형 대학원의 명 graduation 졸업
graduate students 대학원 학생

686 **horizon** [həráizn]
명 수평선 형 horizontal 수평선의
beyond the horizon 수평선 너머로

687 **introduce** [ìntrədjúːs]
동 소개하다 명 introduction 소개

688 **limit** [límit]
명 한계, 제한 유 boundary
without limit 제한 없이

689 **merchant** [mə́ːrtʃənt]
명 상인
look like a merchant 장사꾼같이 보이다

690 **possible** [pásəbl]
형 가능한 명 possibility 가능성 반 impossible 불가능한
a possible disaster 일어날 수 있는 재해

✦ 주어진 우리말 문장에 맞도록 알맞은 단어를 넣어 문장을 완성하시오. 정답 p.204

How much do you for this book?
이 책 얼마 받으시나요?

This is the most used way.
이것이 가장 흔하게 사용되는 방법이다.

We will working on those areas.
우리는 그 분야에 대해 계속 작업할 겁니다.

Where is your ?
목적지가 어디세요?

He went to a country.
그는 먼 나라로 갔다.

Did you make an with her?
그녀와 약속했니?

I think this pen is too .
나는 이 펜이 너무 비싸다고 생각한다.

The shoes don't my feet.
그 신발은 내 발에 맞지 않는다.

What is the of this handle?
이 손잡이의 기능이 뭐죠?

He from Oxford.
그는 옥스퍼드 대학교를 졸업했다.

There might be something beyond the .
수평선 너머에 무언가가 있을지도 모른다.

Why don't we ourselves first?
먼저 우리 소개를 하는 것이 어때?

The speed is 60 km/h.
제한 속도는 시속 60킬로미터이다.

She was the child of a wealthy and lived a happy life.
그녀는 부유한 상인의 딸이었고 행복하게 살았다.

It isn't to go there on foot.
걸어서 그곳에 가는 것은 불가능하다.

DAY 24

DAY 24 표제어 듣기

691 **public** [pʌ́blik]
형 공적인, 공립의 명 publicity 공개 반 private 사적인
a public school 공립학교

692 **refrigerator** [rifrídʒərèitər]
명 냉장고 유 fridge

693 **rough** [rʌf]
형 대략적인, 거친 유 approximate
a rough calculation 대략적인 계산

694 **seminar** [sémənɑ̀ːr]
명 세미나, 연구회
a closed-door seminar 비공개 세미나

695 **soil** [sɔil]
명 흙, 땅
rich soil 비옥한 땅

696 **successful** [səksésfəl]
형 성공적인 명 success 성공 유 flourishing
have a successful life 성공적인 삶을 살다

697 **traditional** [trədíʃənl]
형 전통적인 명 tradition 전통
a traditional dance 전통 무용

698 **usual** [júːʒuəl]
형 평소의, 보통의 반 unusual 별난, 이상한

699 **worldwide** [wə́ːrldwáid]
형 세계적인 유 global
worldwide fame 세계적인 명성

700 **agriculture** [ǽgrikʌ̀ltʃər]
명 농업 형 agricultural 농업의 유 farming
Ministry for Food, Agriculture, Forestry and Fisheries 농림수산식품부

701 **apply** [əplái]
동 적용하다, 지원하다 명 application 적용, 지원서
apply for ~에 지원하다

702 **blank** [blæŋk]
명 빈칸 형 빈 유 empty
fill out a blank 빈칸을 기입하다

703 **charity** [tʃǽrəti]
명 자선, 사랑 형 charitable 자선의, 자비로운
faith, hope, and charity 믿음, 소망, 사랑[자선]

704 **communication** [kəmjùːnəkéiʃən]
명 의사소통, 전달, 통신 동 communicate 전달하다, 의사소통하다
verbal communication 말에 의한 소통

705 **contrast** 동[kəntrǽst] 명[kɑ́ntræst]
동 대조하다 명 대조
contrast A with B A와 B를 대조시키다

✦ 주어진 우리말 문장에 맞도록 알맞은 단어를 넣어 문장을 완성하시오. 정답 p.204

My cousin went to a school.
우리 사촌은 공립학교에 다녔다.

Don't leave the open.
냉장고를 열어두지 마라.

There are about 50 people at a guess.
대략 추정해 볼 때 약 50명이 있다.

What's the subject of this ?
이번 세미나의 주제가 뭡니까?

The farmer turned over the and sowed the seeds.
농부가 땅을 갈아엎고 씨를 뿌렸다.

The meeting was .
회의는 성공적이었다.

Korea has a very beautiful dance.
한국에는 매우 아름다운 전통 무용이 있다.

My father came home later than .
우리 아빠는 평소보다 늦게 집에 오셨다.

The new car has attracted attention.
새 차가 세계적인 관심을 끌었다.

is what people do for a living here.
농업은 이곳 사람들의 생업이다.

I'd like to for the open position in the Sales Department.
영업부 공석에 지원하고 싶습니다.

Please fill out those .
그 빈칸들을 기입하세요.

The three slogans are faith, hope, and .
세 가지 표어는 믿음, 소망, 그리고 사랑[자선]이다.

Languages are tools of .
언어는 의사소통의 수단이다.

The judge her statement with his.
판사는 그녀의 말과 그의 말을 대조하였다.

DAY 24

706 **determine** [ditə́ːrmin]
동 결정하다 | 명 determination 결정 유 decide

707 **divide** [diváid]
동 나누다 | 명 division 분리
divide A into B A를 B로 나누다

708 **engineering** [èndʒiníəriŋ]
명 공학
mechanical engineering 기계 공학

709 **experience** [ikspíəriəns]
명 경험 동 경험하다
have experience in ~에 경험이 있다

710 **fix** [fiks]
동 고치다 | 유 repair, mend

711 **funeral** [fjúːnərəl]
명 장례식 | 참 burial 매장
attend a funeral 장례식에 참석하다

712 **graduation** [grӕdʒuéiʃən]
명 졸업 | 동 graduate 졸업하다
a graduation ceremony 졸업식

713 **hormone** [hɔ́ːrmoun]
명 호르몬
a masculine hormone 남성 호르몬

714 **invade** [invéid]
동 침략하다 | 명 invasion 침략 반 defend 방어하다
invade a country 나라를 침략하다

715 **lively** [láivli]
형 활기가 넘치는 | 명 liveliness 활기
a lively talk 활기가 넘치는 대화

716 **mere** [miər]
형 단지, 단순한 | 부 merely 단순히 유 simple
a mere fancy 단순한 공상

717 **potluck** [pátlʌ̀k]
명 각자 가져와서 먹는 식사
a potluck party 각자 음식을 만들어 참여하는 파티

718 **publish** [pʌ́bliʃ]
동 발표하다, 출판하다 | 명 publication 발표, 출판 유 announce
publish a law 법령을 공포하다

719 **refund** [rifʌ́nd]
동 환불하다 명 환불 | 유 repay
a full refund 전액 환불

720 **routine** [ruːtíːn]
명 일상의 과정, 일상 | 부 routinely 일상적으로
a daily routine 일과

1회독	월	일
2회독	월	일

✦ 주어진 우리말 문장에 맞도록 알맞은 단어를 넣어 문장을 완성하시오. 정답 p.204

I have not yet what to do.
나는 아직 무엇을 해야 할지 결정하지 못했다.

it into three parts.
그것을 세 부분으로 나누세요.

He is studying at college.
그는 대학에서 공학을 공부한다.

The company needs a person with lots of .
그 회사는 경험이 많은 사람을 원한다.

I have to this radio today.
나는 오늘 라디오를 고쳐야 한다.

My parents went to their close friend's .
부모님들은 가까운 친구분의 장례식에 가셨다.

The ceremony is being held in the gym right now.
바로 지금 체육관에서 졸업식이 열리고 있다.

People get pimples because of unbalanced .
사람들은 불균형한 호르몬 때문에 여드름이 생긴다.

Japan Korea in 1910.
일본은 1910년에 한국을 침략했다.

We had a talk.
우리는 활기찬 대화를 나눴다.

It is a 200 meters from my house to the school.
집에서 학교까지는 고작 200미터 거리이다.

We are going to have a party today.
오늘 우리는 각자 음식을 가져오는 파티를 열 것이다.

My teacher has two books.
우리 선생님은 두 권의 책을 출판하셨다.

If the shoes do not fit well, the shop will your money.
신발이 잘 안 맞으면 가게에서 환불해 줄 것이다.

Going to school is part of the student's daily .
학교에 가는 것이 그 학생 일과의 일부분이다.

REVIEW TEST 12 DAY 23 ~ DAY 24

A 우리말과 같은 뜻이 되도록 빈칸에 들어갈 알맞은 단어를 적으시오.

1. be ________________ to do (~할 것 같다)
2. to be ________________ (다음에 계속)
3. a full ________________ (전액 환불)
4. ________________ in (~에 잘 들어맞다)
5. a previous ________________ (선약)
6. ________________ students (대학원 학생)
7. without ________________ (무상으로)
8. ________________ A with B (A와 B를 대조시키다)
9. Don't ________________ it. (천만의 말씀입니다, 별 말씀을요.)
10. ________________ for (지원하다)

B 다음 괄호 안의 지시대로 주어진 단어를 변형시키고 그 뜻을 적으시오.

	변형	뜻
1. reflect (명사형으로) →	________________	________________
2. society (형용사형으로) →	________________	________________
3. success (형용사형으로) →	________________	________________
4. expensive (명사형으로) →	________________	________________
5. function (형용사형으로) →	________________	________________
6. possible (명사형으로) →	________________	________________
7. public (명사형으로) →	________________	________________
8. distant (명사형으로) →	________________	________________
9. commonly (형용사형으로) →	________________	________________
10. charity (형용사형으로) →	________________	________________

정답 p.204

C 다음 영영풀이에 해당하는 단어를 보기에서 골라 적으시오.

보기				
engagement	mention	appetizing	refrigerator	limit
introduce	role	blame	merchant	fit

1. to refer briefly to; name, specify, or speak of → ______________
2. a part or character played by an actor or actress → ______________
3. appealing to or stimulating the appetite; savory → ______________
4. to find fault with; censure → ______________
5. an appointment or arrangement → ______________
6. to be right or go in the right place → ______________
7. to present a person to another so as to make acquainted → ______________
8. the final, utmost, or furthest boundary or point as to extent, amount, continuance, procedure, etc. → ______________
9. a person who buys and sells commodities for profit; dealer; trader → ______________
10. a device or room in which food, drink, etc., are kept cool by means of ice or mechanical refrigeration → ______________

D 우리말과 같은 뜻이 되도록 주어진 문장의 빈칸을 완성하시오.

1. 한국에는 매우 아름다운 전통 무용이 있다.
   → Korea has a very beautiful ______________ dance.
2. 언어는 의사소통의 수단이다.
   → Languages are tools of ______________.
3. 새 차가 세계적인 관심을 끌어왔다.
   → The new car has attracted ______________ attention.
4. 그는 대학에서 공학을 공부한다.
   → He is studying ______________ at college.

⑤ 사람들은 불균형한 호르몬 때문에 여드름이 생긴다.

➔ People get pimples because of unbalanced ______________.

⑥ 그것을 세 부분으로 나누세요.

➔ ______________ it into three parts.

⑦ 오늘 우리는 각자 음식을 가져오는 파티를 열 것이다.

➔ We are going to have a ______________ party today.

⑧ 부모님들은 가까운 친구분의 장례식에 가셨다.

➔ My parents went to their close friend's ______________ .

⑨ 우리는 활기찬 대화를 나눴다.

➔ We had a ______________ talk.

⑩ 집에서 학교까지는 고작 200미터 거리이다.

➔ It is a ______________ 200 meters from my house to the school.

E 문장의 밑줄 친 부분에 해당하는 유의어 혹은 반의어를 보기에서 골라 적으시오.

보기	defend	unlikely	near	useless	approximate
	decide	repair	repay	unusual	community

① It is likely to rain soon. 반의어 ↔ ______________

② She gave us some useful information. 반의어 ↔ ______________

③ He went to a distant country. 반의어 ↔ ______________

④ There are about 50 people at a rough guess. 유의어 = ______________

⑤ My father came home later than usual. 반의어 ↔ ______________

⑥ Man must live in society. 유의어 = ______________

⑦ I have not yet determined what to do. 유의어 = ______________

⑧ Japan invaded Korea in 1910. 반의어 ↔ ______________

⑨ If the shoes do not fit well, the shop will refund your money.

유의어 = ______________

⑩ I have to fix this radio today. 유의어 = ______________

F 영어발음을 듣고 영어단어를 적은 후, 우리말 뜻을 적으시오.

영어단어 듣고 쓰기

	영어	우리말		영어	우리말
1			8		
2			9		
3			10		
4			11		
5			12		
6			13		
7			14		

G 영어문장을 듣고 빈칸에 들어갈 단어를 채워 문장을 완성하시오.

영어문장 듣고 쓰기

1. Some Caribbean islands are still French ______________.
2. The thief left no ______________ behind.
3. This afternoon, we are going to the gym for a ______________.
4. This is the most ______________ used way.
5. We will ______________ working on those areas.
6. He ______________ from Oxford.
7. What's the subject of this ______________?
8. The farmer turned over the ______________ and sowed the seeds.
9. Please fill out those ______________.
10. If the shoes do not fit well, the shop will ______________ your money.
11. The Moon ______________ the light from the Sun.
12. My teacher has ______________ two books.
13. Going to school is part of the student's daily ______________.
14. It is ______________ to rain soon.
15. She gave us some ______________ information.
16. He went to a ______________ country.

DAY 25

DAY 25 표제어 듣기

721 **senior** [síːnjər] 형 손위의, 선배의 명 연장자 반 junior 손아래의, 후배의
be senior to ~보다 선배이다

722 **solution** [səlúːʃən] 명 해결(책) 동 solve 해결하다

723 **suffer** [sʌ́fər] 동 고통을 겪다 명 suffering 고통
suffer from ~로부터 고통을 겪다

724 **trait** [treit] 명 특징, 특성 유 characteristic
Korean traits 한국인의 특징

725 **utilize** [júːtəlàiz] 동 활용하다 명 utilization 활용 유 use
utilize the Internet 인터넷을 활용하다

726 **worsen** [wə́ːrsn] 동 악화시키다 명 worsening 악화, 저하 유 aggravate
worsen the problem 문제를 악화시키다

727 **ahead** [əhéd] 부 앞에, 앞으로
go ahead 앞서 가다

728 **appointment** [əpɔ́intmənt] 명 약속 유 engagement
keep one's appointment 약속을 지키다

729 **bless** [bles] 동 축복하다 반 curse 욕하다, 저주하다; 저주
Bless you! 신의 가호가 있기를!

730 **chase** [tʃeis] 동 뒤쫓다 명 추적 반 run away 도망치다
chase a thief 도둑을 뒤쫓다

731 **community** [kəmjúːnəti] 명 공동체, 공동 사회 유 society
the foreign community 외국인 공동체

732 **contribute** [kəntríbjuːt] 동 기부하다, 기고하다 명 contribution 기부 유 give
contribute to a newspaper 신문에 기고하다

733 **develop** [divéləp] 동 발달시키다, 개발하다 명 development 발달 유 grow
develop one's muscles 근육을 발달시키다

734 **dizzy** [dízi] 형 어지러운 명 dizziness 현기증
a dizzy situation 어지러운 상황

735 **enjoyable** [endʒɔ́iəbl] 형 유쾌한, 즐거운 동 enjoy 즐기다 유 delightful
an enjoyable experience 즐거운 경험

✦ 주어진 우리말 문장에 맞도록 알맞은 단어를 넣어 문장을 완성하시오. 정답 p.205

He is   to me.
그는 나보다 선배이다.

There is no better   than this to the problem.
그 문제에 이것보다 더 좋은 해결책은 없다.

The old woman   from cancer.
그 할머니는 암으로 고생하셨다.

Calmness is one of his most pleasing   .
침착함은 그의 가장 호감 가는 특징 중 하나이다.

It is necessary to know how to   the Internet these days.
요즘은 인터넷 활용법을 아는 것이 필수적이다.

Poor treatment   her wound.
서투른 처치가 그녀의 상처를 악화시켰다.

Go   .
먼저 가세요.

He made an important   with his parents.
그는 부모님과 중요한 약속을 했다.

My parents always   me every morning.
우리 부모님들은 매일 아침 나를 축복해 주신다.

I saw a policeman   a thief.
나는 경찰관이 도둑을 뒤쫓고 있는 것을 보았다.

The nation will open a door to the international   .
그 나라는 국제 사회에 문호를 개방할 것이다.

He   all his savings to the charity.
그는 저축액 전액을 자선 단체에 기부했다.

Several industries are   in this area.
몇몇 산업이 이 지역에서 개발된다.

She felt   after drinking.
그녀는 술을 마신 후에 어지러움을 느꼈다.

Studying abroad will be an   experience.
외국에서 공부하는 것은 즐거운 경험이 될 것이다.

DAY 25

736 **experiment** [ikspérəmənt]
명 실험 형 experimental 실험의
conduct an experiment on ~의 실험을 시행하다

737 **flag** [flæg]
명 깃발
under the flag of ~의 깃발 아래

738 **funny** [fʌ́ni]
형 재미있는, 우스운 명 fun 재미
a funny situation 웃긴 상황

739 **grain** [grein]
명 곡물
whole grain 정제하지 않은 곡물

740 **host** [houst]
명 주인, 주최자 동 주최하다
act as host at a party 파티에서 주최자 역할을 하다

741 **invention** [invénʃən]
명 발명 동 invent 발명하다 유 creation
make an invention 발명하다

742 **local** [lóukəl]
형 지역의, 지방의 동 localize 지역화하다 유 regional
local taxes 지방세

743 **mess** [mes]
명 어수선함 동 어지럽히다
clear up a mess 어질러진 것을 정돈하다

744 **pouch** [pautʃ]
명 작은 주머니, 파우치
a kangaroo's pouch 캥거루의 주머니

745 **pure** [pjuər]
형 순수한, 맑은 명 purity 순수, 순도
pure gold 순금

746 **refuse** [rifjúːz]
동 거절하다 유 turn down
refuse an offer 제의를 거절하다

747 **row** [rou]
명 줄
in a row 한 줄로

748 **sensible** [sénsəbl]
형 분별 있는, 현명한 부 sensibly 현명하게 유 wise
a sensible decision 현명한 결정

749 **sore** [sɔːr]
형 아픈 유 sick
a sore spot 약점

750 **suggest** [səʤést]
동 제안하다 명 suggestion 제안 유 propose
suggest -ing ~을 제안하다

✦ 주어진 우리말 문장에 맞도록 알맞은 단어를 넣어 문장을 완성하시오. 정답 p.205

We can learn by   that oil and water will not mix.
우리는 물과 기름이 섞이지 않으리라는 것을 실험을 통해 배울 수 있다.

We fought against the enemy under the   of freedom.
우리는 자유의 깃발 아래 적과 맞서 싸웠다.

This is a very   situation.
이것은 매우 재미있는 상황이다.

Whole   bread is good for your health.
미정제 곡물 빵이 건강에 좋다.

He is the   of the party.
그가 그 파티의 주최자야.

Necessity is the mother of   .
필요는 발명의 어머니이다.

He works at the   post office.
그는 지역 우체국에서 일한다.

My room is a   .
내 방은 어질러져 있다.

I lost my   . Would you go and find it?
파우치를 잃어버렸어요. 당신이 가서 찾아줄래요?

This ring is 100%   gold.
이 반지는 100% 순금이다.

She   to discuss the problem.
그녀는 그 문제에 대한 논의를 거절했다.

He is standing in the first   .
그는 첫째 줄에 서 있다.

A   man would not act like that.
현명한 사람이라면 그렇게 행동하지 않을 것이다.

I have a runny nose and a   throat.
콧물이 나고 목이 아파요.

My grandfather   which way I should go.
우리 할아버지께서는 내가 가야 할 길을 제안하셨다.

DAY 26

751	**transfer**	[trænsfə́ːr]	동 옮기다, 이동하다, 갈아타다	유 move	transfer A to B A를 B로 옮기다
752	**worth**	[wəːrθ]	형 가치가 있는		be worth nothing 가치가 전혀 없다
753	**aid**	[eid]	명 도움	유 help	first aid 응급처치
754	**appreciate**	[əpríːʃièit]	동 감사하다	명 appreciation 감사 유 thank	appreciate one's help ~의 도움에 감사하다
755	**blind**	[blaind]	형 눈이 먼	부 blindly 맹목적으로	the blind 맹인들
756	**cheap**	[tʃiːp]	형 값싼	반 expensive 비싼	cheap and nasty 값싸고 질 나쁜
757	**compact**	[kəmpǽkt]	형 소형의	유 small, close	a compact car 소형차
758	**control**	[kəntróul]	동 통제하다, 지배하다 명 통제, 지배	유 govern	be controlled by ~에 의해 지배당하다
759	**devote**	[divóut]	동 바치다	명 devotion 헌신	devote oneself to ~에 헌신하다
760	**documentary**	[dàkjuméntəri]	형 문서의 명 다큐멘터리	명 document 문서	a documentary drama 다큐멘터리 드라마
761	**enough**	[inʌ́f]	형 충분한 명 충분한 양	유 sufficient	enough money 충분한 돈
762	**expert**	[ékspəːrt]	명 전문가 형 전문가의	유 specialist	an expert surgeon 외과 전문 의사
763	**flame**	[fleim]	명 불꽃	형 flamy 타고 있는 유 fire	burst into flames 확 타오르다
764	**further**	[fə́ːrðər]	형 그 이상의 부 더 나아가서		further news 뒷소식, 추가 소식
765	**grand**	[grænd]	형 웅대한, 화려한	유 magnificent	a grand opening ceremony 화려한 개막식

✦ 주어진 우리말 문장에 맞도록 알맞은 단어를 넣어 문장을 완성하시오. 정답 p.205

The boy ______ to another school.
그 소년은 다른 학교로 전학을 갔다.

It's ______ a try.
시도해 볼 만해.

Without the ______ of crutches, he is not able to walk.
그는 목발의 도움 없이는 걸을 수 없다.

I really ______ your kindness.
당신의 친절에 정말 감사드립니다.

It is hard for the ______ to take the subway.
맹인들이 지하철을 타는 것은 어렵다.

My computer is as ______ as yours.
내 컴퓨터는 네 것만큼 싸다.

Lots of ______ cars are used every day.
많은 소형차가 매일같이 사용된다.

The new teacher didn't ______ the class.
그 신임 선생님은 학급을 통제하지 못했다.

My mother has ______ herself to my family.
우리 엄마는 가족에게 헌신해 오셨다.

We saw a ______ on animal communication.
우리는 동물의 의사소통에 대한 다큐멘터리를 봤다.

There was ______ food for the party.
파티에 충분한 음식이 있었다.

She is an ______ in training animals.
그녀는 동물 훈련에 있어 전문가이다.

The factory was in ______.
공장이 불길에 휩싸여 있었다.

I have nothing ______ to say.
나는 더 이상 말할 것이 없다.

They prepared the ______ opening ceremony.
그들은 화려한 개막식을 준비했다.

DAY 26

766 **hostess** [hóustis]
명 여주인 | 동 host 주최하다 반 guest 손님
thank the hostess 여주인에게 감사하다

767 **invitation** [ìnvətéiʃən]
명 초대, 초대장 | 동 invite 초대하다
by invitation of ~의 초대로

768 **locate** [loukéit]
동 위치를 정하다 | 명 location 위치
be located in[at] ~에 위치하다

769 **messenger** [mésəndʒər]
명 전달자, 심부름꾼
send a letter by a messenger 전달자를 통하여 편지를 보내다

770 **pour** [pɔːr]
동 붓다, 퍼붓다
pour water 물을 붓다

771 **purpose** [pə́ːrpəs]
명 목적, 의도 | 부 purposely 고의적으로 유 aim
for that purpose 그런 목적으로

772 **region** [ríːdʒən]
명 지방, 지역 | 형 regional 지역의 유 area
tropical regions 열대 지방

773 **royal** [rɔ́iəl]
형 왕실의 | 명 royalty 왕위
a royal family 왕실

774 **separate** 동 [sépərèit] 형 [sépərət]
동 분리하다 형 분리된
be separated from ~에서 분리되다, ~로부터 독립하다

775 **sorrow** [sɑ́rou]
명 슬픔 | 형 sorrowful 슬픔에 찬 유 sadness
in sorrow 슬픔에 잠겨

776 **suicide** [súːəsàid]
명 자살 동 자살하다
commit suicide 자살하다

777 **translate** [trænsléit]
동 번역하다 | 명 translation 번역 유 interpret
translate A into B A를 B로 번역하다

778 **wounded** [wúːndid]
형 다친 | 명 wound 상처 유 injured

779 **aim** [eim]
동 겨냥하다, 목표 삼다 명 목표
aim at success 성공을 목표로 삼다

780 **aquarium** [əkwέəriəm]
명 수족관 | 명 aqua 물, 옥색
go to the aquarium 수족관에 가다

✦ 주어진 우리말 문장에 맞도록 알맞은 단어를 넣어 문장을 완성하시오. 정답 p.205

The ______ warmly welcomed the guest.
여주인은 손님들을 따뜻하게 맞이했다.

I accepted the ______ to his birthday party.
나는 그의 생일파티 초대에 응했다.

The Blue House is ______ in Seoul.
청와대는 서울에 위치한다.

The ______ gave her a flower with the letter.
그 전달자는 그녀에게 편지와 함께 꽃을 주었다.

______ some water in the bucket.
양동이에 물을 좀 부어라.

The ______ of the trip was to experience new things.
그 여행의 목적은 새로운 것들을 경험하는 것이었다.

Parrots are from tropical ______.
앵무새는 열대 지방에서 왔다.

People admire the ______ family.
사람들은 왕실을 동경한다.

Most Americans are ______ from their parents when they go to university.
대부분의 미국인은 대학에 가면 부모로부터 독립한다.

She sobbed in deep ______.
그녀는 깊은 슬픔에 잠겨 흐느꼈다.

We shouldn't try to commit ______ in any situation.
우리는 어떤 상황에서도 자살을 시도해서는 안 된다.

Her job is to ______ English into Korean.
그녀의 직업은 영어를 한국어로 번역하는 것이다.

The ______ soldier survived the crash.
부상당한 병사가 추락사고에서 생존했다.

______ for the target.
목표를 겨냥해라.

Our family went to the ______ last Sunday.
우리 가족은 지난 일요일에 수족관에 갔다.

REVIEW TEST 13 DAY 25 ~ DAY 26

A 우리말과 같은 뜻이 되도록 빈칸에 들어갈 알맞은 단어를 적으시오.

1. ________________ taxes (지방세)
2. in a ________________ (한 줄로)
3. ________________ a thief (도둑을 뒤쫓다)
4. in ________________ (슬픔에 잠겨)
5. ________________ from (~로부터 고통을 겪다)
6. ________________ and nasty (값 싸고 질 나쁜)
7. ________________ at success (성공을 목표로 삼다)
8. conduct an ________________ on (~의 실험을 시행하다)
9. clear up a ________________ (어질러진 것을 정돈하다)
10. under the ________________ of (~의 깃발 아래)

B 다음 괄호 안의 지시대로 주어진 단어를 변형시키고 그 뜻을 적으시오.

		변형	뜻
1	utilize (명사형으로)	→ ________________	________________
2	contribute (명사형으로)	→ ________________	________________
3	enjoyable (동사형으로)	→ ________________	________________
4	experiment (형용사형으로)	→ ________________	________________
5	funny (명사형으로)	→ ________________	________________
6	invention (동사형으로)	→ ________________	________________
7	solution (동사형으로)	→ ________________	________________
8	suggest (명사형으로)	→ ________________	________________
9	appreciate (명사형으로)	→ ________________	________________
10	devote (명사형으로)	→ ________________	________________

정답 p.205

C 다음 영영풀이에 해당하는 단어를 보기에서 골라 적으시오.

보기				
grain	ahead	senior	worsen	community
worth	blind	pure	appointment	host

1. older; higher in rank → ________________
2. to make or become worse → ________________
3. in or to the front; in advance of; before → ________________
4. a fixed mutual agreement for a meeting; engagement → ________________
5. a social group of any size whose members reside in a specific locality, share government, and often have a common cultural and historical heritage
   → ________________
6. unable to see; lacking the sense of sight; sightless → ________________
7. a small, hard seed of a food plant such as wheat, corn, rye, oats, rice, or millet
   → ________________
8. a person who receives or entertains guests at home or elsewhere → ________________
9. free from anything of a different or contaminating kind; free from extraneous matter
   → ________________
10. having property to the value or amount of → ________________

D 우리말과 같은 뜻이 되도록 주어진 문장의 빈칸을 완성하시오.

1. 침착함은 그의 가장 호감가는 특징 중 하나이다.
   → Calmness is one of his most pleasing ________________.
2. 그녀는 술을 마신 후에 어지러움을 느꼈다.
   → She felt ________________ after drinking.
3. 파우치를 잃어버렸어요. 당신이 가서 찾아줄래요?
   → I lost my ________________. Would you go and find it?

4 우리는 동물의 의사소통에 대한 다큐멘터리를 봤다.
→ We saw a ________________ on animal communication.

5 나는 더 이상 말할 것이 없다.
→ I have nothing ________________ to say.

6 청와대는 서울에 위치하고 있다.
→ The Blue House is ________________ in Seoul.

7 양동이에 물을 좀 부어라. → ________________ some water in the bucket.

8 그 여행의 목적은 새로운 것들을 경험하는 것이었다.
→ The ________________ of the trip was to experience new things.

9 사람들은 왕실을 동경한다. → People admire the ________________ family.

10 대부분의 미국인은 대학에 가면 부모로부터 독립한다.
→ Most Americans are ________________ from their parents when they go to university.

E 문장의 밑줄 친 부분에 해당하는 유의어 혹은 반의어를 보기에서 골라 적으시오.

보기				
sufficient	specialist	expensive	run away	regional
interpret	govern	wise	small	move

1 He works at the <u>local</u> post office. 유의어 = ________________

2 A <u>sensible</u> man would not act like that. 유의어 = ________________

3 The boy <u>transferred</u> to another school. 유의어 = ________________

4 My computer is as <u>cheap</u> as yours. 반의어 ↔ ________________

5 Lots of <u>compact</u> cars are used every day. 유의어 = ________________

6 The new teacher didn't <u>control</u> the class. 유의어 = ________________

7 There was <u>enough</u> food for the party. 유의어 = ________________

8 She is an <u>expert</u> in training animals. 유의어 = ________________

9 I saw a policeman <u>chasing</u> a thief. 반의어 ↔ ________________

10 Her job is to <u>translate</u> English into Korean. 유의어 = ________________

F 영어발음을 듣고 영어단어를 적은 후, 우리말 뜻을 적으시오.

영어단어
듣고 쓰기

	영어	우리말		영어	우리말
❶	________	________	❽	________	________
❷	________	________	❾	________	________
❸	________	________	❿	________	________
❹	________	________	⓫	________	________
❺	________	________	⓬	________	________
❻	________	________	⓭	________	________
❼	________	________	⓮	________	________

G 영어문장을 듣고 빈칸에 들어갈 단어를 채워 문장을 완성하시오.

영어문장
듣고 쓰기

❶ Several industries are ________ in this area.

❷ The factory was in ________.

❸ I accepted the ________ to his birthday party.

❹ The ________ gave her a flower with the letter.

❺ Parrots are from tropical ________.

❻ We shouldn't try to commit ________ in any situation.

❼ The ________ soldier survived the crash.

❽ ________ for the target.

❾ Our family went to the ________ last Sunday.

❿ He ________ all his savings to the charity.

⓫ Studying abroad will be an ________ experience.

⓬ We can learn by ________ that oil and water will not mix.

⓭ This is a very ________ situation.

⓮ Necessity is the mother of ________.

⓯ My grandfather ________ which way I should go.

⓰ My mother has ________ herself to my family.

781 **blink**
[bliŋk]
동 깜박이다 형 blinking 반짝이는
blink one's eyes 눈을 깜박이다

782 **cheat**
[tʃiːt]
동 속이다 명 속임수 유 trick
cheat in an exam 커닝하다

783 **compare**
[kəmpέər]
동 비교하다 형 comparable 비교되는 반 contrast 대조하다; 대조
compare A with B A를 B와 비교하다

784 **convenient**
[kənvíːnjənt]
형 편리한 명 convenience 편리 반 inconvenient 불편한
make it convenient to do 형편을 보아서 ~하다, ~을 편리하게 하다

785 **diameter**
[daiǽmitər]
명 지름 형 diametric 지름의 참 radius 반지름

786 **drug**
[drʌg]
명 약 유 medicine
a drug store 약국

787 **entertain**
[èntərtéin]
동 즐겁게 하다

788 **explain**
[ikspléin]
동 설명하다 명 explanation 설명

789 **flat**
[flæt]
형 평평한 부 평평하게 유 level
flat ground 평지

790 **grateful**
[gréitfəl]
형 고맙게 여기는 유 thankful
a grateful letter 감사 편지

791 **housewife**
[háuswàif]
명 주부 형 housewifely 주부다운, 알뜰한 유 homemaker
an economical housewife 알뜰한 주부

792 **irregular**
[irégjulər]
형 불규칙한 부 irregularly 불규칙하게 반 regular 규칙적인
irregular verbs 불규칙 동사

793 **logical**
[lɑ́dʒikəl]
형 논리적인 명 logic 논리 반 illogical 비논리적인
a logical person 논리적인 사람

794 **method**
[méθəd]
명 방법 유 way
a payment method 지불 방법

795 **powerful**
[páuərfəl]
형 강한 명 power 힘 유 strong
a powerful argument 설득력 있는 논증, 강력한 주장

✦ 주어진 우리말 문장에 맞도록 알맞은 단어를 넣어 문장을 완성하시오. 정답 p.206

You should not ______ your eyes when taking pictures.
사진을 찍을 때 눈을 깜박이지 마세요.

He thought of many ways to ______ his friend.
그는 친구를 속일 방법을 많이 생각해 냈다.

Mina tries not to ______ herself with others.
미나는 자신을 다른 사람과 비교하지 않으려고 노력한다.

Is it ______ for you to come by two o'clock?
두 시까지 오시는 것이 편한가요?

It is ten centimeters in ______.
그것은 지름이 10센티미터이다.

I am allergic to this ______.
나는 이 약에 알레르기가 있다.

The magician ______ the people with tricks.
그 마법사는 마술로 사람들을 즐겁게 하였다.

It is difficult to ______ the rules of the games to children.
아이들에게 게임들의 규칙을 설명하기란 어렵다.

There are many buildings with ______ roofs.
평평한 지붕이 있는 건물들이 많다.

I am really ______ to all of you.
여러분 모두에게 진심으로 감사드립니다.

My mother is a ______.
우리 엄마는 주부시다.

It is difficult to memorize ______ verbs.
불규칙 동사를 암기하는 것은 어렵다.

He is a ______ person.
그는 논리적인 사람이다.

Do you know any other ______?
당신은 어떤 다른 방법을 알고 있나요?

He has broad shoulders and ______ arms.
그는 넓은 어깨와 강한 팔을 가지고 있다.

DAY 27

796	**quite** [kwait]	부 꽤, 아주 quite busy 꽤 바쁜	유 pretty
797	**register** [rédʒistər]	동 등록하다 register for a course 수강신청을 하다	유 enroll
798	**rub** [rʌb]	동 닦다, 문지르다 rub away 닦아 없애다	유 polish
799	**serious** [síəriəs]	형 심각한 a serious matter 심각한 문제	부 seriously 심각하게
800	**soul** [soul]	명 영혼 Poor soul! 가여워라!	유 spirit
801	**summit** [sʌ́mit]	명 정상, 꼭대기 a summit conference 정상 회담	
802	**trial** [tráiəl]	명 시도, 재판 trial and error 시행착오	동 try 시도하다
803	**alien** [éiljən]	형 외국의, 외계의 명 외계인 alien friends 외국 친구, 외계인 친구	유 foreign
804	**architect** [ɑ́ːrkətèkt]	명 건축가 become an architect 건축가가 되다	참 architecture 건축
805	**blood** [blʌd]	명 피 blood type 혈액형	
806	**cheerful** [tʃíərfəl]	형 쾌적한, 기운찬 cheerful surroundings 쾌적한 환경	명 cheer 갈채, 격려 유 cheery
807	**competition** [kɑ̀mpətíʃən]	명 경쟁 be in competition with ~와 겨루다	동 compete 경쟁하다 유 contest
808	**convert** [kənvə́ːrt]	동 전환하다 convert A into B A를 B로 전환하다	명 conversion 전환
809	**dictation** [diktéiʃən]	명 받아쓰기 sentence dictation 문장 받아쓰기	동 dictate 받아쓰기 하다
810	**dull** [dʌl]	형 우둔한, 무딘 dull trade 불경기	반 sharp 똑똑한, 날카로운

✦ 주어진 우리말 문장에 맞도록 알맞은 단어를 넣어 문장을 완성하시오. 정답 p.206

I have been ______ busy these days.
저는 요즘 꽤 바빴어요.

How do I ______ for a yoga class?
요가 수업에 어떻게 등록하나요?

The boy ______ the tabletop with a towel.
소년은 수건으로 책상 위를 닦았다.

The oil spill is a ______ matter.
기름 유출은 심각한 문제이다.

After you die, your ______ goes to heaven.
당신이 죽고 나면 당신의 영혼은 천국으로 갑니다.

A ______ between Korea and the USA is going to be held tomorrow.
한미 정상회담이 내일 열린다.

Every achievement requires ______ and error.
모든 성취는 시행 착오를 거친다.

The new movie is about an ______ invasion of Earth.
새 영화는 외계인의 지구 침공을 다루고 있다.

An ______'s job is to design buildings.
건축가의 일은 건물을 디자인하는 것이다.

Her ______ type is O.
그녀의 혈액형은 O형이다.

The morning air is very ______.
아침 공기가 매우 상쾌하다.

The Korean team is going to be in ______ with the Japanese team.
한국 팀이 일본 팀과 겨룰 것이다.

______ it to another format before you send it.
그것을 보내기 전에 다른 형식으로 바꾸세요.

The English teacher gave us some ______ homework.
영어 선생님이 우리에게 받아쓰기 숙제를 조금 내주셨다.

All work and no play makes Jack a ______ boy.
《속담》 일만 하고 놀지 않으면 바보가 된다.

DAY 28

811 **entire** [entáiər]
형 전체의 | 부 entirely 완전히 유 whole
an entire nation 나라 전체

812 **explode** [iksplóud]
동 폭발하다 | 명 explosion 폭발 유 blow up
explode with anger 버럭 화를 내다

813 **flavor** [fléivər]
명 맛, 풍미 | 형 flavory 풍미 있는, 향기로운
a vanilla flavor 바닐라 맛

814 **gravity** [grǽvəti]
명 중력 | 형 gravitational 중력의

815 **housing** [háuziŋ]
명 주택
the housing problem 주택 문제

816 **issue** [íʃuː]
명 발행물, 호, 판 | 유 edition
the current issue 최신호

817 **lonely** [lóunli]
형 외로운 | 명 loneliness 외로움
feel lonely 외롭게 느끼다

818 **microphone** [máikrəfòun]
명 마이크
speak into a microphone 마이크에 대고 말하다

819 **practical** [prǽktikəl]
형 실용적인 | 유 useful
practical English 실용 영어

820 **regret** [rigrét]
명 유감, 후회 동 후회하다
express regret 유감을 표시하다

821 **rude** [ruːd]
형 무례한 | 명 rudeness 무례함 반 polite 예의 바른
be rude to ~에게 무례하게 굴다

822 **servant** [sə́ːrvənt]
명 하인 | 유 attendant
keep a servant 하인을 두다

823 **sour** [sauər]
형 신맛의 | 유 acid
a sour lemon 시큼한 레몬

824 **superior** [səpíəriər]
형 우세한, 상위의 | 반 inferior 열등한, 하위의
with superior airs 거만하게

825 **tribe** [traib]
명 부족 | 형 tribal 부족의
the tribes of Africa 아프리카의 부족들

✦ 주어진 우리말 문장에 맞도록 알맞은 단어를 넣어 문장을 완성하시오. 정답 p.206

I spent the ______ day in bed.
나는 하루 종일 침대에서 시간을 보냈다.

The volcano ______ violently.
화산이 격렬하게 폭발했다.

The ice cream has a vanilla ______.
그 아이스크림은 바닐라 맛이다.

Space doesn't have any ______.
우주에는 중력이 없다.

Many people are concerned about the ______ problem.
많은 사람들이 주택 문제로 걱정한다.

This is the first ______ of the magazine we published.
이것이 우리가 발행한 잡지 제1호예요.

People feel ______ when they are by themselves.
사람들은 혼자 있을 때 외로움을 느낀다.

Your voice is too quiet. Speak into the ______.
목소리가 너무 작네요. 마이크에 대고 얘기해 주세요.

Finding information on the Internet is a ______ way.
인터넷에서 정보를 검색하는 것은 실용적인 방법이다.

The government expressed ______ about the case.
정부는 그 사건에 대해 유감을 표시했다.

Many teenagers are ______ to their parents.
많은 십대들이 부모님들에게 무례하게 군다.

Jack is a ______ true to his master.
잭은 주인에게 충실한 하인이다.

When milk goes bad, it tastes ______.
우유가 상하면 신맛이 난다.

My brother is definitely ______ to others.
내 남동생은 다른 아이들보다 단연 우수하다.

There are still lots of ______ in the world.
아직도 세상에는 많은 부족들이 있다.

DAY 28

826 **alike** [əláik]
형 서로 같은 부 똑같이 반 unlike 다른
look alike 닮다

827 **Arctic** [ɑ́:rktik]
형 북극의 반 Antarctic 남극의
an Arctic expedition 북극 탐험대

828 **bloom** [blu:m]
명 꽃, 활짝 핌 유 flower
in full bloom 꽃이 만발하여

829 **chemistry** [kémistri]
명 화학 참 physics 물리학
organic chemistry 유기화학

830 **complain** [kəmpléin]
동 불평하다 명 complaint 불평
complain about the hot weather 더운 날씨에 대하여 불평하다

831 **cooperation** [kouɑ̀pəréiʃən]
명 협력 동 cooperate 협력하다 반 noncooperation 비협력
in cooperation with ~와 협력하여

832 **diet** [dáiət]
명 식품, 식이요법 형 dietary 식품의 유 food
be on a diet 식이요법을 하고 있다

833 **duty** [djú:ti]
명 의무 형 dutiful 본분을 지키는 유 responsibility 책임
off duty 비번으로, 근무 시간이 아닌

834 **entrance** [éntrəns]
명 입구 동 enter 들어가다 유 entry
an entrance exam 입학 시험

835 **explore** [ikspl5́:r]
동 탐험하다, 탐구하다 명 exploration 탐험
explore the possibilities for improvement 개선 가능성을 탐색하다

836 **flea** [fli:]
명 벼룩
a flea market 벼룩시장

837 **greed** [gri:d]
명 탐욕 형 greedy 탐욕스러운
greed for food 식탐

838 **hug** [hʌg]
동 껴안다 유 embrace
hug oneself 기뻐하다, 스스로를 안아주다

839 **item** [áitəm]
명 품목
a item list 품목 리스트

840 **loose** [lu:s]
형 헐렁한 반 tight 꽉 죄는
a loose sweater 헐렁한 스웨터

✦ 주어진 우리말 문장에 맞도록 알맞은 단어를 넣어 문장을 완성하시오. 정답 p.206

Their ideas are ______ .
그들의 생각은 비슷하다.

The ______ seawater is freezing.
북극 바닷물은 매우 차갑다.

The roses are in full ______ .
장미가 활짝 피었다.

______ class is my favorite one of all.
화학 수업은 전체 수업 중에서 내가 제일 좋아하는 수업이다.

She ______ about everything! 그녀는 뭐든지 불평을 해!

The work was finished in ______ with the other team.
그 일은 다른 팀과 협력하여 끝내게 되었다.

The Indian ______ mainly consists of grain and vegetables.
인디언 음식은 주로 곡물과 채소로 이루어져 있다.

Everybody has his or her ______ .
모든 사람은 각자의 의무가 있다.

The old woman couldn't find the ______ .
그 할머니는 입구를 못 찾으셨다.

To ______ the new place is a lot of fun.
새로운 장소를 탐험하는 것은 굉장히 재미있다.

Let's buy a tablecloth at the ______ market.
벼룩시장에서 식탁보를 사자.

Nothing can satisfy his ______ .
아무것도 그의 탐욕을 만족시킬 수는 없다.

The mother ______ her baby.
그 어머니는 아기를 꼭 껴안았다.

I must make out the ______ list.
나는 품목 리스트를 작성해야만 한다.

This knit sweater is too ______ .
이 니트 스웨터는 너무 헐렁하다.

REVIEW TEST 14　DAY 27 ~ DAY 28

A 우리말과 같은 뜻이 되도록 빈칸에 들어갈 알맞은 단어를 적으시오.

1. a ________________ store (약국)
2. ________________ A with B (A를 B와 비교하다)
3. a ________________ conference (정상 회담)
4. be ________________ to (~에게 무례하게 굴다)
5. the ________________ of Africa (아프리카의 부족들)
6. in full ________________ (꽃이 만발하여)
7. an ________________ exam (입학 시험)
8. an ________________ list (품목 리스트)
9. ________________ for a course (수강신청을 하다)
10. become a ________________ (건축가가 되다)

B 다음 괄호 안의 지시대로 주어진 단어를 변형시키고 그 뜻을 적으시오.

		변형	뜻
1	compare (형용사형으로)	→ ________________	________________
2	convenient (명사형으로)	→ ________________	________________
3	explain (명사형으로)	→ ________________	________________
4	greed (형용사형으로)	→ ________________	________________
5	powerful (명사형으로)	→ ________________	________________
6	serious (부사형으로)	→ ________________	________________
7	lonely (명사형으로)	→ ________________	________________
8	cheerful (명사형으로)	→ ________________	________________
9	competition (동사형으로)	→ ________________	________________
10	rude (명사형으로)	→ ________________	________________

정답 p.206

C 다음 영영풀이에 해당하는 단어를 보기에서 골라 적으시오.

보기				
dictation	entertain	diameter	summit	soul
dull	trial	housewife	method	blood

1. the width of a circular or cylindrical object → ________
2. to hold the attention of pleasantly or agreeably; amuse → ________
3. a married woman who manages her own household, especially as her principal occupation → ________
4. a procedure, technique, or way of doing something, especially in accordance with a definite plan → ________
5. the highest point or part of something → ________
6. the act of trying, testing, or putting to the proof → ________
7. the fluid that circulates in the principal vascular system of human beings and other vertebrates → ________
8. the act or manner of transcribing words uttered by another → ________
9. not sharp; blunt → ________
10. the spiritual part of humans believed to survive death and be immoral → ________

D 우리말과 같은 뜻이 되도록 주어진 문장의 빈칸을 완성하시오.

1. 소년은 수건으로 책상 위를 닦았다.
   → The boy ________ the tabletop with a towel.
2. 그것을 보내기 전에 다른 형식으로 바꾸세요.
   → ________ it to another format before you send it.
3. 화산이 격렬하게 폭발했다.
   → The volcano ________ violently.

4. 목소리가 너무 작네요. 마이크에 대고 얘기해 주세요.
   ➜ Your voice is too quiet. Speak into the ______________.

5. 잭은 주인에게 충실한 하인이다.
   ➜ Jack is a ______________ true to his master.

6. 우유가 상하면 신맛이 난다. ➜ When milk goes bad, it tastes ______________.

7. 화학 수업은 전체 수업 중에서 내가 제일 좋아하는 수업이다.
   ➜ ______________ class is my favorite one of all.

8. 새로운 장소를 탐험하는 것은 굉장히 재미있다.
   ➜ To ______________ the new place is a lot of fun.

9. 그 어머니는 아기를 꼭 껴안았다.
   ➜ The mother ______________ her baby.

10. 이 니트 스웨터는 너무 헐렁하다.
   ➜ This knit sweater is too ______________.

E 문장의 밑줄 친 부분에 해당하는 유의어 혹은 반의어를 보기에서 골라 적으시오.

보기				
Antarctic	illogical	thankful	edition	inferior
enroll	foreign	whole	unlike	sharp

1. I am really grateful to all of you. 유의어 = ______________
2. Our teacher asks us to think logical. 반의어 ↔ ______________
3. The new movie is about an alien invasion. 유의어 = ______________
4. I spent the entire day in bed. 유의어 = ______________
5. This is the first issue of the magazine we published. 유의어 = ______________
6. Their ideas are alike. 반의어 ↔ ______________
7. The Arctic seawater is freezing. 반의어 ↔ ______________
8. All work and no play makes Jack a dull boy. 반의어 ↔ ______________
9. How do I register for a yoga class? 유의어 = ______________
10. My brother is definitely superior to others. 반의어 ↔ ______________

F 영어발음을 듣고 영어단어를 적은 후, 우리말 뜻을 적으시오.

영어단어 듣고 쓰기

	영어	우리말		영어	우리말
1			8		
2			9		
3			10		
4			11		
5			12		
6			13		
7			14		

G 영어문장을 듣고 빈칸에 들어갈 단어를 채워 문장을 완성하시오.

영어문장 듣고 쓰기

1. You should not ______ your eyes when taking pictures.
2. I have been ______ busy these days.
3. How do I ______ for a yoga class?
4. Space doesn't have any ______.
5. The government expressed ______ about the case.
6. There are still lots of ______ in the world.
7. She ______ about everything!
8. The work was finished in ______ with the other team.
9. The Indian ______ mainly consists of grain and vegetables.
10. Let's buy a tablecloth at the ______ market.
11. Nothing can satisfy his ______.
12. I must make out the ______ list.
13. Is it ______ for you to come by two o'clock?
14. It is difficult to ______ the rules of the games to children.
15. There are many buildings with ______ roofs.
16. He has broad shoulders and ______ arms.

DAY 29

841 **microwave** [máikrouwèiv]
명 전자파
a microwave (oven) 전자레인지

842 **praise** [preiz]
명 칭찬 동 칭찬하다 유 compliment
in praise of ~을 칭찬하여

843 **regular** [régjulər]
형 규칙적인 부 regularly 규칙적으로 반 irregular 불규칙한
keep regular hours 규칙적인 생활을 하다

844 **ruin** [rú:in]
동 파괴하다 명 파멸
ruin one's health 건강을 해치다

845 **several** [sévərəl]
형 몇 개의, 여럿의
several times 몇 번

846 **source** [sɔ:rs]
명 근원, 출처 형 sourceful 출처가 분명한 유 origin
a reliable source 믿을 만한 소식통

847 **supply** [səplái]
명 공급 동 공급하다 유 provide
supply and demand 공급과 수요

848 **trust** [trʌst]
명 신뢰 동 신뢰하다 형 trustful 신뢰하는 반 distrust 불신; 믿지 않다
on trust 외상으로, 신뢰를 기반으로

849 **alive** [əláiv]
형 살아 있는
all alive 활기차게

850 **argue** [á:rgju:]
동 주장하다 유 claim
argue against ~와 반대 의견을 말하다

851 **blossom** [blásəm]
명 꽃, 만발 동 꽃이 피다 유 bloom
come into blossom 꽃이 피기 시작하다

852 **cherish** [tʃériʃ]
동 소중히 하다 형 cherishable 소중히 간직할 만한
cherish the love 사랑을 소중히 여기다

853 **complete** [kəmplí:t]
형 완전한, 완료된 부 completely 완전히 유 perfect
a complete recovery 완치

854 **copyright** [kápiràit]
명 저작권
copyright reserved 저작권 소유

855 **different** [dífərənt]
형 다른 명 difference 차이점 반 similar 비슷한
be different from ~와 다르다

✦ 주어진 우리말 문장에 맞도록 알맞은 단어를 넣어 문장을 완성하시오. 정답 p.207

The new oven has lots of functions.
새 전자레인지에는 많은 기능이 있다.

He got some from his teacher.
그는 선생님으로부터 약간의 칭찬을 들었다.

He has no job.
그는 직업이 일정치 않다.

Too much worrying will my mother's health.
지나친 걱정이 우리 어머니의 건강을 해칠 것이다.

The photographer took photos of the city.
사진사는 그 도시의 사진을 몇 장 찍었다.

The news is from a reliable .
그 소식은 믿을 만한 소식통으로부터 나왔다.

and demand is the main concept in economics.
공급과 수요는 경제학의 주요 개념이다.

He is the only man that I can .
그는 내가 믿을 수 있는 유일한 사람이다.

The fish is .
그 물고기는 살아 있다.

He sometimes that honesty is not the best policy all the time.
그는 때때로 정직함이 언제나 최선의 방책은 아니라고 주장한다.

The peach are out.
복숭아 꽃이 피었다.

We should the love.
우리는 사랑을 소중히 여겨야 한다.

Her work is already .
그녀의 일은 이미 완료된 상태이다.

The publisher sold the on the novel to a movie producer.
출판사는 그 소설에 대한 저작권을 영화제작사에 팔았다.

This year is from last year.
올해는 지난 해와 다르다.

DAY 29

856 **dye** [dai]
동 염색하다
dye one's hair 머리를 염색하다

857 **entry** [éntri]
명 입장, 입구 동 enter 들어가다 유 admission, entrance
no entry 출입 금지

858 **express** [iksprés]
동 표현하다 명 expression 표현
express one's feelings 감정을 표현하다

859 **flexible** [fléksəbl]
형 융통성 있는 명 flexibility 융통성 반 fixed 고정되어 있는
work flexible hours 자유 근무 시간으로 일하다

860 **grind** [graind]
동 갈다 명 grinder 분쇄기
grind down 갈아서 가루로 만들다 *grind-ground-ground*

861 **hum** [hʌm]
동 콧노래를 부르다 유 drone
make things hum 신이 나게 하다

862 **jewelry** [dʒúːəlri]
명 보석류 유 jewel
handcrafted jewelry 수공예 보석

863 **loud** [laud]
형 시끄러운 명 loudness 시끄러움 반 quiet 조용한
a loud concert 소란스러운 콘서트

864 **military** [mílitèri]
형 군대의 동 militarize 군대화하다 유 armed
a military officer 육군 장교

865 **pray** [prei]
동 기도하다 명 prayer 기도하는 사람
pray for rain 비를 내려달라고 기도하다

866 **relation** [riléiʃən]
명 관계 형 relational 관계가 있는
have relations with ~와 관계가 있다

867 **rumor** [rúːmər]
명 소문 유 gossip 참 secret 비밀
start a rumor 소문을 내다

868 **severe** [sivíər]
형 엄한, 모진 부 severely 엄하게, 모질게 반 mild 온화한
a severe cold 모진 추위

869 **spare** [spɛər]
형 예비의, 여분의
make good use of spare time 여가를 유용하게 쓰다

870 **support** [səpɔ́ːrt]
명 지지, 부양 동 지지하다, 부양하다 형 supportable 지지할 수 있는 유 backing
support a family 가족을 부양하다

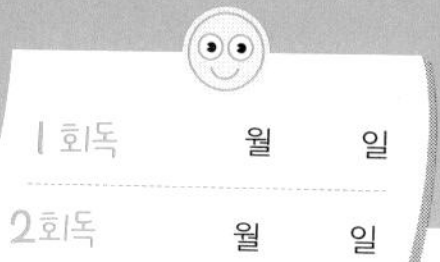

✦ 주어진 우리말 문장에 맞도록 알맞은 단어를 넣어 문장을 완성하시오. 정답 p.207

Girls love to ____________ their hair blond.
여자아이들은 금발로 염색하는 것을 좋아한다.

The cave's ____________ was hidden by the trees.
동굴의 입구는 나무로 가려져 있었다.

Newscasters must not ____________ their feelings during the news.
뉴스 해설자들은 뉴스 도중에 감정을 표출해서는 안 된다.

I work ____________ hours on Saturday.
나는 토요일에 자유 근무 시간으로 일한다.

She ____________ the coffee beans.
그녀는 커피 콩을 갈았다.

I heard him ____________.
나는 그가 콧노래 부르는 소리를 들었다.

She never wears ____________.
그녀는 보석류를 절대 걸치지 않는다.

The neighbors couldn't sleep because of the ____________ concert.
소란스러운 콘서트 때문에 이웃들이 잠을 잘 수 없었다.

He did three years of ____________ service.
그는 3년 간 군 복무를 했다.

Can you ____________ for my mom every day?
매일 우리 엄마를 위해 기도해 줄 수 있나요?

What is the ____________ between you and him?
당신은 그 사람과 무슨 관계입니까?

Have you heard the ____________ about her?
그녀에 관한 소문을 들은 적이 있니?

Nobody dared to go out in the ____________ cold.
모진 추위에 아무도 감히 나가려고 하지 않았다.

This car has no ____________ tires.
이 차는 예비 타이어가 없다.

This strong candidate has the ____________ of the public.
이 유력 후보가 대중의 지지를 얻고 있다.

871	**truthful** [trú:θfəl]	형 진실한 a truthful person 진실한 사람	부 truthfully 진실로 반 untruthful 진실되지 않은
872	**allergy** [ǽlərdʒi]	명 알레르기 have an allergy to ~에 알레르기가 있다, ~을 몹시 싫어하다	형 allergic 알레르기의 형 allergenic 알레르기를 일으키는
873	**arrange** [əréindʒ]	동 조정하다, 가지런히 하다 arrange one's schedule 계획을 조정하다	명 arrangement 조정 반 disarrange 어지럽히다
874	**border** [bɔ́:rdər]	명 국경 over the border 국경을 넘어서	
875	**chew** [tʃu:]	동 씹다 chewing gum 껌	참 bite 물어 뜯다
876	**complex** [kəmpléks]	형 복잡한	명 complexity 복잡성 유 complicated
877	**cord** [kɔ:rd]	명 끈, 전깃줄 a telephone cord 전화선	유 string
878	**difficult** [dífikʌ̀lt]	형 어려운 a difficult question 어려운 문제	명 difficulty 어려움 반 easy 쉬운
879	**dynasty** [dáinəsti]	명 왕조 the Chosun Dynasty 조선왕조	
880	**environment** [inváiərənmənt]	명 환경 home environment 가정 환경	형 environmental 환경의
881	**extra** [ékstrə]	형 여분의, 추가의 extra work 추가 업무	유 spare
882	**float** [flout]	동 물에 뜨다 float between ~ 사이에서 헤매다, 떠다니다	형 floatable 물에 뜨는 반 sink 가라앉다
883	**growth** [grouθ]	명 증가, 성장 population growth 인구 증가	동 grow 키우다 유 increase
884	**humorous** [hjú:mərəs]	형 유머 감각이 있는	명 humor 유머
885	**journalism** [dʒə́:rnəlìzm]	명 저널리즘, 신문[잡지]업 yellow journalism 선정적인 저널리즘	

✦ 주어진 우리말 문장에 맞도록 알맞은 단어를 넣어 문장을 완성하시오. 정답 p.207

You should be   with your friends.
너는 친구들에게 진실해야 한다.

Don't worry. It's just an   .
걱정하지 마세요. 그냥 알레르기예요.

The secretary   some schedules.
비서가 몇몇 계획들을 조정했다.

We lived near the Canadian   last year.
우리는 작년에 캐나다 국경 근처에 살았다.

Students are not allowed to   gum during class.
학생들은 수업시간에 껌을 씹으면 안 된다.

                              questions are difficult to solve.
복잡한 문제는 해결하기가 어렵다.

I tied my bag with a red   .
나는 내 가방을 빨간색 끈으로 묶었다.

This question is too   for me.
이 문제는 나에게는 너무 어렵다.

The Chosun   lasted for about 500 years.
조선왕조는 약 500년 간 지속되었다.

Our school gives us a good learning   .
우리 학교는 우리에게 훌륭한 학업 환경을 제공한다.

I don't suppose they wanted any   help.
나는 그들이 어떤 추가 도움을 원했다고 생각하지 않는다.

Wood   on water.
나무는 물에 뜬다.

The population   has to be slowed down.
인구 증가는 더뎌져야만 한다.

                              people are popular in society.
사회에서는 유머 감각 있는 사람들이 인기 있다.

My uncle works in the field of   .
우리 삼촌은 신문업계에 종사하신다.

DAY 30

886 **lower** [lóuər]
동 낮추다 형 low 낮은 반 raise 올리다
lower oneself 몸을 낮추다, 자신을 낮추다

887 **mineral** [mínərəl]
명 광물 형 광물의
a mineral vein 광맥

888 **predict** [pridíkt]
동 예측하다, 예언하다 명 prediction 예언
predict the future 미래를 예측하다

889 **release** [rilí:s]
동 해방하다, 석방하다 명 해방, 석방 유 set free
release someone from slavery ~를 노예 신분에서 해방하다

890 **shade** [ʃeid]
명 그늘 유 shadow
in the shade 그늘에서

891 **sparkle** [spá:rkl]
동 반짝이다 유 shine
sparkling eyes 반짝이는 눈

892 **surface** [sə́:rfis]
명 표면 유 outside 반 inside 내면
the surface of the Earth 지구의 표면

893 **typhoon** [taifú:n]
명 태풍 유 storm
typhoon research center 태풍 연구 센터

894 **correct** [kərékt]
형 정확한, 맞는 명 correctness 정확함 반 incorrect 부정확한
correct answers 정답

895 **article** [á:rtikl]
명 기사
an editorial article 사설

896 **backwards** [bǽkwərdz]
부 뒤로, 거꾸로 반 forwards 앞으로
walk backwards 뒤로 걷다

897 **shame** [ʃeim]
명 부끄러움, 유감 동 부끄럽게 하다 유 disgrace
Shame on you! 부끄러운 줄 알아라!

898 **species** [spí:ʃi:z]
명 종
The Origin of Species 〈종의 기원〉

899 **widen** [wáidn]
동 넓히다 형 wide 넓은 반 narrow 좁히다; 좁은
widen one's experience 경험을 넓히다

900 **anger** [ǽŋgər]
명 화, 노여움 형 angry 화난
in anger 노하여

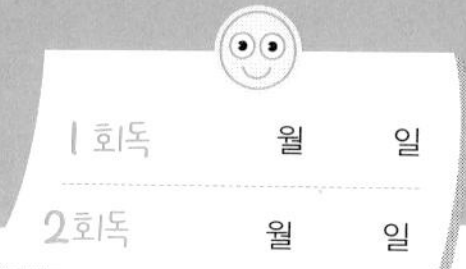

✦ 주어진 우리말 문장에 맞도록 알맞은 단어를 넣어 문장을 완성하시오. 정답 p.207

Please ________ your voice.
목소리를 낮춰주세요.

The miners discovered a ________ vein.
광부들이 광맥을 찾았다.

It's very difficult to ________ the future these days.
요즘에는 미래를 예측하기가 매우 어렵다.

The government ________ some prisoners.
정부는 몇 명의 죄수를 석방했다.

Let's take a rest in the ________.
그늘에서 쉬자.

The sky ________ with stars at night.
밤 하늘은 별들로 반짝인다.

A bottle is floating on the ________ of the water.
병 하나가 물 표면 위에 떠 있다.

________ cause huge damage every year.
태풍은 매년 엄청난 피해를 야기시킨다.

Nobody knows the ________ answer.
아무도 정확한 답을 모른다.

There are many good ________ in the newspaper.
신문에는 좋은 기사들이 많이 실려 있다.

Singing the alphabet song ________ is funny.
알파벳 노래를 거꾸로 부르는 것은 재미있다.

It's a ________ that we couldn't attend the meeting.
우리는 그 회의에 참석할 수 없어서 유감스럽다.

There are countless ________ on the Earth.
지구상에는 셀 수 없을 정도로 많은 종이 있다.

We need to ________ our life experience.
우리는 인생 경험을 넓힐 필요가 있다.

My friend told me not to look back in ________.
내 친구는 나에게 화를 내며 과거를 뒤돌아보지 말라고 말했다.

REVIEW TEST 15 DAY 29 ~ DAY 30

A 우리말과 같은 뜻이 되도록 빈칸에 들어갈 알맞은 단어를 적으시오.

1. a __________ cold (모진 추위)
2. __________ and demand (공급과 수요)
3. a __________ recovery (완치)
4. __________ one's hair (머리를 염색하다)
5. __________ down (갈아서 가루로 만들다)
6. a reliable __________ (믿을 만한 소식통)
7. have __________ with (~와 관계가 있다)
8. over the __________ (국경을 넘어서)
9. keep __________ hours (규칙적인 생활을 하다)
10. handcrafted __________ (수공예 보석)

B 다음 괄호 안의 지시대로 주어진 단어를 변형시키고 그 뜻을 적으시오.

	변형	뜻
1. regular (부사형으로) →	__________	__________
2. float (형용사형으로) →	__________	__________
3. trust (형용사형으로) →	__________	__________
4. complete (부사형으로) →	__________	__________
5. entry (동사형으로) →	__________	__________
6. express (명사형으로) →	__________	__________
7. loud (명사형으로) →	__________	__________
8. severe (부사형으로) →	__________	__________
9. allergy (형용사형으로) →	__________	__________
10. correct (명사형으로) →	__________	__________

정답 p.207

C 다음 영영풀이에 해당하는 단어를 보기에서 골라 적으시오.

보기				
different	relation	alive	cherish	support
pray	praise	float	chew	rumor

1. having life; living; existing; not dead → ______________
2. to hold or treat as dear; feel love for → ______________
3. to crush or grind with the teeth → ______________
4. to rest or remain on the surface of a liquid; be buoyant → ______________
5. not alike in character or quality; differing; dissimilar → ______________
6. the act of expressing approval or admiration → ______________
7. to offer devout petition, praise, thanks, etc., to God → ______________
8. an existing connection; a significant association between or among things
   → ______________
9. a story or statement without confirmation or certainty as to facts → ______________
10. to bear or hold up (a load, mass, structure, part, etc.); assist → ______________

D 우리말과 같은 뜻이 되도록 주어진 문장의 빈칸을 완성하시오.

1. 이 차는 예비 타이어가 없다
   → This car has no ______________ tires.
2. 비서가 여러 계획들을 조정했다.
   → The secretary ______________ some schedules.
3. 복잡한 문제는 해결하기가 어렵다.
   → ______________ questions are difficult to solve.
4. 나는 내 가방을 빨간색 끈으로 묶었다.
   → I tied my bag with a red ______________.

5 나는 그들이 어떤 추가 도움을 원했다고 생각하지 않는다.

➜ I don't suppose they wanted any ______________ help.

6 사회에서는 유머 감각 있는 사람들이 인기 있다.

➜ ______________ people are popular in society.

7 우리 삼촌은 신문업계에 종사하신다.

➜ My uncle works in the field of ______________.

8 목소리를 낮춰주세요.

➜ Please ______________ your voice.

9 요즘에는 미래를 예측하기가 매우 어렵다.

➜ It's very difficult to ______________ the future these days.

10 밤 하늘은 별들로 반짝인다.

➜ The sky ______________ with stars at night.

E 문장의 밑줄 친 부분에 해당하는 유의어 혹은 반의어를 보기에서 골라 적으시오.

보기				
untruthful	bloom	armed	origin	provide
drone	compliment	similar	fixed	easy

1 The news is from a reliable source. 유의어 = ______________

2 Supply and demand is the main concept in economics. 유의어 = ______________

3 The peach blossoms are out. 유의어 = ______________

4 I heard him humming. 유의어 = ______________

5 He got some praise from his teacher. 유의어 = ______________

6 You should be truthful with your friends. 반의어 ↔ ______________

7 This question is too difficult for me. 반의어 ↔ ______________

8 I work flexible hours on Saturday. 반의어 ↔ ______________

9 He did three years of military service. 유의어 = ______________

10 This year is different from last year. 반의어 ↔ ______________

F 영어발음을 듣고 영어단어를 적은 후, 우리말 뜻을 적으시오.

영어단어 듣고 쓰기

	영어	우리말		영어	우리말
1			8		
2			9		
3			10		
4			11		
5			12		
6			13		
7			14		

G 영어문장을 듣고 빈칸에 들어갈 단어를 채워 문장을 완성하시오.

영어문장 듣고 쓰기

1. Girls love to ________ their hair blond.
2. She ________ the coffee beans.
3. The Chosun ________ lasted for about 500 years.
4. The population ________ has to be slowed down.
5. The miners discovered a ________ vein.
6. The government ________ some prisoners.
7. Let's take a rest in the ________.
8. ________ cause huge damage every year.
9. There are many good ________ in the newspaper.
10. Singing the alphabet song ________ is funny.
11. There are countless ________ on the Earth.
12. We need to ________ our life experience.
13. My friend told me not to look back in ________.
14. He has no ________ job.
15. Too much worrying will ________ my mother's health.
16. Her work is already ________.

3rd Edition

절대어휘 5100

1 중등 내신 기본 900

ANSWER KEY

DAY 01

P. 11

001	ability	002	alligators
003	boring	004	calm
005	chief	006	composed
007	dangerous	008	dig
009	eager	010	environmental
011	fables	012	flood
013	gained	014	gym
015	handicap	016	hunger
017	judge	018	loyal
019	Magical	020	minor
021	narrow	022	officer
023	package	024	prefers
025	raft	026	remained
027	sacrifice	028	Surprisingly
029	tamed	030	typical

DAY 02

P. 15

031	unbelievable	032	vaccine
033	wages	034	yawn
035	aboard	036	allow
037	ashamed	038	baggage
039	borrow	040	Canal
041	childhood	042	concentrate
043	couch	044	deadline
045	dimensions	046	earns
047	envy	048	factual
049	focused	050	garbage
051	handkerchief	052	hurricane
053	junk	054	luggage
055	major	056	missionary
057	navigate	058	ordered
059	painters	060	prepare

REVIEW TEST 01

P. 18

A
1 aboard
2 vaccine
3 order
4 major
5 tame
6 ashamed
7 unbelievable
8 typical
9 wages
10 prepare

B
1 able ~할 수 있는
2 canalize 운하를 파다
3 hungry 배고픈
4 preference 선호
5 typically 전형적으로
6 yawny 지루한
7 dimensional 차원의
8 fact 사실
9 majority 대다수
10 navigation 항해

C
1 chief
2 compose
3 dig
4 gym
5 package
6 vaccine
7 wage
8 baggage
9 deadline
10 hurricane

D
1 eager
2 judge
3 sacrifice
4 borrow
5 Canal
6 childhood
7 envy
8 handkerchief
9 painters
10 prepare

E
1 crocodile
2 safe
3 get
4 obstacle
5 faithful
6 major
7 wide
8 focus
9 sofa
10 trash

F
1 alligator 악어
2 dangerous 위험한
3 gain 얻다
4 handicap 장애, 불리한 조건
5 loyal 충성스러운
6 minor 중요치 않은, 소수의
7 narrow 좁은
8 concentrate 집중하다
9 couch 긴 의자, 소파
10 garbage 쓰레기
11 order 명령하다; 명령
12 typical 전형적인
13 major 다수의, 중요한; 전공하다
14 boring 지루하게 하는

G
1 Magical
2 package
3 raft
4 tamed
5 unbelievable
6 aboard
7 ashamed
8 earns
9 missionary
10 ability
11 flood
12 hunger
13 prefers
14 yawn
15 dimensions
16 factual

ANSWER KEY

DAY 03
P. 23

061 raise
062 remembered
063 safety
064 shepherd
065 specific
066 survey
067 target
068 uncomfortable
069 vain
070 wandered
071 Yelling
072 abroad
073 allowance
074 assemblies
075 balance
076 bouquet
077 canceled / cancelled
078 chips
079 concept
080 count
081 deal
082 dine
083 earthquake
084 equipped
085 Failure
086 fold
087 gardener
088 handle
089 Idioms
090 Jupiter

DAY 04
P. 27

091 lung
092 male
093 moment
094 nearby
095 outdoor
096 pale
097 preserve
098 range
099 reminds
100 saint
101 shortcut
102 speechless
103 survive
104 task
105 underground
106 value
107 warmly
108 youth
109 accent
110 alone
111 assignment
112 ban
113 brag
114 cancer
115 choose
116 conductor
117 countryside
118 debate
119 dinosaur
120 economics

REVIEW TEST 02
P. 30

A ❶ yell ❷ allowance ❸ cancel ❹ equip ❺ folded ❻ debate ❼ pale ❽ warmly ❾ alone ❿ preserve

B ❶ assemble 모으다 ❷ fail 실패하다 ❸ survival 생존 ❹ valuable 가치 있는 ❺ youthful 젊은, 발랄한 ❻ assign 할당하다 ❼ choice 선택 ❽ economic 경제의 ❾ uncomfortably 불쾌하게 ❿ equipment 장비

C ❶ raise ❷ shepherd ❸ survey ❹ abroad ❺ cancel ❻ concept ❼ male ❽ accent ❾ conductor ❿ dinosaur

D ❶ specific ❷ target ❸ wandered ❹ balance ❺ chips ❻ deal ❼ fold ❽ Idioms ❾ reminds ❿ task

E ❶ forget ❷ scream ❸ pocket money ❹ success ❺ indoor ❻ conserve ❼ solely ❽ comfortable ❾ supply ❿ permit

F ❶ remember 기억하다 ❷ yell 고함치다 ❸ allowance 용돈, 수당 ❹ failure 실패 ❺ outdoor 야외의 ❻ preserve 보존하다 ❼ alone 혼자서 ❽ survive 생존하다 ❾ youth 젊음 ❿ economics 경제학 ⓫ uncomfortable 불편한, 불쾌한 ⓬ equip 장비를 갖추다 ⓭ moment 순간 ⓮ shortcut 지름길

G ❶ safety ❷ bouquet ❸ count ❹ earthquake ❺ gardener ❻ Jupiter ❼ lung ❽ nearby ❾ range ❿ saint ⓫ speechless ⓬ underground ⓭ warmly ⓮ brag ⓯ countryside ⓰ assemblies

DAY 05

P. 35

121	erase	122	faint
123	follow	124	gasoline
125	hang	126	illegal
127	knowledge	128	manager
129	Moreover	130	necessary
131	overweight	132	parachute
133	prevented	134	rank
135	remote	136	satisfied
137	sighed	138	spell
139	sushi	140	tax
141	underwater	142	vehicle
143	warned	144	accepted
145	already	146	athlete
147	bandage	148	brief
149	capital	150	chores

DAY 06

P. 39

151	confidence	152	courage
153	deceived	154	directions
155	economy	156	erupted
157	faithful	158	forecasted / forecast
159	gathered	160	happened
161	Illness	162	labels
163	mankind	164	motherland
165	nowadays	166	owe
167	parade	168	previous
169	rarely	170	rent
171	Saturn	172	signal
173	spilled / spilt	174	swallows
175	tore	176	undeveloped
177	Venus	178	warship
179	access	180	alter

REVIEW TEST 03

P. 42

A
① hang ② prevent
③ satisfied ④ spill
⑤ Saturn ⑥ brief
⑦ chore ⑧ confidence
⑨ rent ⑩ happen

B
① manage 관리하다
② satisfied 만족하는 / satisfying 만족할 만한
③ athletic 경기의 ④ economic 경제의
⑤ eruption 분출 ⑥ faith 신뢰
⑦ ill 아픈 ⑧ warning 경고
⑨ courageous 용기 있는 ⑩ prevention 예방

C
① faint ② hang
③ parachute ④ vehicle
⑤ bandage ⑥ capital
⑦ direction ⑧ happen
⑨ rank ⑩ spell

D
① gasoline ② Moreover
③ already ④ chores
⑤ forecasted / forecast
⑥ mankind ⑦ parade
⑧ previous ⑨ swallows
⑩ warship

E
① remove ② legal
③ stop ④ far
⑤ alarm ⑥ scatter
⑦ commonly ⑧ developed
⑨ ignorance ⑩ these days

F
① motherland 조국 ② rent 집세
③ Saturn 토성 ④ Venus 금성
⑤ illegal 불법의 ⑥ prevent 막다
⑦ remote 먼, 외딴 ⑧ warn 경고하다
⑨ gather 모으다 ⑩ rarely 좀처럼 ~않는
⑪ undeveloped 미개발된
⑫ economy 경제 ⑬ faithful 충실한
⑭ label 상표, 라벨; 표[상표]를 붙이다

G
① erase ② overweight
③ rank ④ sighed
⑤ spell ⑥ sushi
⑦ underwater ⑧ brief
⑨ courage ⑩ deceived
⑪ nowadays ⑫ owe
⑬ tore ⑭ alter
⑮ manager ⑯ satisfied

DAY 07

P. 47

181 attach
182 bang
183 bright
184 captured
185 claimed
186 conflicts
187 cradle
188 decision
189 directly
190 edge
191 escaped
192 familiar
193 foreign
194 gear
195 hardly
196 imitate
197 laboratory
198 marriage
199 motions
200 Oxygen
201 pasted
202 priceless
203 rate
204 repaired
205 scale
206 similar
207 spun
208 sweated
209 technology
210 uneasy

DAY 08

P. 51

211 version
212 weakness
213 accident
214 amazed
215 attempted
216 barrier
217 brilliant
218 care
219 clapping
220 confused
221 crawling
222 deck
223 disability
224 education
225 especially
226 famous
227 forgave
228 Gender
229 Hardworking
230 impact
231 lack
232 Mars
233 motivated
234 patient
235 pride
236 rather
237 replace
238 scared
239 sincere
240 spirit

REVIEW TEST 04

P. 54

A ① especially ② conflict ③ bright ④ laboratory ⑤ famous ⑥ sincere ⑦ barriers ⑧ patient ⑨ attach ⑩ rather

B ① attachment 부착, 첨부 ② decide 결정하다 ③ imitation 모방 ④ marry ~와 결혼하다 ⑤ weak 약한 ⑥ accidental 우연한 ⑦ educational 교육의 ⑧ motivation 동기 ⑨ proud 자부심이 강한 ⑩ replacement 대체

C ① claim ② edge ③ oxygen ④ priceless ⑤ rate ⑥ spin ⑦ attempt ⑧ disability ⑨ spirit ⑩ hardly

D ① directly ② gear ③ motions ④ repaired ⑤ sweated ⑥ technology ⑦ uneasy ⑧ version ⑨ confused ⑩ impact

E ① dark ② domestic ③ like ④ wall ⑤ well-known ⑥ diligent ⑦ impatient ⑧ frighten ⑨ agree ⑩ barely

F ① attach 붙이다, 첨부하다 ② bright 밝은 ③ foreign 외국의 ④ similar 비슷한 ⑤ barrier 장벽 ⑥ famous 유명한 ⑦ hardworking 근면한, 부지런한 ⑧ patient 인내심이 있는; 환자 ⑨ scare 놀라게[겁먹게] 하다 ⑩ imitate 흉내 내다, 모방하다 ⑪ accident 사고 ⑫ cradle 요람, 아기 침대 ⑬ scale 규모 ⑭ gender 성, 성별

G ① laboratory ② pasted ③ amazed ④ clapping ⑤ crawling ⑥ deck ⑦ especially ⑧ forgave ⑨ Mars ⑩ rather ⑪ captured ⑫ marriage ⑬ weakness ⑭ education ⑮ motivated ⑯ pride

DAY 09

P. 59

241 sweet
242 temperature
243 unexpected
244 via
245 Wealth
246 According
247 amount
248 attend
249 basement
250 bring
251 career
252 Clay
253 congratulated
254 create
255 declared
256 disadvantage
257 effect
258 essence
259 fantastic
260 formal
261 general
262 harmful
263 impressed
264 landmark
265 master
266 multiple
267 paycheck
268 priest
269 raw
270 represents

DAY 10

P. 63

271 scary
272 sank
273 spoil
274 symphony
275 temple
276 unfair
277 violent
278 weapon
279 account
280 amusement
281 attitude
282 basis
283 broadcast
284 careful
285 clear
286 Congress
287 creative
288 declined
289 disagrees
290 effectively
291 established
292 farther
293 format
294 generous
295 harmony
296 includes
297 lately
298 matches
299 mysterious
300 peaceful

REVIEW TEST 05

P. 66

A
① weapon ② unexpected
③ career ④ disadvantage
⑤ represent ⑥ symphony
⑦ account ⑧ careful
⑨ declining ⑩ mysterious

B
① attendance 출석 ② congratulation 축하
③ effective 효과적인 ④ amused 즐거운
⑤ basic 기초의 ⑥ create 창조하다
⑦ establishment 설립 ⑧ peace 평화
⑨ generally 일반적으로 ⑩ inclusion 포함

C
① basement ② priest
③ attitude ④ congress
⑤ disagree ⑥ farther
⑦ generous ⑧ match
⑨ wealth ⑩ declare

D
① sweet ② bring
③ impressed ④ landmark
⑤ master ⑥ sank
⑦ temple ⑧ clear
⑨ format ⑩ lately

E
① sudden ② job
③ informal ④ fair
⑤ gentle ⑥ careless
⑦ exclude ⑧ common
⑨ ineffectively ⑩ through

F
① symphony 교향곡 ② account 은행 계좌
③ decline 하락하다; 하락
④ unexpected 예기치 않은
⑤ career 직업, 경력 ⑥ formal 격식을 차리는
⑦ unfair 불공평한 ⑧ violent 난폭한
⑨ careful 조심성 있는 ⑩ include 포함하다
⑪ congratulate 축하하다
⑫ basis 기초, 원리 ⑬ establish 설립하다
⑭ general 일반적인

G
① Wealth ② Clay
③ declared ④ disadvantage
⑤ fantastic ⑥ paycheck
⑦ raw ⑧ represents
⑨ scary ⑩ broadcast
⑪ harmony ⑫ mysterious
⑬ attend ⑭ effect
⑮ amusement ⑯ creative

ANSWER KEY

DAY 11 P. 71

301 principal
302 razor
303 request
304 scene
305 situation
306 spot
307 symptom
308 term
309 unfamiliar
310 visa
311 wove
312 activity
313 Ancestor
314 attracted
315 bay
316 broaden
317 carelessly
318 clients
319 Connect
320 crime
321 decoration
322 disappeared
323 effort
324 etiquette
325 fasten
326 Fortune
327 genetic
328 harvest
329 incredible
330 laughter

DAY 12 P. 75

331 materials
332 per
333 private
334 realistic
335 rescued
336 schedule
337 skip
338 spray
339 thankful
340 unforgettable
341 volcano
342 weightless
343 Actually
344 ancient
345 automatic
346 beads
347 broker
348 cause
349 cliff
350 conquer
351 criminal
352 definite
353 disappointed
354 elected
355 Even
356 fat
357 forward
358 genius
359 hatch
360 indeed

REVIEW TEST 06 P. 78

A ❶ per ❷ volcano ❸ carelessly ❹ disappear ❺ crime ❻ genetic ❼ laughter ❽ effort ❾ ancient ❿ rescue

B ❶ broad 넓은 ❷ careless 부주의한 ❸ decorate 장식하다 ❹ fortunate 운이 좋은 ❺ genetically 유전적으로 ❻ incredibly 대단히 ❼ laugh 웃다 ❽ actual 실제상의 ❾ crime 범죄 ❿ situational 상황의

C ❶ symptom ❷ ancestor ❸ bay ❹ effort ❺ material ❻ rescue ❼ unforgettable ❽ elect ❾ fat ❿ indeed

D ❶ principal ❷ request ❸ unfamiliar ❹ disappeared ❺ fasten ❻ harvest ❼ spray ❽ automatic ❾ conquer ❿ Even

E ❶ ideal ❷ grateful ❸ modern ❹ let down ❺ backward ❻ charmed ❼ public ❽ semester ❾ circumstance ❿ carefully

F ❶ etiquette 예의, 예절, 에티켓 ❷ realistic 현실적인 ❸ thankful 감사하는 ❹ ancient 고대의 ❺ disappoint 실망시키다 ❻ forward 앞으로 ❼ carelessly 부주의하게 ❽ incredible 놀라운, 믿어지지 않는 ❾ crime 범죄 ❿ cause 원인 ⓫ attract 끌다, 매혹하다 ⓬ private 사적인 ⓭ symptom 증상 ⓮ ancestor 조상

G ❶ razor ❷ scene ❸ situation ❹ visa ❺ wove ❻ Connect ❼ per ❽ schedule ❾ weightless ❿ beads ⓫ broker ⓬ cliff ⓭ criminal ⓮ definite ⓯ genius ⓰ hatch

DAY 13

P. 83

361 layer
362 mathematics
363 percentage
364 probably
365 reality
366 research
367 scholar
368 skyscraper
369 spread
370 therapy
371 Unfortunately
372 volunteers
373 welcome
374 addition
375 animated
376 available
377 bear
378 brotherhood
379 ceiling
380 climate
381 conscious
382 critics
383 degree
384 disaster
385 electric
386 evidence
387 fault
388 founded
389 gentle
390 headline

DAY 14

P. 87

391 Independence
392 lazy
393 mayor
394 Personal
395 produce
396 realized
397 reserve
398 scientific
399 slavery
400 square
401 thoughtful
402 unique
403 volunteer work
404 widow
405 admires
406 anniversary
407 average
408 beat
409 brows
410 celebrate
411 climax
412 consider
413 crossroad(s)
414 delay
415 discomfort
416 electricity
417 evil
418 favor
419 frail
420 gestures

REVIEW TEST 07

P. 90

A ① research ② spread
③ fault ④ mayor
⑤ square ⑥ admire
⑦ gestures ⑧ brows
⑨ evil ⑩ favor

B ① probable 있음직한 ② climatic 기후상의
③ science 과학 ④ critical 비평의, 비판적인
⑤ evident 분명한 / evidential 증거의
⑥ independent 독립의 ⑦ realization 깨달음
⑧ celebration 축하 ⑨ considerate 사려 깊은
⑩ laziness 게으름

C ① unfortunately ② animate
③ degree ④ electric
⑤ square ⑥ thoughtful
⑦ unique ⑧ average
⑨ slavery ⑩ percentage

D ① skyscraper ② spread
③ welcome ④ bear
⑤ brotherhood ⑥ ceiling
⑦ lazy ⑧ mayor
⑨ produce ⑩ reserve

E ① study ② treatment
③ establish ④ private
⑤ unscientific ⑥ freedom
⑦ comfort ⑧ dependence
⑨ congratulate ⑩ postpone

F ① climate 기후
② headline 헤드라인, 표제; 표제를 붙이다; 주요한
③ volunteer work 자원봉사
④ discomfort 불쾌, 불편 ⑤ evil 악
⑥ frail 약한, 무른 ⑦ research 연구, 조사
⑧ therapy 치료 ⑨ found 설립하다
⑩ personal 개인적인 ⑪ scientific 과학적인
⑫ scholar 학자 ⑬ independence 독립
⑭ celebrate 축하하다

G ① reality ② fault
③ widow ④ admires
⑤ beat ⑥ brows
⑦ climax ⑧ crossroad
⑨ electricity ⑩ favor
⑪ probably ⑫ volunteers
⑬ critics ⑭ evidences
⑮ realized ⑯ consider

DAY 15

P. 95

421 healthy
422 industry
423 lead
424 meadow
425 pioneer
426 project
427 reason
428 resource
429 script
430 slippery
431 stage
432 thread
433 unlike
434 vomit
435 wildlife
436 advances
437 announcement
438 avoid
439 behaved
440 browsing
441 cell
442 clockwise
443 consists
444 crowd
445 deliver
446 discovered
447 elements
448 exact
449 favorite
450 freedom

DAY 16

P. 99

451 ghosts
452 heartbreaking
453 inexpensive
454 leak
455 mechanical
456 pleasant
457 promising
458 receipt
459 respond
460 sculptures
461 slum
462 starving
463 thrill
464 unnecessary
465 vote
466 wiping
467 advertised
468 annoyed
469 awarded
470 belongings
471 buds
472 central
473 clone
474 consonant
475 cruel
476 demand
477 discussion
478 emergency
479 examination
480 feature

REVIEW TEST 08

P. 102

A ❶ script ❷ reason ❸ vomit ❹ element ❺ mechanical ❻ exact ❼ promising ❽ starve ❾ wipe ❿ emergency

B ❶ reasonable 분별 있는, 적당한 ❷ response 응답 ❸ announce 알리다 ❹ cellular 세포로 된 ❺ favor 친절 ❻ leaky 새는 ❼ receive 받다 ❽ center 중심 ❾ examine 조사하다 ❿ discuss 토론하다

C ❶ thread ❷ sculpture ❸ slum ❹ starve ❺ unnecessary ❻ wipe ❼ advertise ❽ award ❾ clone ❿ demand

D ❶ meadow ❷ pioneer ❸ resource ❹ slippery ❺ wildlife ❻ clockwise ❼ crowd ❽ ghosts ❾ pleasant ❿ independently

E ❶ follow ❷ preventing ❸ window-shop ❹ find ❺ accurate ❻ expensive ❼ irritate ❽ like ❾ vowel ❿ aspect

F ❶ script 대본, 원고 ❷ mechanical 기계의 ❸ lead 이끌다 ❹ avoid 피하다 ❺ browse 상품을 구경하다 ❻ discover 발견하다 ❼ exact 정확한 ❽ inexpensive 저렴한 ❾ vote 투표하다; 투표 ❿ annoy 짜증나게 하다, 괴롭히다 ⓫ vomit 토하다; 구토 ⓬ cell 세포, 전지 ⓭ leak 새다; 새는 구멍, 누출 ⓮ healthy 건강한, 건강에 좋은

G ❶ consists ❷ deliver ❸ heartbreaking ❹ promising ❺ thrill ❻ buds ❼ consonant ❽ cruel ❾ feature ❿ reason ⓫ announcement ⓬ favorite ⓭ receipt ⓮ central ⓯ examination ⓰ industry

DAY 17

P. 107

481 freely
482 giant
483 helpful
484 informal
485 leaning
486 media
487 polite
488 promoted
489 recent
490 responsible
491 secretary
492 smashed
493 stomach
494 throughout
495 unplugged
496 vowels
497 wisdom
498 advice
499 antique
500 awful
501 beloved
502 bullet
503 ceremony
504 clue
505 Constant
506 cultural
507 depart
508 disease
509 emotion
510 excellent

DAY 18

P. 111

511 female
512 freezers
513 gifted
514 herbs
515 instant
516 leisure
517 medical
518 poll
519 proper
520 recipe
521 retired
522 security
523 smog
524 straightened
525 tight
526 unusual
527 witch
528 affect
529 anxious
530 awkward
531 Bend
532 bumped
533 chairperson
534 collection
535 construction
536 cure
537 depend
538 disgusting
539 emperor
540 except

REVIEW TEST 09

P. 114

A
① throughout ② emotion
③ poll ④ recipe
⑤ security ⑥ smog
⑦ unusual ⑧ anxious
⑨ construction ⑩ depend

B
① departure 출발 ② politely 정중하게
③ recently 최근에 ④ wise 현명한
⑤ advise 충고하다 ⑥ culture 문화
⑦ excellence 우수성 ⑧ herbal 약초의
⑨ instantly 즉시 ⑩ promotion 승진, 촉진

C
① throughout ② bullet
③ depart ④ gifted
⑤ proper ⑥ recipe
⑦ retire ⑧ witch
⑨ anxious ⑩ bend

D
① freely ② responsible
③ secretary ④ smashed
⑤ unplugged ⑥ antique
⑦ awful ⑧ ceremony
⑨ freezers ⑩ leisure

E
① formal ② incline
③ consonant ④ girl
⑤ vote ⑥ loose
⑦ chairman ⑧ feeling
⑨ destruction ⑩ impolite

F
① freely 자유로이
② promote 승진시키다, 판촉하다
③ smog 스모그 ④ affect 영향을 미치다
⑤ cure 치료(법); 치료하다
⑥ informal 비공식의, 격식 없는
⑦ lean 기울다; 기울기 ⑧ vowel 모음
⑨ female 여자의; 여자 ⑩ poll 투표, 여론조사
⑪ tight 꼭 맞는 ⑫ chairperson 의장
⑬ polite 예의 바른, 정중한 ⑭ wisdom 현명함, 지혜

G
① beloved ② clue
③ Constant ④ emotion
⑤ unusual ⑥ bumped
⑦ construction ⑧ depend
⑨ disgusting ⑩ emperor
⑪ except ⑫ helpful
⑬ recent ⑭ advice
⑮ cultural ⑯ herbs

ANSWER KEY

DAY 19

P. 119

541 festivals
542 frequent
543 ginseng
544 heritage
545 instrument
546 lend
547 medium
548 pollute
549 proportional
550 recognize
551 reusable
552 seeds
553 smoky
554 stranger
555 Tins
556 upcoming
557 witnesses
558 afford
559 apart
560 bet
561 burglar
562 challenged
563 colorful
564 consumes
565 curious
566 depressed
567 dislikes
568 encouraged
569 exchange
570 fiber

DAY 20

P. 123

571 friendship
572 global
573 highlight
574 insults
575 lifelong
576 melted
577 popular
578 protect
579 recommend
580 reward
581 seldom
582 smooth
583 strap
584 tips
585 upstairs
586 *Wizard*
587 Afterward
588 apologized
589 bill
590 burst
591 chance
592 comfortable
593 contact
594 cursed
595 describe
596 dispatched
597 endangered
598 excitement
599 figure
600 fright

REVIEW TEST 10

P. 126

A ❶ chance ❷ depressing ❸ consume ❹ exchange ❺ friendship ❻ reward ❼ tips ❽ burst ❾ figure ❿ contact

B ❶ frequently 빈번하게 ❷ pollution 오염 ❸ recognition 인식 ❹ smoke 연기 ❺ challengeable 도전할 수 있는 ❻ popularity 인기 ❼ apology 사과 ❽ description 묘사 ❾ excite 흥분시키다 ❿ globally 세계적으로

C ❶ proportional ❷ reusable ❸ tin ❹ bet ❺ burglar ❻ depress ❼ fiber ❽ protect ❾ heritage ❿ wizard

D ❶ festivals ❷ ginseng ❸ stranger ❹ upcoming ❺ colorful ❻ encouraged ❼ global ❽ highlight ❾ insults ❿ reward

E ❶ borrow ❷ have the money for ❸ spend ❹ like ❺ dissolve ❻ suggest ❼ reach ❽ shape ❾ eyewitness ❿ opportunity

F ❶ instrument 기구
❷ strap 가죽끈; 가죽끈으로 잡아 매다
❸ tip 끝
❹ comfortable 편안한, 넉넉한
❺ lend 빌려주다
❻ afford (금전적) 여유가 있다
❼ consume 소비하다 ❽ dislike 싫어하다; 싫어함
❾ melt 녹다 ❿ recommend 추천하다
⓫ contact 연락; 연락하다, 접촉하다
⓬ figure 형태, 모습, 숫자; 생각하다, 계산하다
⓭ frequent 빈번한 ⓮ popular 인기 있는

G ❶ heritage ❷ medium ❸ witnesses ❹ exchange ❺ friendship ❻ smooth ❼ *Wizard* ❽ Afterward ❾ bill ❿ burst ⓫ chance ⓬ cursed

⑬ dispatched ⑭ fright
⑮ pollute ⑯ recognize

DAY 21

P. 131

601 government 602 honor
603 intelligent 604 lifespan
605 mended 606 popularity
607 Protein 608 reduce
609 rhythm 610 selected
611 Snowflakes 612 strings
613 touching 614 Urban
615 wonderful 616 agent
617 appealed 618 billion
619 buried 620 changed
621 command 622 contains
623 custom 624 designated
625 displayed 626 enemy
627 exhibited 628 found
629 frightened 630 governor

DAY 22

P. 135

631 hopeful 632 intend
633 lifetime 634 mental
635 positive 636 proved
637 referred 638 robbery
639 selfish 640 soaks
641 submarine 642 tough
643 urgent 644 wooden
645 aging 646 appeared
647 bitter 648 character
649 committee 650 continents
651 customers 652 desire
653 disruption 654 energy
655 existed 656 firm
657 frustrated 658 grabbed
659 hopeless 660 interchanged

REVIEW TEST 11

P. 138

A ① urban ② prove
③ urgent ④ protein
⑤ wooden ⑥ customer
⑦ frustrate ⑧ interchange
⑨ refer ⑩ touching

B ① popular 인기 있는
② appealing 호소하는, 매력적인
③ hope 희망 ④ intention 의도
⑤ proof 증거 ⑥ appearance 출현
⑦ disrupt 붕괴시키다 ⑧ fright 공포
⑨ selection 선택 ⑩ containment 포함

C ① government ② honor
③ protein ④ string
⑤ billion ⑥ designate
⑦ lifetime ⑧ positive
⑨ soak ⑩ display

D ① Snowflakes ② buried
③ command ④ contains
⑤ enemy ⑥ governor
⑦ robbery
⑧ exhibited / displayed
⑨ referred ⑩ mended

E ① clever ② decrease
③ moving ④ negative
⑤ disappear ⑥ scare
⑦ physical ⑧ cord
⑨ client ⑩ show

F ① urban 도시의 ② aging 노화
③ exist 존재하다 ④ interchange 교환하다
⑤ intelligent 총명한 ⑥ reduce 줄이다
⑦ touching 감동적인 ⑧ wonderful 멋진
⑨ find 발견하다, 판결하다 ⑩ frighten 깜짝 놀라게 하다
⑪ appeal 간청하다, 호소하다
⑫ disruption 붕괴, 분열 ⑬ tough 힘든, 강인한
⑭ energy 힘, 에너지

G ① rhythm ② selected
③ changed ④ submarine
⑤ urgent ⑥ wooden
⑦ bitter ⑧ character
⑨ committee ⑩ continents

⑪ firm ⑫ frustrated
⑬ grabbed ⑭ hopeless
⑮ popularity ⑯ hopeful

DAY 23

P. 143

661 likely 662 mentioned
663 possessions 664 provide
665 reflects 666 role
667 semester 668 society
669 success 670 trace
671 useful 672 workout
673 agree 674 appetizing
675 blame 676 charge
677 commonly 678 continue
679 destination 680 distant
681 engagement 682 expensive
683 fit 684 function
685 graduated 686 horizon
687 introduce 688 limit
689 merchant 690 possible

DAY 24

P. 147

691 public 692 refrigerator
693 rough 694 seminar
695 soil 696 successful
697 traditional 698 usual
699 worldwide 700 Agriculture
701 apply 702 blanks
703 charity 704 communication
705 contrasted 706 determined
707 Divide 708 engineering
709 experience 710 fix
711 funeral 712 graduation
713 hormones 714 invaded
715 lively 716 mere
717 potluck 718 published
719 refund 720 routine

REVIEW TEST 12

P. 150

A ① likely ② continued
③ refund ④ fit
⑤ engagement ⑥ graduate
⑦ charge ⑧ contrast
⑨ mention ⑩ apply

B ① reflection 반영 ② social 사회의
③ successful 성공적인 ④ expense 비용
⑤ functional 기능적인 ⑥ possibility 가능성
⑦ publicity 공개 ⑧ distance 거리
⑨ common 흔한 ⑩ charitable 자선의

C ① mention ② role
③ appetizing ④ blame
⑤ engagement ⑥ fit
⑦ introduce ⑧ limit
⑨ merchant ⑩ refrigerator

D ① traditional ② communication
③ worldwide ④ engineering
⑤ hormones ⑥ Divide
⑦ potluck ⑧ funeral
⑨ lively ⑩ mere

E ① unlikely ② useless
③ near ④ approximate
⑤ unusual ⑥ community
⑦ decide ⑧ defend
⑨ repay ⑩ repair

F ① traditional 전통적인 ② worldwide 세계적인
③ agriculture 농업 ④ charity 자선, 사랑
⑤ communication 전달, 통신, 의사소통
⑥ divide 나누다 ⑦ engineering 공학
⑧ funeral 장례식 ⑨ hormone 호르몬
⑩ lively 활기가 넘치는 ⑪ mere 단지, 단순한
⑫ potluck 각자 가져와서 먹는 식사
⑬ blank 빈칸; 빈칸의 ⑭ determine 결정하다

G ① possessions ② trace
③ workout ④ commonly
⑤ continue ⑥ graduated
⑦ seminar ⑧ soil

⑨ blanks ⑩ refund
⑪ reflects ⑫ published
⑬ routine ⑭ likely
⑮ useful ⑯ distant

DAY 25

P. 155

721 senior 722 solution
723 suffered 724 traits
725 utilize 726 worsened
727 ahead 728 appointment
729 bless 730 chasing / chase
731 community 732 contributed
733 developed 734 dizzy
735 enjoyable 736 experiment
737 flag 738 funny
739 grain 740 host
741 invention 742 local
743 mess 744 pouch
745 pure 746 refused
747 row 748 sensible
749 sore 750 suggested

DAY 26

P. 159

751 transferred 752 worth
753 aid 754 appreciate
755 blind 756 cheap
757 compact 758 control
759 devoted 760 documentary
761 enough 762 expert
763 flame 764 further
765 grand 766 hostess
767 invitation 768 located
769 messenger 770 Pour
771 purpose 772 regions
773 royal 774 separated
775 sorrow 776 suicide
777 translate 778 wounded
779 Aim 780 aquarium

REVIEW TEST 13

P. 162

A ① local ② row
③ chase ④ sorrow
⑤ suffer ⑥ cheap
⑦ aim ⑧ experiment
⑨ mess ⑩ flag

B ① utilization 활용 ② contribution 기부
③ enjoy 즐기다 ④ experimental 실험의
⑤ fun 재미 ⑥ invent 발명하다
⑦ solve 해결하다 ⑧ suggestion 제안
⑨ appreciation 감사 ⑩ devotion 헌신

C ① senior ② worsen
③ ahead ④ appointment
⑤ community ⑥ blind
⑦ grain ⑧ host
⑨ pure ⑩ worth

D ① traits ② dizzy
③ pouch ④ documentary
⑤ further ⑥ located
⑦ Pour ⑧ purpose
⑨ royal ⑩ separated

E ① regional ② wise
③ move ④ expensive
⑤ small ⑥ govern
⑦ sufficient ⑧ specialist
⑨ run away ⑩ interpret

F ① senior 손위의, 선배의; 연장자
② chase 뒤쫓다; 추적 ③ grand 웅대한, 화려한
④ sorrow 슬픔 ⑤ local 지역의, 지방의
⑥ sensible 분별 있는, 현명한
⑦ transfer 옮기다, 이동하다, 갈아타다
⑧ cheap 값싼 ⑨ compact 소형의
⑩ control 통제하다, 지배하다; 통제, 지배
⑪ enough 충분한, 충분한 양
⑫ expert 전문가; 전문가의 ⑬ hostess 여주인
⑭ translate 번역하다

G ① developed ② flames
③ invitation ④ messenger

⑤ regions
⑥ suicide
⑦ wounded
⑧ Aim
⑨ aquarium
⑩ contributed
⑪ enjoyable
⑫ experiment
⑬ funny
⑭ invention
⑮ suggested
⑯ devoted

DAY 27

P. 167

781 blink
782 cheat
783 compare
784 convenient
785 diameter
786 drug
787 entertained
788 explain
789 flat
790 grateful
791 housewife
792 irregular
793 logical
794 method
795 powerful
796 quite
797 register
798 rubbed
799 serious
800 soul
801 summit
802 trial
803 alien
804 architect
805 blood
806 cheerful
807 competition
808 Convert
809 dictation
810 dull

DAY 28

P. 171

811 entire
812 exploded
813 flavor
814 gravity
815 housing
816 issue
817 lonely
818 microphone
819 practical
820 regret
821 rude
822 servant
823 sour
824 superior
825 tribes
826 alike
827 Arctic
828 bloom
829 Chemistry
830 complains
831 cooperation
832 diet
833 duty
834 entrance
835 explore
836 flea
837 greed
838 hugged
839 item
840 loose

REVIEW TEST 14

P. 174

A
① drug
② compare
③ summit
④ rude
⑤ tribes
⑥ bloom
⑦ entrance
⑧ item
⑨ register
⑩ architect

B
① comparable 비교되는
② convenience 편리
③ explanation 설명
④ greedy 탐욕스러운
⑤ power 힘
⑥ seriously 심각하게
⑦ loneliness 외로움
⑧ cheer 갈채, 격려
⑨ compete 경쟁하다
⑩ rudeness 무례함

C
① diameter
② entertain
③ housewife
④ method
⑤ summit
⑥ trial
⑦ blood
⑧ dictation
⑨ dull
⑩ soul

D
① rubbed
② Convert
③ exploded
④ microphone
⑤ servant
⑥ sour
⑦ Chemistry
⑧ explore
⑨ hugged
⑩ loose

E
① thankful
② illogical
③ foreign
④ whole
⑤ edition
⑥ unlike
⑦ Antarctic
⑧ sharp
⑨ enroll
⑩ inferior

F
① drug 약
② housing 주택
③ superior 우세한, 상위의
④ bloom 꽃, 활짝 핌
⑤ entrance 입구
⑥ grateful 고맙게 여기는
⑦ logical 논리적인
⑧ alien 외국의, 외계의, 외계인
⑨ entire 전체의
⑩ issue 발행물, 호, 판
⑪ alike 서로 같은; 똑같이
⑫ Arctic 북극의
⑬ compare 비교하다
⑭ architect 건축가

G
① blink
② quite
③ register
④ gravity
⑤ regret
⑥ tribes
⑦ complains
⑧ cooperation

⑨ diet ⑩ flea
⑪ greed ⑫ item
⑬ convenient ⑭ explain
⑮ flat ⑯ powerful

DAY 29

P. 179

841 microwave
842 praise
843 regular
844 ruin
845 several
846 source
847 Supply
848 trust
849 alive
850 argues
851 blossoms
852 cherish
853 complete
854 copyright
855 different
856 dye
857 entry
858 express
859 flexible
860 ground
861 hum / humming
862 jewelry
863 loud
864 military
865 pray
866 relation
867 rumor
868 severe
869 spare
870 support

DAY 30

P. 183

871 truthful
872 allergy
873 arranged
874 border
875 chew
876 Complex
877 cord
878 difficult
879 Dynasty
880 environment
881 extra
882 floats
883 growth
884 Humorous
885 journalism
886 lower
887 mineral
888 predict
889 released
890 shade
891 sparkles
892 surface
893 Typhoons
894 correct
895 articles
896 backwards
897 shame
898 species
899 widen
900 anger

REVIEW TEST 15

P. 186

A ① severe ② supply
③ complete ④ dye
⑤ grind ⑥ source
⑦ relations ⑧ border
⑨ regular ⑩ jewelry

B ① regularly 규칙적으로 ② floatable 뜰 수 있는
③ trustful 신뢰하는 ④ completely 완전히
⑤ enter 들어가다 ⑥ expression 표현
⑦ loudness 시끄러움 ⑧ severely 엄하게, 모질게
⑨ allergic 알레르기의 / allergenic 알레르기를 일으키는
⑩ correctness 정확함

C ① alive ② cherish
③ chew ④ float
⑤ different ⑥ praise
⑦ pray ⑧ relation
⑨ rumor ⑩ support

D ① spare ② arranged
③ Complex ④ cord
⑤ extra ⑥ Humorous
⑦ journalism ⑧ lower
⑨ predict ⑩ sparkles

E ① origin ② provide
③ bloom ④ drone
⑤ compliment ⑥ untruthful
⑦ easy ⑧ fixed
⑨ armed ⑩ similar

F ① source 근원, 출처 ② supply 공급; 공급하다
③ blossom 꽃, 만발; 꽃이 피다
④ hum 콧노래를 부르다 ⑤ jewelry 보석류
⑥ truthful 진실한 ⑦ difficult 어려운
⑧ trust 신뢰; 신뢰하다 ⑨ severe 엄한, 모진
⑩ microwave 전자파 ⑪ border 국경
⑫ correct 정확한, 맞는 ⑬ flexible 융통성 있는
⑭ military 군대의

G ① dye ② ground
③ Dynasty ④ growth
⑤ mineral ⑥ released

ANSWER KEY

⑦ shade
⑧ Typhoons
⑨ articles
⑩ backwards
⑪ species
⑫ widen
⑬ anger
⑭ regular
⑮ ruin
⑯ complete

WORKBOOK

DAY 01

STEP 1
한국어 뜻 생각하며 외우기

월 일

✦ 해당 영어의 한국어 의미를 생각하면서 2번씩 적으시오.

01	고요한	**calm**	고요한	고요한
02	작곡하다	**compose**	작곡하다	작곡하다
03	굶주림	**hunger**	굶주림	굶주림
04	길들이다	**tame**	길들이다	길들이다
05	꾸러미, 소포	**package**	꾸러미, 소포	꾸러미, 소포
06	놀랍게도	**surprisingly**	놀랍게도	놀랍게도
07	능력	**ability**	능력	능력
08	뗏목	**raft**	뗏목	뗏목
09	마법의	**magical**	마법의	마법의
10	악어	**alligator**	악어	악어
11	얻다	**gain**	얻다	얻다
12	여전히 ~이다	**remain**	여전히 ~이다	여전히 ~이다
13	열망하는	**eager**	열망하는	열망하는
14	~을 더 좋아하다	**prefer**	~을 더 좋아하다	~을 더 좋아하다
15	우두머리; 중요한	**chief**	우두머리; 중요한	우두머리; 중요한
16	우화	**fable**	우화	우화
17	위험한	**dangerous**	위험한	위험한
18	장교	**officer**	장교	장교
19	불리한 조건, 제약	**handicap**	불리한 조건, 제약	불리한 조건, 제약
20	전형적인	**typical**	전형적인	전형적인
21	좁은	**narrow**	좁은	좁은
22	중요치 않은, 소수의	**minor**	중요치 않은, 소수의	중요치 않은, 소수의
23	지루하게 하는	**boring**	지루하게 하는	지루하게 하는
24	체육관	**gym**	체육관	체육관
25	충성스러운	**loyal**	충성스러운	충성스러운
26	파다	**dig**	파다	파다
27	판단하다; 판사	**judge**	판단하다; 판사	판단하다; 판사
28	홍수	**flood**	홍수	홍수
29	환경의	**environmental**	환경의	환경의
30	희생; 희생하다	**sacrifice**	희생; 희생하다	희생; 희생하다

STEP 2 최종실력 점검하기

✦ 다음을 영어는 한국어로 한국어는 영어로 적으시오.

정답 p.65

01 ability
02 alligator
03 boring
04 calm
05 chief
06 compose
07 dangerous
08 dig
09 eager
10 environmental
11 fable
12 flood
13 gain
14 gym
15 handicap
16 hunger
17 judge
18 loyal
19 magical
20 minor
21 narrow
22 officer
23 package
24 prefer
25 raft
26 remain
27 sacrifice
28 surprisingly
29 tame
30 typical

01 동 여전히 ~이다
02 동 작곡하다
03 동 길들이다
04 동 얻다
05 동 ~을 더 좋아하다
06 동 파다
07 동 판단하다 명 판사
08 명 체육관
09 명 희생 동 희생하다
10 명 굶주림
11 명 꾸러미, 소포
12 명 능력
13 명 뗏목
14 명 악어
15 명 우두머리 형 중요한
16 명 우화
17 명 장교
18 명 불리한 조건, 제약
19 명 홍수
20 형 환경의
21 부 놀랍게도
22 형 마법의
23 형 좁은
24 형 고요한
25 형 열망하는
26 형 위험한
27 형 전형적인
28 형 중요치 않은, 소수의
29 형 지루하게 하는
30 형 충성스러운

DAY 02

STEP 1
한국어 뜻 생각하며 외우기

월 일

✦ 해당 영어의 한국어 의미를 생각하면서 2번씩 적으시오.

01	(돈을) 벌다	**earn**	(돈을) 벌다	(돈을) 벌다
02	~을 타고; 탑승하여	**aboard**	~을 타고; 탑승하여	~을 타고; 탑승하여
03	여행 가방, 수화물	**luggage**	여행 가방, 수화물	여행 가방, 수화물
04	폐물; 질이 낮은	**junk**	폐물; 질이 낮은	폐물; 질이 낮은
05	긴 의자	**couch**	긴 의자	긴 의자
06	믿을 수 없는	**unbelievable**	믿을 수 없는	믿을 수 없는
07	백신	**vaccine**	백신	백신
08	부끄럽게 여기는	**ashamed**	부끄럽게 여기는	부끄럽게 여기는
09	부러워하다	**envy**	부러워하다	부러워하다
10	빌리다	**borrow**	빌리다	빌리다
11	사실의	**factual**	사실의	사실의
12	선교사; 선교의	**missionary**	선교사; 선교의	선교사; 선교의
13	손수건	**handkerchief**	손수건	손수건
14	여행 가방, 수화물	**baggage**	여행 가방, 수화물	여행 가방, 수화물
15	명령하다; 순서	**order**	명령하다; 순서	명령하다; 순서
16	쓰레기	**garbage**	쓰레기	쓰레기
17	어린 시절	**childhood**	어린 시절	어린 시절
18	운하	**canal**	운하	운하
19	임금	**wage**	임금	임금
20	다수의; 전공하다	**major**	다수의; 전공하다	다수의; 전공하다
21	준비하다	**prepare**	준비하다	준비하다
22	집중하다	**concentrate**	집중하다	집중하다
23	초점을 맞추다	**focus**	초점을 맞추다	초점을 맞추다
24	차원	**dimension**	차원	차원
25	최종 기한	**deadline**	최종 기한	최종 기한
26	하품; 하품하다	**yawn**	하품; 하품하다	하품; 하품하다
27	항해하다	**navigate**	항해하다	항해하다
28	허락하다	**allow**	허락하다	허락하다
29	허리케인	**hurricane**	허리케인	허리케인
30	화가	**painter**	화가	화가

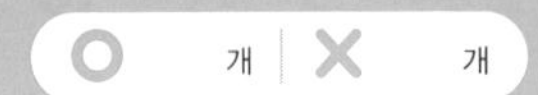

✦ 다음을 영어는 한국어로 한국어는 영어로 적으시오.

정답 p.65

01 aboard
02 allow
03 ashamed
04 baggage
05 borrow
06 canal
07 childhood
08 concentrate
09 couch
10 deadline
11 dimension
12 earn
13 envy
14 factual
15 focus
16 garbage
17 handkerchief
18 hurricane
19 junk
20 luggage
21 major
22 missionary
23 navigate
24 order
25 painter
26 prepare
27 unbelievable
28 vaccine
29 wage
30 yawn

01 동 (돈을) 벌다
02 동 부러워하다
03 동 빌리다
04 동 준비하다
05 동 집중하다
06 동 초점을 맞추다
07 명 하품 동 하품하다
08 동 항해하다
09 동 허락하다
10 명 쓰레기
11 명 운하
12 명 임금
13 명 차원
14 명 여행 가방, 수화물 (l ~)
15 명 폐물 형 질이 낮은
16 명 긴 의자
17 명 백신
18 명 선교사 형 선교의
19 명 손수건
20 명 여행 가방, 수화물 (b ~)
21 동 명령하다 명 순서
22 명 어린 시절
23 명 최종 기한
24 명 허리케인
25 명 화가
26 전 ~을 타고 부 탑승하여
27 형 믿을 수 없는
28 형 부끄럽게 여기는
29 형 사실의, 실제의
30 형 다수의 동 전공하다

DAY 03

STEP 1
한국어 뜻 생각하며 외우기

월 일

✦ 해당 영어의 한국어 의미를 생각하면서 2번씩 적으시오.

01	해외로	**abroad**	해외로	해외로
02	저녁식사 하다	**dine**	저녁식사 하다	저녁식사 하다
03	개념	**concept**	개념	개념
04	거래; 다루다	**deal**	거래; 다루다	거래; 다루다
05	고함치다	**yell**	고함치다	고함치다
06	구체적인	**specific**	구체적인	구체적인
07	균형; 균형을 유지하다	**balance**	균형; 균형을 유지하다	균형; 균형을 유지하다
08	불편한, 불쾌한	**uncomfortable**	불편한, 불쾌한	불편한, 불쾌한
09	목성	**Jupiter**	목성	목성
10	목표	**target**	목표	목표
11	부케, 꽃다발	**bouquet**	부케, 꽃다발	부케, 꽃다발
12	기억하다	**remember**	기억하다	기억하다
13	세다	**count**	세다	세다
14	손잡이	**handle**	손잡이	손잡이
15	숙어	**idiom**	숙어	숙어
16	실패	**failure**	실패	실패
17	안전	**safety**	안전	안전
18	칩, 얇은 조각	**chip**	칩, 얇은 조각	칩, 얇은 조각
19	양치기	**shepherd**	양치기	양치기
20	올리다; 가격 인상	**raise**	올리다; 가격 인상	올리다; 가격 인상
21	용돈	**allowance**	용돈	용돈
22	정원사	**gardener**	정원사	정원사
23	장비를 갖추다	**equip**	장비를 갖추다	장비를 갖추다
24	접다	**fold**	접다	접다
25	조사	**survey**	조사	조사
26	지진	**earthquake**	지진	지진
27	집회	**assembly**	집회	집회
28	취소하다; 취소	**cancel**	취소하다; 취소	취소하다; 취소
29	헛된	**vain**	헛된	헛된
30	헤매다	**wander**	헤매다	헤매다

✦ 다음을 영어는 한국어로 한국어는 영어로 적으시오.

정답 p.66

01 abroad
02 allowance
03 assembly
04 balance
05 bouquet
06 cancel
07 chip
08 concept
09 count
10 deal
11 dine
12 earthquake
13 equip
14 failure
15 fold
16 gardener
17 handle
18 idiom
19 Jupiter
20 raise
21 remember
22 safety
23 shepherd
24 specific
25 survey
26 target
27 uncomfortable
28 vain
29 wander
30 yell

01 동 세다
02 동 올리다 명 가격 인상
03 동 저녁식사 하다
04 동 고함치다
05 동 기억하다
06 동 장비를 갖추다
07 동 접다
08 동 취소하다 명 취소
09 동 헤매다
10 명 목성
11 명 부케, 꽃다발
12 명 개념
13 명 거래 동 다루다
14 명 균형 동 균형을 유지하다
15 명 목표
16 명 손잡이
17 명 숙어
18 명 실패
19 명 안전
20 명 칩, 얇은 조각
21 명 양치기
22 명 용돈
23 명 정원사
24 명 조사
25 명 지진
26 명 집회
27 부 해외로
28 형 헛된
29 형 구체적인
30 형 불편한, 불쾌한

DAY 04

STEP 1
한국어 뜻 생각하며 외우기

월 일

✦ 해당 영어의 한국어 의미를 생각하면서 2번씩 적으시오.

01	따뜻하게	**warmly**	따뜻하게	따뜻하게
02	혼자, 홀로	**alone**	혼자, 홀로	혼자, 홀로
03	상기시키다	**remind**	상기시키다	상기시키다
04	가까운	**nearby**	가까운	가까운
05	가치	**value**	가치	가치
06	경제학	**economics**	경제학	경제학
07	고르다	**choose**	고르다	고르다
08	공룡	**dinosaur**	공룡	공룡
09	금지; 금지하다	**ban**	금지; 금지하다	금지; 금지하다
10	지휘자	**conductor**	지휘자	지휘자
11	남자의; 남자	**male**	남자의; 남자	남자의; 남자
12	말문이 막힌	**speechless**	말문이 막힌	말문이 막힌
13	범위	**range**	범위	범위
14	보존하다	**preserve**	보존하다	보존하다
15	생존하다	**survive**	생존하다	생존하다
16	성인, 성자	**saint**	성인, 성자	성인, 성자
17	숙제	**assignment**	숙제	숙제
18	순간	**moment**	순간	순간
19	시골	**countryside**	시골	시골
20	암	**cancer**	암	암
21	야외의	**outdoor**	야외의	야외의
22	억양, 강조	**accent**	억양, 강조	억양, 강조
23	일, 업무	**task**	일, 업무	일, 업무
24	자랑하다	**brag**	자랑하다	자랑하다
25	젊음	**youth**	젊음	젊음
26	지름길	**shortcut**	지름길	지름길
27	지하의	**underground**	지하의	지하의
28	창백한	**pale**	창백한	창백한
29	토론; 토론하다	**debate**	토론; 토론하다	토론; 토론하다
30	폐	**lung**	폐	폐

STEP 2 최종실력 점검하기

✦ 다음을 영어는 한국어로 한국어는 영어로 적으시오.

정답 p.66

01 accent
02 alone
03 assignment
04 ban
05 brag
06 cancer
07 choose
08 conductor
09 countryside
10 debate
11 dinosaur
12 economics
13 lung
14 male
15 moment
16 nearby
17 outdoor
18 pale
19 preserve
20 range
21 remind
22 saint
23 shortcut
24 speechless
25 survive
26 task
27 underground
28 value
29 warmly
30 youth

01 동 생존하다
02 동 상기시키다
03 동 고르다
04 동 보존하다
05 동 자랑하다
06 명 숙제
07 명 일, 업무
08 명 가치
09 명 경제학
10 명 공룡
11 명 금지 동 금지하다
12 명 지휘자
13 명 범위
14 명 성인, 성자
15 명 순간
16 명 시골
17 명 암
18 명 억양, 강조
19 명 젊음
20 명 지름길
21 명 토론 동 토론하다
22 명 폐
23 부 따뜻하게
24 부 혼자, 홀로
25 형 말문이 막힌
26 형 가까운
27 형 남자의 명 남자
28 형 야외의
29 형 지하의
30 형 창백한

DAY 05

STEP 1
한국어 뜻 생각하며 외우기

월 일

✦ 해당 영어의 한국어 의미를 생각하면서 2번씩 적으시오.

01	이미, 벌써	**already**	이미, 벌써	이미, 벌써
02	게다가	**moreover**	게다가	게다가
03	하기 싫은 일, 가사	**chore**	하기 싫은 일, 가사	하기 싫은 일, 가사
04	경고하다	**warn**	경고하다	경고하다
05	계급, 지위	**rank**	계급, 지위	계급, 지위
06	기절할 것 같은	**faint**	기절할 것 같은	기절할 것 같은
07	낙하산	**parachute**	낙하산	낙하산
08	따라오다[가다]	**follow**	따라오다[가다]	따라오다[가다]
09	막다	**prevent**	막다	막다
10	만족시키다	**satisfy**	만족시키다	만족시키다
11	매달다	**hang**	매달다	매달다
12	먼, 외딴	**remote**	먼, 외딴	먼, 외딴
13	물속의	**underwater**	물속의	물속의
14	받아들이다	**accept**	받아들이다	받아들이다
15	불법의	**illegal**	불법의	불법의
16	붕대	**bandage**	붕대	붕대
17	세금	**tax**	세금	세금
18	수도; 자본의	**capital**	수도; 자본의	수도; 자본의
19	교통수단, 탈 것	**vehicle**	교통수단, 탈 것	교통수단, 탈 것
20	운동선수	**athlete**	운동선수	운동선수
21	중량 초과의	**overweight**	중량 초과의	중량 초과의
22	관리자, 경영자	**manager**	관리자, 경영자	관리자, 경영자
23	지식	**knowledge**	지식	지식
24	지우다	**erase**	지우다	지우다
25	짧은, 간결한	**brief**	짧은, 간결한	짧은, 간결한
26	주문, 마력	**spell**	주문, 마력	주문, 마력
27	초밥	**sushi**	초밥	초밥
28	필요한	**necessary**	필요한	필요한
29	한숨 쉬다; 한숨	**sigh**	한숨 쉬다; 한숨	한숨 쉬다; 한숨
30	휘발유	**gasoline**	휘발유	휘발유

✦ 다음을 영어는 한국어로 한국어는 영어로 적으시오.

정답 p.67

01	accept	01	형 기절할 것 같은
02	already	02	동 따라오다[가다]
03	athlete	03	동 지우다
04	bandage	04	동 경고하다
05	brief	05	동 막다
06	capital	06	동 만족시키다
07	chore	07	동 매달다
08	erase	08	동 받아들이다
09	faint	09	명 주문, 마력
10	follow	10	동 한숨 쉬다 명 한숨
11	gasoline	11	명 낙하산
12	hang	12	명 하기 싫은 일, 가사
13	illegal	13	명 계급, 지위
14	knowledge	14	명 붕대
15	manager	15	명 세금
16	moreover	16	명 수도 형 자본의
17	necessary	17	명 교통수단, 탈 것
18	overweight	18	명 운동선수
19	parachute	19	명 관리자, 경영자
20	prevent	20	명 지식
21	rank	21	명 초밥
22	remote	22	명 휘발유
23	satisfy	23	부 이미, 벌써
24	sigh	24	부 게다가
25	spell	25	형 중량 초과의
26	sushi	26	형 먼, 외딴
27	tax	27	형 물속의
28	underwater	28	형 불법의
29	vehicle	29	형 짧은, 간결한
30	warn	30	형 필요한

DAY 06

STEP 1
한국어 뜻 생각하며 외우기

월 일

✦ 해당 영어의 한국어 의미를 생각하면서 2번씩 적으시오.

01	좀처럼 ~ 않는	**rarely**	좀처럼 ~ 않는	좀처럼 ~ 않는
02	요즈음에	**nowadays**	요즈음에	요즈음에
03	경제	**economy**	경제	경제
04	군함	**warship**	군함	군함
05	금성	**Venus**	금성	금성
06	찢다	**tear**	찢다	찢다
07	모으다	**gather**	모으다	모으다
08	미개발된	**undeveloped**	미개발된	미개발된
09	방향	**direction**	방향	방향
10	변경하다	**alter**	변경하다	변경하다
11	병	**illness**	병	병
12	분출하다	**erupt**	분출하다	분출하다
13	빚지고 있다	**owe**	빚지고 있다	빚지고 있다
14	삼키다	**swallow**	삼키다	삼키다
15	상표; 상표를 붙이다	**label**	상표; 상표를 붙이다	상표; 상표를 붙이다
16	속이다	**deceive**	속이다	속이다
17	신호	**signal**	신호	신호
18	엎지르다; 엎지름	**spill**	엎지르다; 엎지름	엎지르다; 엎지름
19	예보하다; 예보	**forecast**	예보하다; 예보	예보하다; 예보
20	예전의	**previous**	예전의	예전의
21	용기	**courage**	용기	용기
22	인류	**mankind**	인류	인류
23	일어나다	**happen**	일어나다	일어나다
24	자신, 확신	**confidence**	자신, 확신	자신, 확신
25	접근	**access**	접근	접근
26	조국	**motherland**	조국	조국
27	집세	**rent**	집세	집세
28	충실한	**faithful**	충실한	충실한
29	토성	**Saturn**	토성	토성
30	행렬	**parade**	행렬	행렬

STEP 2 최종실력 점검하기

✦ 다음을 영어는 한국어로 한국어는 영어로 적으시오.

정답 p.67

01 access
02 alter
03 confidence
04 courage
05 deceive
06 direction
07 economy
08 erupt
09 faithful
10 forecast
11 gather
12 happen
13 illness
14 label
15 mankind
16 motherland
17 nowadays
18 owe
19 parade
20 previous
21 rarely
22 rent
23 Saturn
24 signal
25 spill
26 swallow
27 tear
28 undeveloped
29 Venus
30 warship

01 동 일어나다
02 동 모으다
03 동 변경하다
04 동 분출하다
05 동 빚지고 있다
06 동 삼키다
07 동 속이다
08 동 엎지르다 명 엎지름
09 동 예보하다 명 예보
10 명 집세
11 명 병
12 명 자신, 확신
13 명 접근
14 명 조국
15 명 경제
16 명 군함
17 명 금성
18 동 찢다
19 명 방향
20 명 상표 동 상표를 붙이다
21 명 신호
22 명 용기
23 명 인류
24 명 토성
25 명 행렬
26 부 좀처럼 ~ 않는
27 부 요즈음에
28 형 예전의
29 형 미개발된
30 형 충실한

DAY 07

STEP 1
한국어 뜻 생각하며 외우기

월 일

✦ 해당 영어의 한국어 의미를 생각하면서 2번씩 적으시오.

01	거의 ~ 않다	**hardly**	거의 ~ 않다	거의 ~ 않다
02	직접적으로	**directly**	직접적으로	직접적으로
03	풀로 붙이다	**paste**	풀로 붙이다	풀로 붙이다
04	가장자리	**edge**	가장자리	가장자리
05	결정	**decision**	결정	결정
06	결혼	**marriage**	결혼	결혼
07	과학기술	**technology**	과학기술	과학기술
08	규모	**scale**	규모	규모
09	땀을 흘리다; 땀	**sweat**	땀을 흘리다; 땀	땀을 흘리다; 땀
10	밝은	**bright**	밝은	밝은
11	불안한	**uneasy**	불안한	불안한
12	첨부하다	**attach**	첨부하다	첨부하다
13	붙잡다; 포획	**capture**	붙잡다; 포획	붙잡다; 포획
14	비슷한	**similar**	비슷한	비슷한
15	비율	**rate**	비율	비율
16	산소	**oxygen**	산소	산소
17	수리; 수리하다	**repair**	수리; 수리하다	수리; 수리하다
18	실험실	**laboratory**	실험실	실험실
19	충돌하다	**conflict**	충돌하다	충돌하다
20	매우 귀중한	**priceless**	매우 귀중한	매우 귀중한
21	외국의	**foreign**	외국의	외국의
22	요구하다	**claim**	요구하다	요구하다
23	요람	**cradle**	요람	요람
24	동작	**motion**	동작	동작
25	잘 알려진, 친숙한	**familiar**	잘 알려진, 친숙한	잘 알려진, 친숙한
26	쿵 하는 소리	**bang**	쿵 하는 소리	쿵 하는 소리
27	탈출하다; 탈출	**escape**	탈출하다; 탈출	탈출하다; 탈출
28	기구, 기어	**gear**	기구, 기어	기구, 기어
29	회전시키다	**spin**	회전시키다	회전시키다
30	흉내 내다	**imitate**	흉내 내다	흉내 내다

STEP 2 최종실력 점검하기

✦ 다음을 영어는 한국어로 한국어는 영어로 적으시오.

정답 p.68

01 **attach**
02 **bang**
03 **bright**
04 **capture**
05 **claim**
06 **conflict**
07 **cradle**
08 **decision**
09 **directly**
10 **edge**
11 **escape**
12 **familiar**
13 **foreign**
14 **gear**
15 **hardly**
16 **imitate**
17 **laboratory**
18 **marriage**
19 **motion**
20 **oxygen**
21 **paste**
22 **priceless**
23 **rate**
24 **repair**
25 **scale**
26 **similar**
27 **spin**
28 **sweat**
29 **technology**
30 **uneasy**

01 명 수리 동 수리하다
02 명 쿵 하는 소리
03 동 풀로 붙이다
04 동 첨부하다
05 동 붙잡다 명 포획
06 동 요구하다
07 동 탈출하다 명 탈출
08 동 회전시키다
09 동 흉내 내다
10 명 결정
11 명 결혼
12 명 규모
13 명 가장자리
14 명 과학 기술
15 동 땀을 흘리다 명 땀
16 명 비율
17 명 산소
18 명 실험실
19 동 충돌하다
20 명 요람
21 명 동작
22 명 기구, 기어
23 부 거의 ~ 않다
24 부 직접적으로
25 형 불안한
26 형 비슷한
27 형 밝은
28 형 매우 귀중한
29 형 외국의
30 형 잘 알려진, 친숙한

DAY 08 STEP 1 한국어 뜻 생각하며 외우기

월 일

✦ 해당 영어의 한국어 의미를 생각하면서 2번씩 적으시오.

01	오히려	**rather**	오히려	오히려
02	특히	**especially**	특히	특히
03	갑판	**deck**	갑판	갑판
04	교육	**education**	교육	교육
05	근면한	**hardworking**	근면한	근면한
06	놀라게[겁먹게] 하다	**scare**	놀라게[겁먹게] 하다	놀라게[겁먹게] 하다
07	깜짝 놀라게 하다	**amaze**	깜짝 놀라게 하다	깜짝 놀라게 하다
08	대신하다	**replace**	대신하다	대신하다
09	박수 치다	**clap**	박수 치다	박수 치다
10	장벽	**barrier**	장벽	장벽
11	부족; 부족하다	**lack**	부족; 부족하다	부족; 부족하다
12	빛나는, 훌륭한	**brilliant**	빛나는, 훌륭한	빛나는, 훌륭한
13	사고	**accident**	사고	사고
14	성, 성별	**gender**	성, 성별	성, 성별
15	시도하다; 시도	**attempt**	시도하다; 시도	시도하다; 시도
16	성실한	**sincere**	성실한	성실한
17	영혼	**spirit**	영혼	영혼
18	용서하다	**forgive**	용서하다	용서하다
19	유명한	**famous**	유명한	유명한
20	형태, 버전	**version**	형태, 버전	형태, 버전
21	인내심이 강한; 환자	**patient**	인내심이 강한; 환자	인내심이 강한; 환자
22	동기를 부여하다	**motivate**	동기를 부여하다	동기를 부여하다
23	자랑, 자부심	**pride**	자랑, 자부심	자랑, 자부심
24	장애	**disability**	장애	장애
25	주의, 돌봄	**care**	주의, 돌봄	주의, 돌봄
26	충돌, 충격	**impact**	충돌, 충격	충돌, 충격
27	포복하다, 기다	**crawl**	포복하다, 기다	포복하다, 기다
28	허약, 약점	**weakness**	허약, 약점	허약, 약점
29	혼란스럽게 하다	**confuse**	혼란스럽게 하다	혼란스럽게 하다
30	화성	**Mars**	화성	화성

STEP 2
최종실력 점검하기

O 개 X 개

✦ 다음을 영어는 한국어로 한국어는 영어로 적으시오.

정답 p.68

01	**accident**	01	동 놀라게[겁먹게] 하다
02	**amaze**	02	동 깜짝 놀라게 하다
03	**attempt**	03	동 대신하다
04	**barrier**	04	동 박수 치다
05	**brilliant**	05	동 시도하다 명 시도
06	**care**	06	동 용서하다
07	**clap**	07	동 동기를 부여하다
08	**confuse**	08	동 포복하다, 기다
09	**crawl**	09	동 혼란스럽게 하다
10	**deck**	10	명 교육
11	**disability**	11	명 성, 성별
12	**education**	12	명 허약, 약점
13	**especially**	13	명 갑판
14	**famous**	14	명 장벽
15	**forgive**	15	명 부족 동 부족하다
16	**gender**	16	명 사고
17	**hardworking**	17	명 영혼
18	**impact**	18	명 형태, 버전
19	**lack**	19	명 장애
20	**Mars**	20	명 주의, 돌봄
21	**motivate**	21	명 충돌, 충격
22	**patient**	22	명 화성
23	**pride**	23	부 오히려
24	**rather**	24	부 특히
25	**replace**	25	형 근면한
26	**scare**	26	형 빛나는, 훌륭한
27	**sincere**	27	형 성실한
28	**spirit**	28	형 유명한
29	**version**	29	형 인내심이 강한 명 환자
30	**weakness**	30	명 자랑, 자부심

DAY 09

STEP 1
한국어 뜻 생각하며 외우기

월 일

✦ 해당 영어의 한국어 의미를 생각하면서 2번씩 적으시오.

01	~에 따라서	**according**	~에 따라서	~에 따라서
02	~을 통하여	**via**	~을 통하여	~을 통하여
03	깊은 인상을 주다	**impress**	깊은 인상을 주다	깊은 인상을 주다
04	날것의	**raw**	날것의	날것의
05	가져오다	**bring**	가져오다	가져오다
06	효과, 결과	**effect**	효과, 결과	효과, 결과
07	급료	**paycheck**	급료	급료
08	나타내다	**represent**	나타내다	나타내다
09	다수의	**multiple**	다수의	다수의
10	달콤한	**sweet**	달콤한	달콤한
11	일반적인	**general**	일반적인	일반적인
12	본질	**essence**	본질	본질
13	부, 재산	**wealth**	부, 재산	부, 재산
14	불이익, 불리한 점	**disadvantage**	불이익, 불리한 점	불이익, 불리한 점
15	발표하다	**declare**	발표하다	발표하다
16	성직자	**priest**	성직자	성직자
17	양, 액	**amount**	양, 액	양, 액
18	예기치 않은	**unexpected**	예기치 않은	예기치 않은
19	온도	**temperature**	온도	온도
20	정통한 사람	**master**	정통한 사람	정통한 사람
21	지하실	**basement**	지하실	지하실
22	직업, 경력	**career**	직업, 경력	직업, 경력
23	찰흙	**clay**	찰흙	찰흙
24	창조하다	**create**	창조하다	창조하다
25	축하하다	**congratulate**	축하하다	축하하다
26	출석하다	**attend**	출석하다	출석하다
27	해로운	**harmful**	해로운	해로운
28	격식을 차리는	**formal**	격식을 차리는	격식을 차리는
29	환상적인	**fantastic**	환상적인	환상적인
30	획기적인 사건	**landmark**	획기적인 사건	획기적인 사건

STEP 2
최종실력 점검하기

✦ 다음을 영어는 한국어로 한국어는 영어로 적으시오.

정답 p.69

01 according
02 amount
03 attend
04 basement
05 bring
06 career
07 clay
08 congratulate
09 create
10 declare
11 disadvantage
12 effect
13 essence
14 fantastic
15 formal
16 general
17 harmful
18 impress
19 landmark
20 master
21 multiple
22 paycheck
23 priest
24 raw
25 represent
26 sweet
27 temperature
28 unexpected
29 via
30 wealth

01 동 가져오다
02 동 창조하다
03 동 깊은 인상을 주다
04 동 나타내다
05 동 발표하다
06 동 축하하다
07 동 출석하다
08 명 직업, 경력
09 명 찰흙
10 명 획기적인 사건
11 명 효과, 결과
12 명 급료
13 명 본질
14 명 부, 재산
15 명 불이익, 불리한 점
16 명 성직자
17 명 양, 액
18 명 온도
19 명 정통한 사람
20 명 지하실
21 부 ~에 따라서
22 전 ~을 통하여
23 형 날것의
24 형 다수의
25 형 달콤한
26 형 일반적인
27 형 예기치 않은
28 형 해로운
29 형 격식을 차리는
30 형 환상적인

DAY 10

STEP 1
한국어 뜻 생각하며 외우기

월 일

✦ 해당 영어의 한국어 의미를 생각하면서 2번씩 적으시오.

01	최근에, 요즈음	**lately**	최근에, 요즈음	최근에, 요즈음
02	효과적으로	**effectively**	효과적으로	효과적으로
03	어울리다	**match**	어울리다	어울리다
04	가라앉다	**sink**	가라앉다	가라앉다
05	관대한	**generous**	관대한	관대한
06	교향곡	**symphony**	교향곡	교향곡
07	국회	**congress**	국회	국회
08	기초, 원리	**basis**	기초, 원리	기초, 원리
09	난폭한	**violent**	난폭한	난폭한
10	더 멀리; 더 먼	**farther**	더 멀리; 더 먼	더 멀리; 더 먼
11	맑은, 명백한	**clear**	맑은, 명백한	맑은, 명백한
12	망치다	**spoil**	망치다	망치다
13	무기	**weapon**	무기	무기
14	무서운	**scary**	무서운	무서운
15	방송하다	**broadcast**	방송하다	방송하다
16	불공평한	**unfair**	불공평한	불공평한
17	설립하다	**establish**	설립하다	설립하다
18	신비한	**mysterious**	신비한	신비한
19	은행 계좌	**account**	은행 계좌	은행 계좌
20	의견이 다르다	**disagree**	의견이 다르다	의견이 다르다
21	절	**temple**	절	절
22	조심성 있는	**careful**	조심성 있는	조심성 있는
23	조화	**harmony**	조화	조화
24	즐거움	**amusement**	즐거움	즐거움
25	창조적인	**creative**	창조적인	창조적인
26	태도	**attitude**	태도	태도
27	평화로운	**peaceful**	평화로운	평화로운
28	포함하다	**include**	포함하다	포함하다
29	하락하다; 하락	**decline**	하락하다; 하락	하락하다; 하락
30	형식	**format**	형식	형식

✦ 다음을 영어는 한국어로 한국어는 영어로 적으시오.

정답 p.69

01 account
02 amusement
03 attitude
04 basis
05 broadcast
06 careful
07 clear
08 congress
09 creative
10 decline
11 disagree
12 effectively
13 establish
14 farther
15 format
16 generous
17 harmony
18 include
19 lately
20 match
21 mysterious
22 peaceful
23 scary
24 sink
25 spoil
26 symphony
27 temple
28 unfair
29 violent
30 weapon

01 동 망치다
02 동 설립하다
03 동 의견이 다르다
04 동 포함하다
05 동 어울리다
06 동 가라앉다
07 동 방송하다
08 동 하락하다 명 하락
09 명 태도
10 명 형식
11 명 교향곡
12 명 국회
13 명 기초, 원리
14 명 무기
15 명 은행 계좌
16 명 절
17 명 조화
18 명 즐거움
19 부 최근에, 요즈음
20 부 효과적으로
21 부 더 멀리 형 더 먼
22 형 평화로운
23 형 관대한
24 형 난폭한
25 형 맑은, 명백한
26 형 무서운
27 형 불공평한
28 형 신비한
29 형 조심성 있는
30 형 창조적인

DAY 11

STEP 1
한국어 뜻 생각하며 외우기

월 일

✦ 해당 영어의 한국어 의미를 생각하면서 2번씩 적으시오.

01	부주의하게	**carelessly**	부주의하게	부주의하게
02	넓히다	**broaden**	넓히다	넓히다
03	고객	**client**	고객	고객
04	끌다, 매혹하다	**attract**	끌다, 매혹하다	끌다, 매혹하다
05	노력	**effort**	노력	노력
06	놀라운	**incredible**	놀라운	놀라운
07	만	**bay**	만	만
08	면도칼	**razor**	면도칼	면도칼
09	묶다, 고정시키다	**fasten**	묶다, 고정시키다	묶다, 고정시키다
10	반점, 장소	**spot**	반점, 장소	반점, 장소
11	범죄	**crime**	범죄	범죄
12	사라지다	**disappear**	사라지다	사라지다
13	비자	**visa**	비자	비자
14	상황	**situation**	상황	상황
15	수확; 수확하다	**harvest**	수확; 수확하다	수확; 수확하다
16	연결하다	**connect**	연결하다	연결하다
17	예의, 예절	**etiquette**	예의, 예절	예의, 예절
18	요구;청하다	**request**	요구;청하다	요구;청하다
19	웃음	**laughter**	웃음	웃음
20	유전적인	**genetic**	유전적인	유전적인
21	익숙하지 않은	**unfamiliar**	익숙하지 않은	익숙하지 않은
22	장면, 광경	**scene**	장면, 광경	장면, 광경
23	장식, 꾸밈	**decoration**	장식, 꾸밈	장식, 꾸밈
24	조상	**ancestor**	조상	조상
25	주요한	**principal**	주요한	주요한
26	증상	**symptom**	증상	증상
27	짜다, 엮다	**weave**	짜다, 엮다	짜다, 엮다
28	학기	**term**	학기	학기
29	행운	**fortune**	행운	행운
30	활동	**activity**	활동	활동

STEP 2
최종실력 점검하기

O 개 X 개

✦ 다음을 영어는 한국어로 한국어는 영어로 적으시오.

정답 p.70

01 **activity**	01 동 연결하다
02 **ancestor**	02 동 넓히다
03 **attract**	03 동 끌다, 매혹하다
04 **bay**	04 동 묶다, 고정시키다
05 **broaden**	05 동 사라지다
06 **carelessly**	06 동 짜다, 엮다
07 **client**	07 명 수확 동 수확하다
08 **connect**	08 명 조상
09 **crime**	09 명 학기
10 **decoration**	10 명 고객
11 **disappear**	11 명 노력
12 **effort**	12 명 만
13 **etiquette**	13 명 면도칼
14 **fasten**	14 명 반점, 장소
15 **fortune**	15 명 범죄
16 **genetic**	16 명 비자
17 **harvest**	17 명 상황
18 **incredible**	18 명 예의, 예절
19 **laughter**	19 명 요구 동 청하다
20 **principal**	20 명 웃음
21 **razor**	21 명 장면, 광경
22 **request**	22 명 장식, 꾸밈
23 **scene**	23 명 증상
24 **situation**	24 명 행운
25 **spot**	25 명 활동
26 **symptom**	26 부 부주의하게
27 **term**	27 형 놀라운
28 **unfamiliar**	28 형 유전적인
29 **visa**	29 형 익숙하지 않은
30 **weave**	30 형 주요한

DAY 12

STEP 1
한국어 뜻 생각하며 외우기

월 일

✦ 해당 영어의 한국어 의미를 생각하면서 2번씩 적으시오.

01	실제로	**actually**	실제로	실제로
02	앞으로	**forward**	앞으로	앞으로
03	정말로	**indeed**	정말로	정말로
04	~조차	**even**	~조차	~조차
05	~마다	**per**	~마다	~마다
06	뿌리다	**spray**	뿌리다	뿌리다
07	실망시키다	**disappoint**	실망시키다	실망시키다
08	감사하는	**thankful**	감사하는	감사하는
09	건너뛰다	**skip**	건너뛰다	건너뛰다
10	고대의	**ancient**	고대의	고대의
11	구슬	**bead**	구슬	구슬
12	구조하다; 구조	**rescue**	구조하다; 구조	구조하다; 구조
13	낭떠러지	**cliff**	낭떠러지	낭떠러지
14	명확한	**definite**	명확한	명확한
15	무중력의	**weightless**	무중력의	무중력의
16	범죄의	**criminal**	범죄의	범죄의
17	부화하다	**hatch**	부화하다	부화하다
18	사적인	**private**	사적인	사적인
19	선출하다	**elect**	선출하다	선출하다
20	원인; 일으키다	**cause**	원인; 일으키다	원인; 일으키다
21	일정	**schedule**	일정	일정
22	잊을 수 없는	**unforgettable**	잊을 수 없는	잊을 수 없는
23	자동의	**automatic**	자동의	자동의
24	재료	**material**	재료	재료
25	정복하다	**conquer**	정복하다	정복하다
26	중개인	**broker**	중개인	중개인
27	지방	**fat**	지방	지방
28	천재	**genius**	천재	천재
29	현실적인	**realistic**	현실적인	현실적인
30	화산	**volcano**	화산	화산

STEP 2 최종실력 점검하기

✦ 다음을 영어는 한국어로 한국어는 영어로 적으시오.

정답 p.70

01 actually
02 ancient
03 automatic
04 bead
05 broker
06 cause
07 cliff
08 conquer
09 criminal
10 definite
11 disappoint
12 elect
13 even
14 fat
15 forward
16 genius
17 hatch
18 indeed
19 material
20 per
21 private
22 realistic
23 rescue
24 schedule
25 skip
26 spray
27 thankful
28 unforgettable
29 volcano
30 weightless

01 동 뿌리다
02 동 실망시키다
03 동 건너뛰다
04 동 구조하다 명 구조
05 동 부화하다
06 동 선출하다
07 동 정복하다
08 명 천재
09 명 구슬
10 명 낭떠러지
11 형 범죄의
12 명 원인 동 일으키다
13 명 일정
14 명 재료
15 명 중개인
16 명 지방
17 명 화산
18 부 실제로
19 부 앞으로
20 부 정말로
21 부 ~조차
22 전 ~마다
23 형 사적인
24 형 감사하는
25 형 고대의
26 형 명확한
27 형 무중력의
28 형 잊을 수 없는
29 형 자동의
30 형 현실적인

DAY 13

STEP 1
한국어 뜻 생각하며 외우기

월 일

✦ 해당 영어의 한국어 의미를 생각하면서 2번씩 적으시오.

01	불행히도	**unfortunately**	불행히도	불행히도
02	아마도	**probably**	아마도	아마도
03	과실, 잘못	**fault**	과실, 잘못	과실, 잘못
04	기후	**climate**	기후	기후
05	초고층 빌딩	**skyscraper**	초고층 빌딩	초고층 빌딩
06	온화한	**gentle**	온화한	온화한
07	비율, 백분율	**percentage**	비율, 백분율	비율, 백분율
08	평론가	**critic**	평론가	평론가
09	설립하다	**found**	설립하다	설립하다
10	수학	**mathematics**	수학	수학
11	알고 있는	**conscious**	알고 있는	알고 있는
12	연구	**research**	연구	연구
13	만화영화로 만들다	**animate**	만화영화로 만들다	만화영화로 만들다
14	이용할 수 있는	**available**	이용할 수 있는	이용할 수 있는
15	재해, 재난	**disaster**	재해, 재난	재해, 재난
16	전기의	**electric**	전기의	전기의
17	정도	**degree**	정도	정도
18	증거	**evidence**	증거	증거
19	자원봉사자; 자원하다	**volunteer**	자원봉사자; 자원하다	자원봉사자; 자원하다
20	참다	**bear**	참다	참다
21	천장	**ceiling**	천장	천장
22	추가, 덧셈	**addition**	추가, 덧셈	추가, 덧셈
23	층, 겹	**layer**	층, 겹	층, 겹
24	치료	**therapy**	치료	치료
25	펼치다, 퍼드리다	**spread**	펼치다, 퍼드리다	펼치다, 퍼드리다
26	표제, 헤드라인	**headline**	표제, 헤드라인	표제, 헤드라인
27	학자	**scholar**	학자	학자
28	현실	**reality**	현실	현실
29	형제관계, 친선 단체	**brotherhood**	형제관계, 친선 단체	형제관계, 친선 단체
30	환영; 환영하다	**welcome**	환영; 환영하다	환영; 환영하다

STEP 2 최종실력 점검하기

✦ 다음을 영어는 한국어로 한국어는 영어로 적으시오.

정답 p.71

01 addition
02 animate
03 available
04 bear
05 brotherhood
06 ceiling
07 climate
08 conscious
09 critic
10 degree
11 disaster
12 electric
13 evidence
14 fault
15 found
16 gentle
17 headline
18 layer
19 mathematics
20 percentage
21 probably
22 reality
23 research
24 scholar
25 skyscraper
26 spread
27 therapy
28 unfortunately
29 volunteer
30 welcome

01 동 참다
02 동 설립하다
03 동 만화영화로 만들다
04 동 펼치다, 퍼드리다
05 명 초고층 빌딩
06 명 자원봉사자 동 자원하다
07 명 학자
08 명 환영 동 환영하다
09 명 과실, 잘못
10 명 기후
11 명 비율, 백분율
12 명 평론가
13 명 수학
14 명 연구
15 명 재해, 재난
16 명 정도
17 명 증거
18 명 천장
19 명 추가, 덧셈
20 명 층, 겹
21 명 치료
22 명 표제, 헤드라인
23 명 현실
24 명 형제관계, 친선 단체
25 부 불행히도
26 부 아마도
27 형 전기의
28 형 온화한
29 형 알고 있는
30 형 이용할 수 있는

DAY 14

STEP 1
한국어 뜻 생각하며 외우기

✦ 해당 영어의 한국어 의미를 생각하면서 2번씩 적으시오.

01	개인적인	**personal**	개인적인	개인적인
02	게으른	**lazy**	게으른	게으른
03	고려하다	**consider**	고려하다	고려하다
04	과부	**widow**	과부	과부
05	과학적인	**scientific**	과학적인	과학적인
06	기념일	**anniversary**	기념일	기념일
07	깨닫다	**realize**	깨닫다	깨닫다
08	비축; 남겨두다	**reserve**	비축; 남겨두다	비축; 남겨두다
09	네거리, 갈림길	**crossroad**	네거리, 갈림길	네거리, 갈림길
10	노예의 신분	**slavery**	노예의 신분	노예의 신분
11	이마	**brow**	이마	이마
12	독립	**independence**	독립	독립
13	몸짓; 손짓을 하다	**gesture**	몸짓; 손짓을 하다	몸짓; 손짓을 하다
14	약한, 무른	**frail**	약한, 무른	약한, 무른
15	미루다; 연기	**delay**	미루다; 연기	미루다; 연기
16	불쾌, 불편	**discomfort**	불쾌, 불편	불쾌, 불편
17	생산하다	**produce**	생산하다	생산하다
18	시장	**mayor**	시장	시장
19	신중한	**thoughtful**	신중한	신중한
20	악	**evil**	악	악
21	유일한, 독특한	**unique**	유일한, 독특한	유일한, 독특한
22	자원봉사	**volunteer work**	자원봉사	자원봉사
23	전기	**electricity**	전기	전기
24	절정	**climax**	절정	절정
25	정사각형	**square**	정사각형	정사각형
26	찬양하다	**admire**	찬양하다	찬양하다
27	축하하다	**celebrate**	축하하다	축하하다
28	치다	**beat**	치다	치다
29	평균	**average**	평균	평균
30	호의, 친절	**favor**	호의, 친절	호의, 친절

STEP 2 최종실력 점검하기

✦ 다음을 영어는 한국어로 한국어는 영어로 적으시오.

정답 p.71

01 admire
02 anniversary
03 average
04 beat
05 brow
06 celebrate
07 climax
08 consider
09 crossroad
10 delay
11 discomfort
12 electricity
13 evil
14 favor
15 frail
16 gesture
17 independence
18 lazy
19 mayor
20 personal
21 produce
22 realize
23 reserve
24 scientific
25 slavery
26 square
27 thoughtful
28 unique
29 volunteer work
30 widow

01 동 깨닫다
02 명 비축 동 남겨두다
03 동 찬양하다
04 동 축하하다
05 동 고려하다
06 동 미루다 명 연기
07 동 생산하다
08 동 치다
09 명 이마
10 명 시장
11 명 과부
12 명 기념일
13 명 네거리, 갈림길
14 명 노예의 신분
15 명 독립
16 명 몸짓 동 손짓을 하다
17 명 불쾌, 불편
18 명 악
19 명 자원봉사
20 명 전기
21 명 절정
22 명 정사각형
23 명 평균
24 명 호의, 친절
25 형 개인적인
26 형 게으른
27 형 과학적인
28 형 약한, 무른
29 형 신중한
30 형 유일한, 독특한

DAY 15 STEP 1 한국어 뜻 생각하며 외우기

월 일

✦ 해당 영어의 한국어 의미를 생각하면서 2번씩 적으시오.

01	구성되다	**consist**	구성되다	구성되다
02	개척자	**pioneer**	개척자	개척자
03	건강한	**healthy**	건강한	건강한
04	공고, 알림	**announcement**	공고, 알림	공고, 알림
05	군중, 인파	**crowd**	군중, 인파	군중, 인파
06	기획, 프로젝트	**project**	기획, 프로젝트	기획, 프로젝트
07	~와 다른	**unlike**	~와 다른	~와 다른
08	대본	**script**	대본	대본
09	가장 좋아하는	**favorite**	가장 좋아하는	가장 좋아하는
10	무대	**stage**	무대	무대
11	미끄러운	**slippery**	미끄러운	미끄러운
12	발견하다	**discover**	발견하다	발견하다
13	배달하다	**deliver**	배달하다	배달하다
14	산업	**industry**	산업	산업
15	상품을 구경하다	**browse**	상품을 구경하다	상품을 구경하다
16	세포	**cell**	세포	세포
17	시계방향의; 시계방향으로	**clockwise**	시계방향의; 시계방향으로	시계방향의; 시계방향으로
18	실	**thread**	실	실
19	야생생물	**wildlife**	야생생물	야생생물
20	요소	**element**	요소	요소
21	이끌다	**lead**	이끌다	이끌다
22	이유	**reason**	이유	이유
23	자원	**resource**	자원	자원
24	자유	**freedom**	자유	자유
25	정확한	**exact**	정확한	정확한
26	진보	**advance**	진보	진보
27	초원	**meadow**	초원	초원
28	토하다	**vomit**	토하다	토하다
29	피하다	**avoid**	피하다	피하다
30	행동하다	**behave**	행동하다	행동하다

STEP 2 최종실력 점검하기

O 개 X 개

✦ 다음을 영어는 한국어로 한국어는 영어로 적으시오.

정답 p.72

01 advance	
02 announcement	
03 avoid	
04 behave	
05 browse	
06 cell	
07 clockwise	
08 consist	
09 crowd	
10 deliver	
11 discover	
12 element	
13 exact	
14 favorite	
15 freedom	
16 healthy	
17 industry	
18 lead	
19 meadow	
20 pioneer	
21 project	
22 reason	
23 resource	
24 script	
25 slippery	
26 stage	
27 thread	
28 unlike	
29 vomit	
30 wildlife	

01 동 발견하다	
02 동 이끌다	
03 동 구성되다	
04 동 배달하다	
05 동 상품을 구경하다	
06 동 토하다	
07 동 피하다	
08 동 행동하다	
09 명 개척자	
10 명 무대	
11 명 자유	
12 명 공고, 알림	
13 명 군중, 인파	
14 명 기획, 프로젝트	
15 명 대본	
16 명 산업	
17 명 세포	
18 명 실	
19 명 야생생물	
20 명 요소	
21 명 이유	
22 명 자원	
23 명 진보	
24 명 초원	
25 형 가장 좋아하는	
26 형 시계방향의 부 시계방향으로	
27 형 정확한	
28 형 건강한	
29 전 ~와 다른	
30 형 미끄러운	

DAY 16

STEP 1
한국어 뜻 생각하며 외우기

월 일

✦ 해당 영어의 한국어 의미를 생각하면서 2번씩 적으시오.

01	광고하다	**advertise**	광고하다	광고하다
02	짜증나게 하다	**annoy**	짜증나게 하다	짜증나게 하다
03	굶주리다	**starve**	굶주리다	굶주리다
04	기계의	**mechanical**	기계의	기계의
05	닦다	**wipe**	닦다	닦다
06	복제하다; 복제품	**clone**	복제하다; 복제품	복제하다; 복제품
07	불필요한	**unnecessary**	불필요한	불필요한
08	비상사태	**emergency**	비상사태	비상사태
09	저렴한	**inexpensive**	저렴한	저렴한
10	빈민가	**slum**	빈민가	빈민가
11	새다; 누출	**leak**	새다; 누출	새다; 누출
12	소지품	**belonging**	소지품	소지품
13	수여하다; 상	**award**	수여하다; 상	수여하다; 상
14	스릴, 전율	**thrill**	스릴, 전율	스릴, 전율
15	싹, 꽃봉오리	**bud**	싹, 꽃봉오리	싹, 꽃봉오리
16	비통하게 하는	**heartbreaking**	비통하게 하는	비통하게 하는
17	영수증	**receipt**	영수증	영수증
18	요구하다	**demand**	요구하다	요구하다
19	유령	**ghost**	유령	유령
20	응답하다	**respond**	응답하다	응답하다
21	자음	**consonant**	자음	자음
22	잔혹한	**cruel**	잔혹한	잔혹한
23	장래성 있는	**promising**	장래성 있는	장래성 있는
24	조각	**sculpture**	조각	조각
25	조사, 검사, 시험	**examination**	조사, 검사, 시험	조사, 검사, 시험
26	중심적인	**central**	중심적인	중심적인
27	즐거운, 유쾌한	**pleasant**	즐거운, 유쾌한	즐거운, 유쾌한
28	토론, 논의	**discussion**	토론, 논의	토론, 논의
29	투표하다; 투표	**vote**	투표하다; 투표	투표하다; 투표
30	특징	**feature**	특징	특징

✦ 다음을 영어는 한국어로 한국어는 영어로 적으시오.

정답 p.72

01 **advertise**
02 **annoy**
03 **award**
04 **belonging**
05 **bud**
06 **central**
07 **clone**
08 **consonant**
09 **cruel**
10 **demand**
11 **discussion**
12 **emergency**
13 **examination**
14 **feature**
15 **ghost**
16 **heartbreaking**
17 **inexpensive**
18 **leak**
19 **mechanical**
20 **pleasant**
21 **promising**
22 **receipt**
23 **respond**
24 **sculpture**
25 **slum**
26 **starve**
27 **thrill**
28 **unnecessary**
29 **vote**
30 **wipe**

01 동 광고하다
02 동 수여하다 명 상
03 동 요구하다
04 동 짜증나게 하다
05 동 굶주리다
06 동 닦다
07 동 새다
08 동 응답하다
09 동 투표하다 명 투표
10 명 스릴, 전율
11 동 복제하다 명 복제품
12 명 비상사태
13 명 빈민가
14 명 소지품
15 명 싹, 꽃봉오리
16 명 영수증
17 명 유령
18 명 자음
19 명 조각
20 명 조사, 검사, 시험
21 명 토론, 논의
22 명 특징
23 형 저렴한
24 형 장래성 있는
25 형 기계의
26 형 불필요한
27 형 비통하게 하는
28 형 잔혹한
29 형 중심적인
30 형 즐거운, 유쾌한

DAY 17

STEP 1
한국어 뜻 생각하며 외우기

월 일

✦ 해당 영어의 한국어 의미를 생각하면서 2번씩 적으시오.

01	미디어, 매체	**media**	미디어, 매체	미디어, 매체
02	자유로이	**freely**	자유로이	자유로이
03	전부; ~ 내내	**throughout**	전부; ~ 내내	전부; ~ 내내
04	플러그를 뽑다	**unplug**	플러그를 뽑다	플러그를 뽑다
05	책임이 있는	**responsible**	책임이 있는	책임이 있는
06	가장 사랑하는	**beloved**	가장 사랑하는	가장 사랑하는
07	감정	**emotion**	감정	감정
08	거대한	**giant**	거대한	거대한
09	비공식의	**informal**	비공식의	비공식의
10	기울다; 기울기	**lean**	기울다; 기울기	기울다; 기울기
11	단서	**clue**	단서	단서
12	도움이 되는	**helpful**	도움이 되는	도움이 되는
13	박살내다	**smash**	박살내다	박살내다
14	뛰어난	**excellent**	뛰어난	뛰어난
15	모음	**vowel**	모음	모음
16	문화의	**cultural**	문화의	문화의
17	비서	**secretary**	비서	비서
18	승진시키다	**promote**	승진시키다	승진시키다
19	예의 바른	**polite**	예의 바른	예의 바른
20	옛날의, 골동품의	**antique**	옛날의, 골동품의	옛날의, 골동품의
21	위	**stomach**	위	위
22	의식	**ceremony**	의식	의식
23	일정한, 끊임없는	**constant**	일정한, 끊임없는	일정한, 끊임없는
24	지독한	**awful**	지독한	지독한
25	질병	**disease**	질병	질병
26	총알	**bullet**	총알	총알
27	최근의	**recent**	최근의	최근의
28	출발하다, 떠나다	**depart**	출발하다, 떠나다	출발하다, 떠나다
29	충고, 조언	**advice**	충고, 조언	충고, 조언
30	현명함, 지혜	**wisdom**	현명함, 지혜	현명함, 지혜

✦ 다음을 영어는 한국어로 한국어는 영어로 적으시오.

정답 p.73

01 advice
02 antique
03 awful
04 beloved
05 bullet
06 ceremony
07 clue
08 constant
09 cultural
10 depart
11 disease
12 emotion
13 excellent
14 freely
15 giant
16 helpful
17 informal
18 lean
19 media
20 polite
21 promote
22 recent
23 responsible
24 secretary
25 smash
26 stomach
27 throughout
28 unplug
29 vowel
30 wisdom

01 동 플러그를 뽑다
02 동 기울다 명 기울기
03 동 박살내다
04 동 승진시키다
05 동 출발하다, 떠나다
06 명 현명함, 지혜
07 명 미디어, 매체
08 명 감정
09 명 단서
10 명 모음
11 명 비서
12 명 위
13 명 의식
14 명 질병
15 명 총알
16 명 충고, 조언
17 부 자유로이
18 부 전부 전 ~ 내내
19 형 도움이 되는
20 형 문화의
21 형 옛날의, 골동품의
22 형 책임이 있는
23 형 가장 사랑하는
24 형 거대한
25 형 비공식의
26 형 뛰어난
27 형 예의 바른
28 형 일정한, 끊임없는
29 형 지독한
30 형 최근의

DAY 18

STEP 1 한국어 뜻 생각하며 외우기

월 일

✦ 해당 영어의 한국어 의미를 생각하면서 2번씩 적으시오.

01	~을 제외하고	**except**	~을 제외하고	~을 제외하고
02	영향을 미치다	**affect**	영향을 미치다	영향을 미치다
03	걱정하는	**anxious**	걱정하는	걱정하는
04	건설	**construction**	건설	건설
05	구부리다	**bend**	구부리다	구부리다
06	구역질 나는	**disgusting**	구역질 나는	구역질 나는
07	꼭 맞는	**tight**	꼭 맞는	꼭 맞는
08	냉동고	**freezer**	냉동고	냉동고
09	똑바르게 하다	**straighten**	똑바르게 하다	똑바르게 하다
10	마녀	**witch**	마녀	마녀
11	보통이 아닌, 특이한	**unusual**	보통이 아닌, 특이한	보통이 아닌, 특이한
12	부딪히다	**bump**	부딪히다	부딪히다
13	수집	**collection**	수집	수집
14	스모그	**smog**	스모그	스모그
15	약초	**herb**	약초	약초
16	안전	**security**	안전	안전
17	어색한	**awkward**	어색한	어색한
18	여자의; 여자	**female**	여자의; 여자	여자의; 여자
19	요리법	**recipe**	요리법	요리법
20	은퇴하다	**retire**	은퇴하다	은퇴하다
21	의장	**chairperson**	의장	의장
22	의존하다	**depend**	의존하다	의존하다
23	의학의	**medical**	의학의	의학의
24	적당한	**proper**	적당한	적당한
25	즉시의	**instant**	즉시의	즉시의
26	치료(법); 치료하다	**cure**	치료(법); 치료하다	치료(법); 치료하다
27	타고난 재능이 있는	**gifted**	타고난 재능이 있는	타고난 재능이 있는
28	투표	**poll**	투표	투표
29	여가	**leisure**	여가	여가
30	황제	**emperor**	황제	황제

STEP 2
최종실력 점검하기

O 개 | X 개

✦ 다음을 영어는 한국어로 한국어는 영어로 적으시오.

정답 p.73

01 affect
02 anxious
03 awkward
04 bend
05 bump
06 chairperson
07 collection
08 construction
09 cure
10 depend
11 disgusting
12 emperor
13 except
14 female
15 freezer
16 gifted
17 herb
18 instant
19 leisure
20 medical
21 poll
22 proper
23 recipe
24 retire
25 security
26 smog
27 straighten
28 tight
29 unusual
30 witch

01 동 영향을 미치다
02 동 구부리다
03 동 은퇴하다
04 동 똑바르게 하다
05 동 부딪히다
06 동 의존하다
07 명 치료(법) 동 치료하다
08 명 스모그
09 명 안전
10 명 황제
11 명 건설
12 명 냉동고
13 명 마녀
14 명 수집
15 명 약초
16 명 요리법
17 명 의장
18 명 투표
19 명 여가
20 전 ~을 제외하고
21 형 보통이 아닌, 특이한
22 형 타고난 재능이 있는
23 형 걱정하는
24 형 구역질 나는
25 형 꼭 맞는
26 형 어색한
27 형 여자의 명 여자
28 형 의학의
29 형 적당한
30 형 즉시의

DAY 19

STEP 1
한국어 뜻 생각하며 외우기

월 일

✦ 해당 영어의 한국어 의미를 생각하면서 2번씩 적으시오.

01	떨어져, 별개로	**apart**	떨어져, 별개로	떨어져, 별개로
02	(금전적) 여유가 있다	**afford**	(금전적) 여유가 있다	(금전적) 여유가 있다
03	강도	**burglar**	강도	강도
04	격려하다	**encourage**	격려하다	격려하다
05	교환하다	**exchange**	교환하다	교환하다
06	기구	**instrument**	기구	기구
07	깡통, 주석	**tin**	깡통, 주석	깡통, 주석
08	낯선 사람	**stranger**	낯선 사람	낯선 사람
09	내기를 걸다	**bet**	내기를 걸다	내기를 걸다
10	다가오는	**upcoming**	다가오는	다가오는
11	다채로운	**colorful**	다채로운	다채로운
12	도전하다; 도전	**challenge**	도전하다; 도전	도전하다; 도전
13	목격자	**witness**	목격자	목격자
14	비례의	**proportional**	비례의	비례의
15	빈번한	**frequent**	빈번한	빈번한
16	빌려주다	**lend**	빌려주다	빌려주다
17	섬유, 식이섬유	**fiber**	섬유, 식이섬유	섬유, 식이섬유
18	소비하다	**consume**	소비하다	소비하다
19	싫어하다	**dislike**	싫어하다	싫어하다
20	씨	**seed**	씨	씨
21	알아보다, 인지하다	**recognize**	알아보다, 인지하다	알아보다, 인지하다
22	연기 나는	**smoky**	연기 나는	연기 나는
23	오염시키다	**pollute**	오염시키다	오염시키다
24	우울하게 하다	**depress**	우울하게 하다	우울하게 하다
25	유산	**heritage**	유산	유산
26	인삼	**ginseng**	인삼	인삼
27	재활용 가능한	**reusable**	재활용 가능한	재활용 가능한
28	중간의; 매체	**medium**	중간의; 매체	중간의; 매체
29	축제	**festival**	축제	축제
30	호기심이 강한	**curious**	호기심이 강한	호기심이 강한

✦ 다음을 영어는 한국어로 한국어는 영어로 적으시오.

정답 p.74

01 afford
02 apart
03 bet
04 burglar
05 challenge
06 colorful
07 consume
08 curious
09 depress
10 dislike
11 encourage
12 exchange
13 festival
14 fiber
15 frequent
16 ginseng
17 heritage
18 instrument
19 lend
20 medium
21 pollute
22 proportional
23 recognize
24 reusable
25 seed
26 smoky
27 stranger
28 tin
29 upcoming
30 witness

01 동 도전하다 명 도전
02 동 소비하다
03 동 알아보다, 인지하다
04 동 (금전적) 여유가 있다
05 동 격려하다
06 동 교환하다
07 동 내기를 걸다
08 동 빌려주다
09 동 싫어하다
10 동 오염시키다
11 동 우울하게 하다
12 형 중간의 명 매체
13 명 강도
14 명 기구
15 명 깡통, 주석
16 명 목격자
17 명 섬유, 식이섬유
18 명 씨
19 명 유산
20 명 인삼
21 명 축제
22 부 떨어져, 별개로
23 명 낯선 사람
24 형 다가오는
25 형 다채로운
26 형 비례의
27 형 빈번한
28 형 연기 나는
29 형 재활용 가능한
30 형 호기심이 강한

DAY 20

STEP 1 한국어 뜻 생각하며 외우기

월 일

✦ 해당 영어의 한국어 의미를 생각하면서 2번씩 적으시오.

01	위층에; 위층	**upstairs**	위층에; 위층	위층에; 위층
02	좀처럼 ~ 않다	**seldom**	좀처럼 ~ 않다	좀처럼 ~ 않다
03	그 후에	**afterward**	그 후에	그 후에
04	가장 중요한 부분	**highlight**	가장 중요한 부분	가장 중요한 부분
05	가죽끈	**strap**	가죽끈	가죽끈
06	공포	**fright**	공포	공포
07	기회	**chance**	기회	기회
08	끝	**tip**	끝	끝
09	녹다	**melt**	녹다	녹다
10	위험에 빠뜨리다	**endanger**	위험에 빠뜨리다	위험에 빠뜨리다
11	마법사	**wizard**	마법사	마법사
12	매끄러운	**smooth**	매끄러운	매끄러운
13	모욕; 모욕하다	**insult**	모욕; 모욕하다	모욕; 모욕하다
14	묘사하다	**describe**	묘사하다	묘사하다
15	보상	**reward**	보상	보상
16	보호하다	**protect**	보호하다	보호하다
17	사과하다	**apologize**	사과하다	사과하다
18	세계의	**global**	세계의	세계의
19	우정	**friendship**	우정	우정
20	인기 있는	**popular**	인기 있는	인기 있는
21	일생의	**lifelong**	일생의	일생의
22	욕하다; 저주	**curse**	욕하다; 저주	욕하다; 저주
23	연락하다; 연락	**contact**	연락하다; 연락	연락하다; 연락
24	청구서	**bill**	청구서	청구서
25	추천하다	**recommend**	추천하다	추천하다
26	터지다; 폭발	**burst**	터지다; 폭발	터지다; 폭발
27	파견하다; 파견	**dispatch**	파견하다; 파견	파견하다; 파견
28	편안한	**comfortable**	편안한	편안한
29	형태, 숫자	**figure**	형태, 숫자	형태, 숫자
30	흥분	**excitement**	흥분	흥분

STEP 2
최종실력 점검하기

O 개 | X 개

✦ 다음을 영어는 한국어로 한국어는 영어로 적으시오.

정답 p.74

01 afterward	01 동 묘사하다
02 apologize	02 동 파견하다 명 파견
03 bill	03 동 녹다
04 burst	04 동 위험에 빠뜨리다
05 chance	05 동 보호하다
06 comfortable	06 동 사과하다
07 contact	07 동 욕하다 명 저주
08 curse	08 동 추천하다
09 describe	09 동 터지다 명 폭발
10 dispatch	10 명 가죽끈
11 endanger	11 명 공포
12 excitement	12 명 모욕 동 모욕하다
13 figure	13 명 흥분
14 friendship	14 명 가장 중요한 부분
15 fright	15 명 기회
16 global	16 명 끝
17 highlight	17 명 마법사
18 insult	18 명 보상
19 lifelong	19 명 우정
20 melt	20 동 연락하다 명 연락
21 popular	21 명 청구서
22 protect	22 명 형태, 숫자
23 recommend	23 부 위층에 명 위층
24 reward	24 부 좀처럼 ~ 않다
25 seldom	25 부 그 후에
26 smooth	26 형 일생의
27 strap	27 형 매끄러운
28 tip	28 형 세계의
29 upstairs	29 형 인기 있는
30 wizard	30 형 편안한

DAY 21

STEP 1
한국어 뜻 생각하며 외우기

월 일

✦ 해당 영어의 한국어 의미를 생각하면서 2번씩 적으시오.

01	포함하다	**contain**	포함하다	포함하다
02	10억	**billion**	10억	10억
03	간청하다	**appeal**	간청하다	간청하다
04	감동적인	**touching**	감동적인	감동적인
05	줄이다	**reduce**	줄이다	줄이다
06	고치다	**mend**	고치다	고치다
07	관습	**custom**	관습	관습
08	깜짝 놀라게 하다	**frighten**	깜짝 놀라게 하다	깜짝 놀라게 하다
09	끈	**string**	끈	끈
10	눈송이	**snowflake**	눈송이	눈송이
11	단백질	**protein**	단백질	단백질
12	대리인	**agent**	대리인	대리인
13	도시의	**urban**	도시의	도시의
14	리듬	**rhythm**	리듬	리듬
15	멋진	**wonderful**	멋진	멋진
16	지휘; 통솔하다	**command**	지휘; 통솔하다	지휘; 통솔하다
17	표시하다, 지정하다	**designate**	표시하다, 지정하다	표시하다, 지정하다
18	묻다	**bury**	묻다	묻다
19	바꾸다; 변화	**change**	바꾸다; 변화	바꾸다; 변화
20	발견하다, 판결하다	**find**	발견하다, 판결하다	발견하다, 판결하다
21	선택하다	**select**	선택하다	선택하다
22	수명	**lifespan**	수명	수명
23	명예, 영광	**honor**	명예, 영광	명예, 영광
24	인기	**popularity**	인기	인기
25	적	**enemy**	적	적
26	전시하다; 전시(품)	**exhibit**	전시하다; 전시(품)	전시하다; 전시(품)
27	정부	**government**	정부	정부
28	진열하다; 전시	**display**	진열하다; 전시	진열하다; 전시
29	총명한	**intelligent**	총명한	총명한
30	통치자	**governor**	통치자	통치자

STEP 2 최종실력 점검하기

O 개 X 개

✦ 다음을 영어는 한국어로 한국어는 영어로 적으시오.

정답 p.75

01 agent
02 appeal
03 billion
04 bury
05 change
06 command
07 contain
08 custom
09 designate
10 display
11 enemy
12 exhibit
13 find
14 frighten
15 government
16 governor
17 honor
18 intelligent
19 lifespan
20 mend
21 popularity
22 protein
23 reduce
24 rhythm
25 select
26 snowflake
27 string
28 touching
29 urban
30 wonderful

01 동 포함하다
02 동 간청하다
03 동 줄이다
04 동 고치다
05 동 깜짝 놀라게 하다
06 명 지휘 동 통솔하다
07 동 표시하다, 지정하다
08 동 묻다
09 동 바꾸다 명 변화
10 동 발견하다, 판결하다
11 동 선택하다
12 동 전시하다 명 전시(품)
13 동 진열하다 명 전시
14 명 관습
15 명 단백질
16 명 대리인
17 명 10억
18 명 끈
19 명 눈송이
20 명 리듬
21 명 수명
22 명 인기
23 명 적
24 명 정부
25 명 통치자
26 형 감동적인
27 형 도시의
28 형 멋진
29 명 명예, 영광
30 형 총명한

DAY 22

STEP 1
한국어 뜻 생각하며 외우기

월 일

✦ 해당 영어의 한국어 의미를 생각하면서 2번씩 적으시오.

01	욕구; 바라다	**desire**	욕구; 바라다	욕구; 바라다
02	강도 행위	**robbery**	강도 행위	강도 행위
03	고객	**customer**	고객	고객
04	교환하다; 교환	**interchange**	교환하다; 교환	교환하다; 교환
05	굳은, 단단한	**firm**	굳은, 단단한	굳은, 단단한
06	긍정적인	**positive**	긍정적인	긍정적인
07	긴급한	**urgent**	긴급한	긴급한
08	나무로 만든	**wooden**	나무로 만든	나무로 만든
09	나타나다	**appear**	나타나다	나타나다
10	노화	**aging**	노화	노화
11	대륙	**continent**	대륙	대륙
12	붕괴	**disruption**	붕괴	붕괴
13	성격, 특성	**character**	성격, 특성	성격, 특성
14	쓴	**bitter**	쓴	쓴
15	언급하다	**refer**	언급하다	언급하다
16	위원회	**committee**	위원회	위원회
17	의도하다	**intend**	의도하다	의도하다
18	이기적인	**selfish**	이기적인	이기적인
19	일생; 일생의	**lifetime**	일생; 일생의	일생; 일생의
20	잠수함; 해저의	**submarine**	잠수함; 해저의	잠수함; 해저의
21	잡다	**grab**	잡다	잡다
22	적시다	**soak**	적시다	적시다
23	정신적인	**mental**	정신적인	정신적인
24	존재하다	**exist**	존재하다	존재하다
25	좌절시키다	**frustrate**	좌절시키다	좌절시키다
26	증명하다	**prove**	증명하다	증명하다
27	희망에 찬	**hopeful**	희망에 찬	희망에 찬
28	희망 없는	**hopeless**	희망 없는	희망 없는
29	힘, 에너지	**energy**	힘, 에너지	힘, 에너지
30	힘든	**tough**	힘든	힘든

STEP 2
최종실력 점검하기

✦ 다음을 영어는 한국어로 한국어는 영어로 적으시오.

정답 p.75

01	aging	01	동 나타나다
02	appear	02	동 잡다
03	bitter	03	명 욕구 동 바라다
04	character	04	동 교환하다 명 교환
05	committee	05	동 언급하다
06	continent	06	동 의도하다
07	customer	07	동 적시다
08	desire	08	동 존재하다
09	disruption	09	동 좌절시키다
10	energy	10	동 증명하다
11	exist	11	명 강도 행위
12	firm	12	명 고객
13	frustrate	13	명 노화
14	grab	14	명 대륙
15	hopeful	15	명 붕괴
16	hopeless	16	명 성격, 특성
17	intend	17	명 위원회
18	interchange	18	명 일생 형 일생의
19	lifetime	19	명 잠수함 형 해저의
20	mental	20	명 힘, 에너지
21	positive	21	형 긍정적인
22	prove	22	형 긴급한
23	refer	23	형 나무로 만든
24	robbery	24	형 희망에 찬
25	selfish	25	형 굳은, 단단한
26	soak	26	형 쓴
27	submarine	27	형 이기적인
28	tough	28	형 정신적인
29	urgent	29	형 희망 없는
30	wooden	30	형 힘든

DAY 23 STEP 1
한국어 뜻 생각하며 외우기

월 일

✦ 해당 영어의 한국어 의미를 생각하면서 2번씩 적으시오.

01	흔히, 보통	**commonly**	흔히, 보통	흔히, 보통
02	적합하다, 맞다	**fit**	적합하다, 맞다	적합하다, 맞다
03	가능한	**possible**	가능한	가능한
04	거리가 먼	**distant**	거리가 먼	거리가 먼
05	계속하다	**continue**	계속하다	계속하다
06	기능	**function**	기능	기능
07	나무라다	**blame**	나무라다	나무라다
08	동의하다	**agree**	동의하다	동의하다
09	목적지	**destination**	목적지	목적지
10	반사하다, 반영하다	**reflect**	반사하다, 반영하다	반사하다, 반영하다
11	비싼	**expensive**	비싼	비싼
12	사회	**society**	사회	사회
13	상인	**merchant**	상인	상인
14	성공	**success**	성공	성공
15	소개하다	**introduce**	소개하다	소개하다
16	소유	**possession**	소유	소유
17	수평선	**horizon**	수평선	수평선
18	식욕을 돋우는	**appetizing**	식욕을 돋우는	식욕을 돋우는
19	약속	**engagement**	약속	약속
20	언급하다	**mention**	언급하다	언급하다
21	역할	**role**	역할	역할
22	운동	**workout**	운동	운동
23	유용한	**useful**	유용한	유용한
24	있음직한	**likely**	있음직한	있음직한
25	자취, 흔적	**trace**	자취, 흔적	자취, 흔적
26	제공하다	**provide**	제공하다	제공하다
27	졸업하다; 졸업생	**graduate**	졸업하다; 졸업생	졸업하다; 졸업생
28	청구하다; 청구액	**charge**	청구하다; 청구액	청구하다; 청구액
29	학기	**semester**	학기	학기
30	한계, 제한	**limit**	한계, 제한	한계, 제한

✦ 다음을 영어는 한국어로 한국어는 영어로 적으시오.

정답 p.76

01 agree
02 appetizing
03 blame
04 charge
05 commonly
06 continue
07 destination
08 distant
09 engagement
10 expensive
11 fit
12 function
13 graduate
14 horizon
15 introduce
16 likely
17 limit
18 mention
19 merchant
20 possession
21 possible
22 provide
23 reflect
24 role
25 semester
26 society
27 success
28 trace
29 useful
30 workout

01 동 적합하다, 맞다
02 동 계속하다
03 동 나무라다
04 동 동의하다
05 동 반사하다, 반영하다
06 동 소개하다
07 동 언급하다
08 동 제공하다
09 동 졸업하다 명 졸업생
10 동 청구하다 명 청구액
11 명 사회
12 명 상인
13 명 약속
14 명 학기
15 명 기능
16 명 목적지
17 명 성공
18 명 소유
19 명 수평선
20 명 역할
21 명 운동
22 명 자취, 흔적
23 명 한계, 제한
24 부 흔히, 보통
25 형 가능한
26 형 거리가 먼
27 형 비싼
28 형 식욕을 돋우는
29 형 유용한
30 형 있음직한

DAY 24

STEP 1
한국어 뜻 생각하며 외우기

월 일

✦ 해당 영어의 한국어 의미를 생각하면서 2번씩 적으시오.

01	각자 가져와서 먹는 식사	**potluck**
02	환불하다; 환불	**refund**
03	결정하다	**determine**
04	경험; 경험하다	**experience**
05	고치다	**fix**
06	공적인	**public**
07	공학	**engineering**
08	나누다	**divide**
09	냉장고	**refrigerator**
10	농업	**agriculture**
11	단지, 단순한	**mere**
12	대략적인, 거친	**rough**
13	대조하다; 대조	**contrast**
14	발표하다, 출판하다	**publish**
15	빈칸; 빈	**blank**
16	성공적인	**successful**
17	세계적인	**worldwide**
18	세미나	**seminar**
19	일상의 과정	**routine**
20	자선	**charity**
21	장례식	**funeral**
22	적용하다, 지원하다	**apply**
23	의사소통	**communication**
24	전통적인	**traditional**
25	졸업	**graduation**
26	침략하다	**invade**
27	평소의	**usual**
28	호르몬	**hormone**
29	활기가 넘치는	**lively**
30	흙, 땅	**soil**

✦ 다음을 영어는 한국어로 한국어는 영어로 적으시오.

정답 p.76

01 agriculture
02 apply
03 blank
04 charity
05 communication
06 contrast
07 determine
08 divide
09 engineering
10 experience
11 fix
12 funeral
13 graduation
14 hormone
15 invade
16 lively
17 mere
18 potluck
19 public
20 publish
21 refrigerator
22 refund
23 rough
24 routine
25 seminar
26 soil
27 successful
28 traditional
29 usual
30 worldwide

01 동 결정하다
02 동 대조하다 명 대조
03 동 침략하다
04 동 환불하다 명 환불
05 동 고치다
06 동 나누다
07 동 발표하다, 출판하다
08 동 적용하다, 지원하다
09 명 경험 동 경험하다
10 명 냉장고
11 명 자선
12 명 각자 가져와서 먹는 식사
13 명 공학
14 명 농업
15 명 세미나
16 명 일상의 과정
17 명 장례식
18 명 의사소통
19 명 졸업
20 명 호르몬
21 명 흙, 땅
22 형 공적인
23 명 빈칸 형 빈
24 형 전통적인
25 형 활기가 넘치는
26 형 단지, 단순한
27 형 대략적인, 거친
28 형 성공적인
29 형 세계적인
30 형 평소의

DAY 25

STEP 1
한국어 뜻 생각하며 외우기

월 일

✦ 해당 영어의 한국어 의미를 생각하면서 2번씩 적으시오.

01	앞에, 앞으로	**ahead**	앞에, 앞으로	앞에, 앞으로
02	뒤쫓다; 추적	**chase**	뒤쫓다; 추적	뒤쫓다; 추적
03	거절하다	**refuse**	거절하다	거절하다
04	고통을 겪다	**suffer**	고통을 겪다	고통을 겪다
05	곡물	**grain**	곡물	곡물
06	공동체	**community**	공동체	공동체
07	기부하다	**contribute**	기부하다	기부하다
08	깃발	**flag**	깃발	깃발
09	발달시키다	**develop**	발달시키다	발달시키다
10	발명	**invention**	발명	발명
11	분별 있는	**sensible**	분별 있는	분별 있는
12	순수한	**pure**	순수한	순수한
13	실험	**experiment**	실험	실험
14	아픈	**sore**	아픈	아픈
15	악화시키다	**worsen**	악화시키다	악화시키다
16	약속	**appointment**	약속	약속
17	어수선함	**mess**	어수선함	어수선함
18	어지러운	**dizzy**	어지러운	어지러운
19	손위의, 선배의	**senior**	손위의, 선배의	손위의, 선배의
20	유쾌한, 즐거운	**enjoyable**	유쾌한, 즐거운	유쾌한, 즐거운
21	작은 주머니	**pouch**	작은 주머니	작은 주머니
22	재미있는	**funny**	재미있는	재미있는
23	제안하다	**suggest**	제안하다	제안하다
24	주인; 주최하다	**host**	주인; 주최하다	주인; 주최하다
25	줄	**row**	줄	줄
26	지역의	**local**	지역의	지역의
27	축복하다	**bless**	축복하다	축복하다
28	특성	**trait**	특성	특성
29	해결(책)	**solution**	해결(책)	해결(책)
30	활용하다	**utilize**	활용하다	활용하다

STEP 2 최종실력 점검하기

O 개 | X 개

✦ 다음을 영어는 한국어로 한국어는 영어로 적으시오.

정답 p.77

01 ahead
02 appointment
03 bless
04 chase
05 community
06 contribute
07 develop
08 dizzy
09 enjoyable
10 experiment
11 flag
12 funny
13 grain
14 host
15 invention
16 local
17 mess
18 pouch
19 pure
20 refuse
21 row
22 senior
23 sensible
24 solution
25 sore
26 suffer
27 suggest
28 trait
29 utilize
30 worsen

01 동 고통을 겪다
02 동 뒤쫓다 명 추적
03 동 거절하다
04 동 기부하다
05 동 발달시키다
06 동 악화시키다
07 동 제안하다
08 동 축복하다
09 동 활용하다
10 명 깃발
11 명 곡물
12 명 공동체
13 명 발명
14 명 실험
15 명 약속
16 명 어수선함
17 명 작은 주머니
18 명 주인 동 주최하다
19 명 줄
20 명 특성
21 명 해결(책)
22 부 앞에, 앞으로
23 형 어지러운
24 형 재미있는
25 형 분별 있는
26 형 순수한
27 형 아픈
28 형 손위의, 선배의
29 형 유쾌한, 즐거운
30 형 지역의

DAY 26

STEP 1 한국어 뜻 생각하며 외우기

월 일

✦ 해당 영어의 한국어 의미를 생각하면서 2번씩 적으시오.

01	그 이상의; 더 나아가서	**further**	그 이상의; 더 나아가서	그 이상의; 더 나아가서
02	바치다	**devote**	바치다	바치다
03	가치가 있는	**worth**	가치가 있는	가치가 있는
04	감사하다	**appreciate**	감사하다	감사하다
05	값싼	**cheap**	값싼	값싼
06	겨냥하다; 목표	**aim**	겨냥하다; 목표	겨냥하다; 목표
07	눈이 먼	**blind**	눈이 먼	눈이 먼
08	다친	**wounded**	다친	다친
09	도움	**aid**	도움	도움
10	목적	**purpose**	목적	목적
11	문서의; 다큐멘터리	**documentary**	문서의; 다큐멘터리	문서의; 다큐멘터리
12	번역하다	**translate**	번역하다	번역하다
13	분리하다; 분리된	**separate**	분리하다; 분리된	분리하다; 분리된
14	불꽃	**flame**	불꽃	불꽃
15	붓다	**pour**	붓다	붓다
16	전달자	**messenger**	전달자	전달자
17	수족관	**aquarium**	수족관	수족관
18	슬픔	**sorrow**	슬픔	슬픔
19	여주인	**hostess**	여주인	여주인
20	옮기다	**transfer**	옮기다	옮기다
21	왕실의	**royal**	왕실의	왕실의
22	웅대한	**grand**	웅대한	웅대한
23	자살	**suicide**	자살	자살
24	전문가	**expert**	전문가	전문가
25	위치를 정하다	**locate**	위치를 정하다	위치를 정하다
26	소형의	**compact**	소형의	소형의
27	지방, 지역	**region**	지방, 지역	지방, 지역
28	초대	**invitation**	초대	초대
29	충분한	**enough**	충분한	충분한
30	통제하다; 통제	**control**	통제하다; 통제	통제하다; 통제

STEP 2
최종실력 점검하기

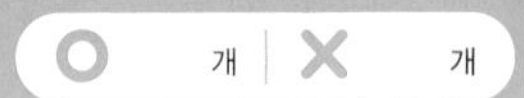

O 개 | X 개

✦ 다음을 영어는 한국어로 한국어는 영어로 적으시오.

정답 p.77

01 aid
02 aim
03 appreciate
04 aquarium
05 blind
06 cheap
07 compact
08 control
09 devote
10 documentary
11 enough
12 expert
13 flame
14 further
15 grand
16 hostess
17 invitation
18 locate
19 messenger
20 pour
21 purpose
22 region
23 royal
24 separate
25 sorrow
26 suicide
27 transfer
28 translate
29 worth
30 wounded

01 동 겨냥하다 명 목표
02 동 붓다
03 동 바치다
04 동 감사하다
05 동 번역하다
06 동 분리하다 형 분리된
07 동 옮기다
08 동 위치를 정하다
09 동 통제하다 명 통제
10 명 수족관
11 명 여주인
12 명 도움
13 명 목적
14 명 불꽃
15 명 전달자
16 명 슬픔
17 명 자살
18 명 전문가
19 명 지방, 지역
20 명 초대
21 형 그 이상의 부 더 나아가서
22 형 다친
23 형 왕실의
24 형 소형의
25 형 충분한
26 형 가치가 있는
27 형 값이 싼
28 형 눈이 먼
29 형 문서의 명 다큐멘터리
30 형 웅대한

DAY 27 STEP 1 한국어 뜻 생각하며 외우기

월 일

✦ 해당 영어의 한국어 의미를 생각하면서 2번씩 적으시오.

01	깜박이다	**blink**	깜박이다	깜박이다
02	꽤, 아주	**quite**	꽤, 아주	꽤, 아주
03	강한	**powerful**	강한	강한
04	건축가	**architect**	건축가	건축가
05	경쟁	**competition**	경쟁	경쟁
06	고맙게 여기는	**grateful**	고맙게 여기는	고맙게 여기는
07	논리적인	**logical**	논리적인	논리적인
08	등록하다	**register**	등록하다	등록하다
09	닦다, 문지르다	**rub**	닦다, 문지르다	닦다, 문지르다
10	받아쓰기	**dictation**	받아쓰기	받아쓰기
11	방법	**method**	방법	방법
12	불규칙한	**irregular**	불규칙한	불규칙한
13	비교하다	**compare**	비교하다	비교하다
14	쾌적한, 기운찬	**cheerful**	쾌적한, 기운찬	쾌적한, 기운찬
15	설명하다	**explain**	설명하다	설명하다
16	속이다	**cheat**	속이다	속이다
17	시도, 재판	**trial**	시도, 재판	시도, 재판
18	심각한	**serious**	심각한	심각한
19	약	**drug**	약	약
20	영혼	**soul**	영혼	영혼
21	외계의; 외계인	**alien**	외계의; 외계인	외계의; 외계인
22	우둔한	**dull**	우둔한	우둔한
23	주부	**housewife**	주부	주부
24	전환하다	**convert**	전환하다	전환하다
25	정상	**summit**	정상	정상
26	즐겁게 하다	**entertain**	즐겁게 하다	즐겁게 하다
27	지름	**diameter**	지름	지름
28	편리한	**convenient**	편리한	편리한
29	평평한	**flat**	평평한	평평한
30	피	**blood**	피	피

✦ 다음을 영어는 한국어로 한국어는 영어로 적으시오.

정답 p.78

01	**alien**	01	[동] 깜박이다
02	**architect**	02	[동] 등록하다
03	**blink**	03	[동] 닦다, 문지르다
04	**blood**	04	[동] 비교하다
05	**cheat**	05	[동] 설명하다
06	**cheerful**	06	[동] 속이다
07	**compare**	07	[동] 전환하다
08	**competition**	08	[동] 즐겁게 하다
09	**convenient**	09	[명] 받아쓰기
10	**convert**	10	[명] 건축가
11	**diameter**	11	[명] 경쟁
12	**dictation**	12	[명] 방법
13	**drug**	13	[명] 시도, 재판
14	**dull**	14	[명] 약
15	**entertain**	15	[명] 영혼
16	**explain**	16	[명] 주부
17	**flat**	17	[명] 정상
18	**grateful**	18	[명] 지름
19	**housewife**	19	[명] 피
20	**irregular**	20	[부] 꽤, 아주
21	**logical**	21	[형] 심각한
22	**method**	22	[형] 우둔한
23	**powerful**	23	[형] 강한
24	**quite**	24	[형] 고맙게 여기는
25	**register**	25	[형] 논리적인
26	**rub**	26	[형] 불규칙한
27	**serious**	27	[형] 쾌적한, 기운찬
28	**soul**	28	[형] 외계의 [명] 외계인
29	**summit**	29	[형] 편리한
30	**trial**	30	[형] 평평한

DAY 28

STEP 1
한국어 뜻 생각하며 외우기

월 일

✦ 해당 영어의 한국어 의미를 생각하면서 2번씩 적으시오.

01	껴안다	**hug**	껴안다	껴안다
02	꽃, 활짝 핌	**bloom**	꽃, 활짝 핌	꽃, 활짝 핌
03	헐렁한	**loose**	헐렁한	헐렁한
04	서로 같은; 똑같이	**alike**	서로 같은; 똑같이	서로 같은; 똑같이
05	마이크	**microphone**	마이크	마이크
06	맛	**flavor**	맛	맛
07	무례한	**rude**	무례한	무례한
08	발행물	**issue**	발행물	발행물
09	벼룩	**flea**	벼룩	벼룩
10	부족	**tribe**	부족	부족
11	북극의	**Arctic**	북극의	북극의
12	불평하다	**complain**	불평하다	불평하다
13	신맛의	**sour**	신맛의	신맛의
14	실용적인	**practical**	실용적인	실용적인
15	외로운	**lonely**	외로운	외로운
16	우세한	**superior**	우세한	우세한
17	유감; 후회하다	**regret**	유감; 후회하다	유감; 후회하다
18	식품, 식이요법	**diet**	식품, 식이요법	식품, 식이요법
19	의무	**duty**	의무	의무
20	입구	**entrance**	입구	입구
21	전체의	**entire**	전체의	전체의
22	주택	**housing**	주택	주택
23	중력	**gravity**	중력	중력
24	탐욕	**greed**	탐욕	탐욕
25	탐험하다	**explore**	탐험하다	탐험하다
26	폭발하다	**explode**	폭발하다	폭발하다
27	품목	**item**	품목	품목
28	하인	**servant**	하인	하인
29	협력	**cooperation**	협력	협력
30	화학	**chemistry**	화학	화학

STEP 2
최종실력 점검하기

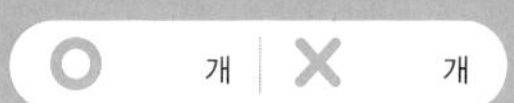

O 개 X 개

✦ 다음을 영어는 한국어로 한국어는 영어로 적으시오.

정답 p.78

01 alike
02 Arctic
03 bloom
04 chemistry
05 complain
06 cooperation
07 diet
08 duty
09 entire
10 entrance
11 explode
12 explore
13 flavor
14 flea
15 gravity
16 greed
17 housing
18 hug
19 issue
20 item
21 lonely
22 loose
23 microphone
24 practical
25 regret
26 rude
27 servant
28 sour
29 superior
30 tribe

01 동 껴안다
02 동 불평하다
03 동 탐험하다
04 동 폭발하다
05 명 꽃, 활짝 핌
06 명 부족
07 명 유감 동 후회하다
08 명 입구
09 명 중력
10 명 품목
11 명 협력
12 명 마이크
13 명 맛
14 명 발행물
15 명 벼룩
16 명 식품, 식이요법
17 명 의무
18 명 주택
19 명 탐욕
20 명 하인
21 명 화학
22 형 헐렁한
23 형 서로 같은 부 똑같이
24 형 무례한
25 형 북극의
26 형 신맛의
27 형 실용적인
28 형 외로운
29 형 우세한
30 형 전체의

DAY 29 STEP 1 한국어 뜻 생각하며 외우기

월 일

✦ 해당 영어의 한국어 의미를 생각하면서 2번씩 적으시오.

01	입장, 입구	**entry**	입장, 입구	입장, 입구
02	갈다	**grind**	갈다	갈다
03	공급; 공급하다	**supply**	공급; 공급하다	공급; 공급하다
04	관계	**relation**	관계	관계
05	군대의	**military**	군대의	군대의
06	전자파	**microwave**	전자파	전자파
07	기도하다	**pray**	기도하다	기도하다
08	꽃; 꽃이 피다	**blossom**	꽃; 꽃이 피다	꽃; 꽃이 피다
09	다른	**different**	다른	다른
10	몇 개의	**several**	몇 개의	몇 개의
11	지지; 지지하다	**support**	지지; 지지하다	지지; 지지하다
12	보석류	**jewelry**	보석류	보석류
13	살아있는	**alive**	살아있는	살아있는
14	소문	**rumor**	소문	소문
15	소중히 하다	**cherish**	소중히 하다	소중히 하다
16	시끄러운	**loud**	시끄러운	시끄러운
17	신뢰; 신뢰하다	**trust**	신뢰; 신뢰하다	신뢰; 신뢰하다
18	엄한, 모진	**severe**	엄한, 모진	엄한, 모진
19	염색하다	**dye**	염색하다	염색하다
20	예비의, 여분의	**spare**	예비의, 여분의	예비의, 여분의
21	완전한, 완료된	**complete**	완전한, 완료된	완전한, 완료된
22	융통성 있는	**flexible**	융통성 있는	융통성 있는
23	저작권	**copyright**	저작권	저작권
24	규칙적인	**regular**	규칙적인	규칙적인
25	주장하다	**argue**	주장하다	주장하다
26	근원, 출처	**source**	근원, 출처	근원, 출처
27	칭찬; 칭찬하다	**praise**	칭찬; 칭찬하다	칭찬; 칭찬하다
28	콧노래를 부르다	**hum**	콧노래를 부르다	콧노래를 부르다
29	파괴하다	**ruin**	파괴하다	파괴하다
30	표현하다	**express**	표현하다	표현하다

STEP 2
최종실력 점검하기

✦ 다음을 영어는 한국어로 한국어는 영어로 적으시오.

정답 p.79

01 **alive**	01 동 소중히 하다
02 **argue**	02 동 표현하다
03 **blossom**	03 동 갈다
04 **cherish**	04 동 기도하다
05 **complete**	05 명 지지 동 지지하다
06 **copyright**	06 동 염색하다
07 **different**	07 동 주장하다
08 **dye**	08 동 콧노래를 부르다
09 **entry**	09 동 파괴하다
10 **express**	10 명 공급 동 공급하다
11 **flexible**	11 명 근원, 출처
12 **grind**	12 명 입장, 입구
13 **hum**	13 명 관계
14 **jewelry**	14 명 꽃 동 꽃이 피다
15 **loud**	15 명 보석류
16 **microwave**	16 명 소문
17 **military**	17 명 신뢰 동 신뢰하다
18 **praise**	18 명 저작권
19 **pray**	19 명 칭찬 동 칭찬하다
20 **regular**	20 명 전자파
21 **relation**	21 형 시끄러운
22 **ruin**	22 형 융통성 있는
23 **rumor**	23 형 군대의
24 **several**	24 형 다른
25 **severe**	25 형 몇 개의
26 **source**	26 형 살아있는
27 **spare**	27 형 엄한, 모진
28 **supply**	28 형 예비의, 여분의
29 **support**	29 형 완전한, 완료된
30 **trust**	30 형 규칙적인

DAY 30 STEP 1 한국어 뜻 생각하며 외우기

월 일

✦ 해당 영어의 한국어 의미를 생각하면서 2번씩 적으시오.

01	뒤로	**backwards**	뒤로	뒤로
02	광물; 광물의	**mineral**	광물; 광물의	광물; 광물의
03	국경	**border**	국경	국경
04	그늘	**shade**	그늘	그늘
05	기사	**article**	기사	기사
06	끈	**cord**	끈	끈
07	낮추다	**lower**	낮추다	낮추다
08	넓히다	**widen**	넓히다	넓히다
09	물에 뜨다	**float**	물에 뜨다	물에 뜨다
10	반짝이다	**sparkle**	반짝이다	반짝이다
11	복잡한	**complex**	복잡한	복잡한
12	부끄러움; 부끄럽게 하다	**shame**	부끄러움; 부끄럽게 하다	부끄러움; 부끄럽게 하다
13	해방하다; 해방	**release**	해방하다; 해방	해방하다; 해방
14	증가	**growth**	증가	증가
15	씹다	**chew**	씹다	씹다
16	알레르기	**allergy**	알레르기	알레르기
17	어려운	**difficult**	어려운	어려운
18	여분의, 추가의	**extra**	여분의, 추가의	여분의, 추가의
19	예측하다	**predict**	예측하다	예측하다
20	왕조	**dynasty**	왕조	왕조
21	유머 감각이 있는	**humorous**	유머 감각이 있는	유머 감각이 있는
22	저널리즘	**journalism**	저널리즘	저널리즘
23	진실한	**truthful**	진실한	진실한
24	조정하다	**arrange**	조정하다	조정하다
25	정확한, 맞는	**correct**	정확한, 맞는	정확한, 맞는
26	종	**species**	종	종
27	태풍	**typhoon**	태풍	태풍
28	표면	**surface**	표면	표면
29	화	**anger**	화	화
30	환경	**environment**	환경	환경

✦ 다음을 영어는 한국어로 한국어는 영어로 적으시오.

정답 p.79

01 allergy
02 anger
03 arrange
04 article
05 backwards
06 border
07 chew
08 complex
09 cord
10 correct
11 difficult
12 dynasty
13 environment
14 extra
15 float
16 growth
17 humorous
18 journalism
19 lower
20 mineral
21 predict
22 release
23 shade
24 shame
25 sparkle
26 species
27 surface
28 truthful
29 typhoon
30 widen

01 동 예측하다
02 동 조정하다
03 동 낮추다
04 동 넓히다
05 동 물에 뜨다
06 동 반짝이다
07 동 해방하다 명 해방
08 동 씹다
09 명 부끄러움 동 부끄럽게 하다
10 명 유머 감각이 있는
11 명 광물 형 광물의
12 명 국경
13 명 그늘
14 명 기사
15 명 끈
16 명 증가
17 명 알레르기
18 명 왕조
19 명 저널리즘
20 명 종
21 명 태풍
22 명 표면
23 명 화
24 명 환경
25 부 뒤로
26 형 복잡한
27 형 어려운
28 형 여분의, 추가의
29 형 진실한
30 형 정확한, 맞는

3rd Edition

절대어휘 5100

1 중등 내신 기본 900

* WORKBOOK ANSWER KEY

WORKBOOK
ANSWER KEY

DAY 01

P. 4

01 명 능력
02 명 악어
03 형 지루하게 하는
04 형 고요한
05 명 우두머리 형 중요한
06 동 작곡하다
07 형 위험한
08 동 파다
09 형 열망하는
10 형 환경의
11 명 우화
12 명 홍수
13 동 얻다
14 명 체육관
15 명 불리한 조건, 제약
16 명 굶주림
17 동 판단하다 명 판사
18 형 충성스러운
19 형 마법의
20 형 중요치 않은, 소수의
21 형 좁은
22 명 장교
23 명 꾸러미, 소포
24 동 ~을 더 좋아하다
25 명 뗏목
26 동 여전히 ~이다
27 명 희생 동 희생하다
28 부 놀랍게도
29 동 길들이다
30 형 전형적인

01 remain
02 compose
03 tame
04 gain
05 prefer
06 dig
07 judge
08 gym
09 sacrifice
10 hunger
11 package
12 ability
13 raft
14 alligator
15 chief
16 fable
17 officer
18 handicap
19 flood
20 environmental
21 surprisingly
22 magical
23 narrow
24 calm
25 eager
26 dangerous
27 typical
28 minor
29 boring
30 loyal

DAY 02

P. 6

01 전 ~을 타고 부 탑승하여
02 동 허락하다
03 형 부끄럽게 여기는
04 명 여행 가방, 수화물
05 동 빌리다
06 명 운하
07 명 어린 시절
08 동 집중하다
09 명 긴 의자
10 명 최종 기한
11 명 차원
12 동 (돈을) 벌다
13 동 부러워하다
14 형 사실의, 실제의
15 동 초점을 맞추다
16 명 쓰레기
17 명 손수건
18 명 허리케인
19 명 폐물 형 질이 낮은
20 명 여행 가방, 수화물
21 형 다수의 동 전공하다
22 명 선교사 형 선교의
23 동 항해하다
24 동 명령하다 명 순서
25 명 화가
26 동 준비하다
27 형 믿을 수 없는
28 명 백신
29 명 임금
30 명 하품 동 하품하다

01 earn
02 envy
03 borrow
04 prepare
05 concentrate
06 focus
07 yawn
08 navigate
09 allow
10 garbage
11 canal
12 wage
13 dimension
14 luggage
15 junk
16 couch
17 vaccine
18 missionary
19 handkerchief
20 baggage
21 order
22 childhood
23 deadline
24 hurricane
25 painter
26 aboard
27 unbelievable
28 ashamed
29 factual
30 major

DAY 03

P. 8

01	부 해외로	01	count
02	명 용돈	02	raise
03	명 집회	03	dine
04	명 균형 동 균형을 유지하다	04	yell
05	명 부케, 꽃다발	05	remember
06	동 취소하다 명 취소	06	equip
07	명 칩, 얇은 조각	07	fold
08	명 개념	08	cancel
09	동 세다	09	wander
10	명 거래 동 다루다	10	Jupiter
11	동 저녁식사 하다	11	bouquet
12	명 지진	12	concept
13	동 장비를 갖추다	13	deal
14	명 실패	14	balance
15	동 접다	15	target
16	명 정원사	16	handle
17	명 손잡이	17	idiom
18	명 숙어	18	failure
19	명 목성	19	safety
20	동 올리다 명 가격 인상	20	chip
21	동 기억하다	21	shepherd
22	명 안전	22	allowance
23	명 양치기	23	gardener
24	형 구체적인	24	survey
25	명 조사	25	earthquake
26	명 목표	26	assembly
27	형 불편한, 불쾌한	27	abroad
28	형 헛된	28	vain
29	동 헤매다	29	specific
30	동 고함치다	30	uncomfortable

DAY 04

P. 10

01	명 억양, 강조	01	survive
02	부 혼자, 홀로	02	remind
03	명 숙제	03	choose
04	명 금지 동 금지하다	04	preserve
05	동 자랑하다	05	brag
06	명 암	06	assignment
07	동 고르다	07	task
08	명 지휘자	08	value
09	명 시골	09	economics
10	명 토론 동 토론하다	10	dinosaur
11	명 공룡	11	ban
12	명 경제학	12	conductor
13	명 폐	13	range
14	형 남자의 명 남자	14	saint
15	명 순간	15	moment
16	형 가까운	16	countryside
17	형 야외의	17	cancer
18	형 창백한	18	accent
19	동 보존하다	19	youth
20	명 범위	20	shortcut
21	동 상기시키다	21	debate
22	명 성인, 성자	22	lung
23	명 지름길	23	warmly
24	형 말문이 막힌	24	alone
25	동 생존하다	25	speechless
26	명 일, 업무	26	nearby
27	형 지하의	27	male
28	명 가치	28	outdoor
29	부 따뜻하게	29	underground
30	명 젊음	30	pale

DAY 05

P. 12

01 동 받아들이다
02 부 이미, 벌써
03 명 운동선수
04 명 붕대
05 형 짧은, 간결한
06 명 수도 형 자본의
07 명 하기 싫은 일, 가사
08 동 지우다
09 형 기절할 것 같은
10 동 따라오다[가다]
11 명 휘발유
12 동 매달다
13 형 불법의
14 명 지식
15 명 관리자, 경영자
16 부 게다가
17 형 필요한
18 형 중량 초과의
19 명 낙하산
20 동 막다
21 명 계급, 지위
22 형 먼, 외딴
23 동 만족시키다
24 동 한숨 쉬다 명 한숨
25 명 주문, 마력
26 명 초밥
27 명 세금
28 형 물속의
29 명 교통수단, 탈것
30 동 경고하다

01 faint
02 follow
03 erase
04 warn
05 prevent
06 satisfy
07 hang
08 accept
09 spell
10 sigh
11 parachute
12 chore
13 rank
14 bandage
15 tax
16 capital
17 vehicle
18 athlete
19 manager
20 knowledge
21 sushi
22 gasoline
23 already
24 moreover
25 overweight
26 remote
27 underwater
28 illegal
29 brief
30 necessary

DAY 06

P. 14

01 명 접근
02 동 변경하다
03 명 자신, 확신
04 명 용기
05 동 속이다
06 명 방향
07 명 경제
08 동 분출하다
09 형 충실한
10 동 예보하다 명 예보
11 동 모이다
12 동 일어나다
13 명 병
14 명 상표 동 상표를 붙이다
15 명 인류
16 명 조국
17 부 요즈음에
18 동 빚지고 있다
19 명 행렬
20 형 예전의
21 부 좀처럼 ~ 않는
22 명 집세
23 명 토성
24 명 신호
25 동 엎지르다 명 엎지름
26 동 삼키다
27 동 찢다
28 형 미개발된
29 명 금성
30 명 군함

01 happen
02 gather
03 alter
04 erupt
05 owe
06 swallow
07 deceive
08 spill
09 forecast
10 rent
11 illness
12 confidence
13 access
14 motherland
15 economy
16 warship
17 Venus
18 tear
19 direction
20 label
21 signal
22 courage
23 mankind
24 Saturn
25 parade
26 rarely
27 nowadays
28 previous
29 undeveloped
30 faithful

WORKBOOK
ANSWER KEY

DAY 07

P. 16

01 동 첨부하다
02 명 쿵 하는 소리
03 형 밝은
04 동 붙잡다 명 포획
05 동 요구하다
06 동 충돌하다
07 명 요람
08 명 결정
09 부 직접적으로
10 명 가장자리
11 동 탈출하다 명 탈출
12 형 잘 알려진, 친숙한
13 형 외국의
14 명 기구, 기어
15 부 거의 ~ 않다
16 동 흉내 내다
17 명 실험실
18 명 결혼
19 명 동작
20 명 산소
21 동 풀로 붙이다
22 형 매우 귀중한
23 명 비율
24 명 수리 동 수리하다
25 명 규모
26 형 비슷한
27 동 회전시키다
28 동 땀을 흘리다 명 땀
29 명 과학기술
30 형 불안한

01 repair
02 bang
03 paste
04 attach
05 capture
06 claim
07 escape
08 spin
09 imitate
10 decision
11 marriage
12 scale
13 edge
14 technology
15 sweat
16 rate
17 oxygen
18 laboratory
19 conflict
20 cradle
21 motion
22 gear
23 hardly
24 directly
25 uneasy
26 similar
27 bright
28 priceless
29 foreign
30 familiar

DAY 08

P. 18

01 명 사고
02 동 깜짝 놀라게 하다
03 동 시도하다 명 시도
04 명 장벽
05 형 빛나는, 훌륭한
06 명 주의, 돌봄
07 동 박수 치다
08 동 혼란스럽게 하다
09 동 포복하다, 기다
10 명 갑판
11 명 장애
12 명 교육
13 부 특히
14 형 유명한
15 동 용서하다
16 명 성, 성별
17 형 근면한
18 명 충돌, 충격
19 명 부족 동 부족하다
20 명 화성
21 동 동기를 부여하다
22 형 인내심이 강한 명 환자
23 명 자랑, 자부심
24 부 오히려
25 동 대신하다
26 동 놀라게[겁먹게] 하다
27 형 성실한
28 명 영혼
29 명 형태, 버전
30 명 허약, 약점

01 scare
02 amaze
03 replace
04 clap
05 attempt
06 forgive
07 motivate
08 crawl
09 confuse
10 education
11 gender
12 weakness
13 deck
14 barrier
15 lack
16 accident
17 spirit
18 version
19 disability
20 care
21 impact
22 Mars
23 rather
24 especially
25 hardworking
26 brilliant
27 sincere
28 famous
29 patient
30 pride

DAY 09

P. 20

01	부 ~에 따라서	01	bring
02	명 양, 액	02	create
03	동 출석하다	03	impress
04	명 지하실	04	represent
05	동 가져오다	05	declare
06	명 직업, 경력	06	congratulate
07	명 찰흙	07	attend
08	동 축하하다	08	career
09	동 창조하다	09	clay
10	동 발표하다	10	landmark
11	명 불이익, 불리한 점	11	effect
12	명 효과, 결과	12	paycheck
13	명 본질	13	essence
14	형 환상적인	14	wealth
15	형 격식을 차리는	15	disadvantage
16	형 일반적인	16	priest
17	형 해로운	17	amount
18	동 깊은 인상을 주다	18	temperature
19	명 획기적인 사건	19	master
20	명 정통한 사람	20	basement
21	형 다수의	21	according
22	명 급료	22	via
23	명 성직자	23	raw
24	형 날것의	24	multiple
25	동 나타내다	25	sweet
26	형 달콤한	26	general
27	명 온도	27	unexpected
28	형 예기치 않은	28	harmful
29	전 ~통하여	29	formal
30	명 부, 재산	30	fantastic

DAY 10

P. 22

01	명 은행 계좌	01	spoil
02	명 즐거움	02	establish
03	명 태도	03	disagree
04	명 기초, 원리	04	include
05	동 방송하다	05	match
06	형 조심성 있는	06	sink
07	형 맑은, 명백한	07	broadcast
08	명 국회	08	decline
09	형 창조적인	09	attitude
10	동 하락하다 명 하락	10	format
11	동 의견이 다르다	11	symphony
12	부 효과적으로	12	congress
13	동 설립하다	13	basis
14	부 더 멀리 형 더 먼	14	weapon
15	명 형식	15	account
16	형 관대한	16	temple
17	명 조화	17	harmony
18	동 포함하다	18	amusement
19	부 최근에, 요즈음	19	lately
20	동 어울리다	20	effectively
21	형 신비한	21	farther
22	형 평화로운	22	peaceful
23	형 무서운	23	generous
24	동 가라앉다	24	violent
25	동 망치다	25	clear
26	명 교향곡	26	scary
27	명 절	27	unfair
28	형 불공평한	28	mysterious
29	형 난폭한	29	careful
30	명 무기	30	creative

DAY 11

P. 24

01 명 활동
02 명 조상
03 동 끌다, 매혹하다
04 명 만
05 동 넓히다
06 부 부주의하게
07 명 고객
08 동 연결하다
09 명 범죄
10 명 장식, 꾸밈
11 동 사라지다
12 명 노력
13 명 예의, 예절
14 동 묶다, 고정시키다
15 명 행운
16 형 유전적인
17 명 수확 동 수확하다
18 형 놀라운
19 명 웃음
20 형 주요한
21 명 면도칼
22 명 요구 동 청하다
23 명 장면, 광경
24 명 상황
25 명 반점, 장소
26 명 증상
27 명 학기
28 형 익숙하지 않은
29 명 비자
30 동 짜다, 엮다

01 connect
02 broaden
03 attract
04 fasten
05 disappear
06 weave
07 harvest
08 ancestor
09 term
10 client
11 effort
12 bay
13 razor
14 spot
15 crime
16 visa
17 situation
18 etiquette
19 request
20 laughter
21 scene
22 decoration
23 symptom
24 fortune
25 activity
26 carelessly
27 incredible
28 genetic
29 unfamiliar
30 principal

DAY 12

P. 26

01 부 실제로
02 형 고대의
03 형 자동의
04 명 구슬
05 명 중개인
06 명 원인 동 일으키다
07 명 낭떠러지
08 동 정복하다
09 형 범죄의
10 형 명확한
11 동 실망시키다
12 동 선출하다
13 부 ~조차
14 명 지방
15 부 앞으로
16 명 천재
17 동 부화하다
18 부 정말로
19 명 재료
20 전 ~마다
21 형 사적인
22 형 현실적인
23 동 구조하다 명 구조
24 명 일정
25 동 건너뛰다
26 동 뿌리다
27 형 감사하는
28 형 잊을 수 없는
29 명 화산
30 형 무중력의

01 spray
02 disappoint
03 skip
04 rescue
05 hatch
06 elect
07 conquer
08 genius
09 bead
10 cliff
11 criminal
12 cause
13 schedule
14 material
15 broker
16 fat
17 volcano
18 actually
19 forward
20 indeed
21 even
22 per
23 private
24 thankful
25 ancient
26 definite
27 weightless
28 unforgettable
29 automatic
30 realistic

DAY 13

P. 28

01 명 추가, 덧셈
02 동 만화영화로 만들다
03 형 이용할 수 있는
04 동 참다
05 명 형제관계, 친선 단체
06 명 천장
07 명 기후
08 형 알고 있는
09 명 평론가
10 명 정도
11 명 재해, 재난
12 형 전기의
13 명 증거
14 명 과실, 잘못
15 동 설립하다
16 형 온화한
17 명 표제, 헤드라인
18 명 층, 겹
19 명 수학
20 명 비율, 백분율
21 부 아마도
22 명 현실
23 명 연구
24 명 학자
25 명 초고층 빌딩
26 동 펼치다, 퍼뜨리다
27 명 치료
28 부 불행히도
29 명 자원봉사자 동 자원하다
30 명 환영 동 환영하다

01 bear
02 found
03 animate
04 spread
05 skyscraper
06 volunteer
07 scholar
08 welcome
09 fault
10 climate
11 percentage
12 critic
13 mathematics
14 research
15 disaster
16 degree
17 evidence
18 ceiling
19 addition
20 layer
21 therapy
22 headline
23 reality
24 brotherhood
25 unfortunately
26 probably
27 electric
28 gentle
29 conscious
30 available

DAY 14

P. 30

01 동 찬양하다
02 명 기념일
03 명 평균
04 동 치다
05 명 이마
06 동 축하하다
07 명 절정
08 동 고려하다
09 명 네거리, 갈림길
10 동 미루다 명 연기
11 명 불쾌, 불편
12 명 전기
13 명 악
14 명 호의, 친절
15 형 약한, 무른
16 명 몸짓 동 손짓을 하다
17 명 독립
18 형 게으른
19 명 시장
20 형 개인적인
21 동 생산하다
22 동 깨닫다
23 명 비축 동 남겨두다
24 형 과학적인
25 명 노예의 신분
26 명 정사각형
27 형 신중한
28 형 유일한, 독특한
29 명 자원봉사
30 명 과부

01 realize
02 reserve
03 admire
04 celebrate
05 consider
06 delay
07 produce
08 beat
09 brow
10 mayor
11 widow
12 anniversary
13 crossroad
14 slavery
15 independence
16 gesture
17 discomfort
18 evil
19 volunteer work
20 electricity
21 climax
22 square
23 average
24 favor
25 personal
26 lazy
27 scientific
28 frail
29 thoughtful
30 unique

WORKBOOK
ANSWER KEY

DAY 15

P. 32

01	명 진보	01	discover
02	명 공고, 알림	02	lead
03	동 피하다	03	consist
04	동 행동하다	04	deliver
05	동 상품을 구경하다	05	browse
06	명 세포	06	vomit
07	형 시계방향의 부 시계방향으로	07	avoid
08	동 구성되다	08	behave
09	명 군중, 인파	09	pioneer
10	동 배달하다	10	stage
11	동 발견하다	11	freedom
12	명 요소	12	announcement
13	형 정확한	13	crowd
14	형 가장 좋아하는	14	project
15	명 자유	15	script
16	형 건강한	16	industry
17	명 산업	17	cell
18	동 이끌다	18	thread
19	명 초원	19	wildlife
20	명 개척자	20	element
21	명 기획, 프로젝트	21	reason
22	명 이유	22	resource
23	명 자원	23	advance
24	명 대본	24	meadow
25	형 미끄러운	25	favorite
26	명 무대	26	clockwise
27	명 실	27	exact
28	전 ~와 다른	28	healthy
29	동 토하다	29	unlike
30	명 야생생물	30	slippery

DAY 16

P. 34

01	동 광고하다	01	advertise
02	동 짜증나게 하다	02	award
03	동 수여하다 명 상	03	demand
04	명 소지품	04	annoy
05	명 싹, 꽃봉오리	05	starve
06	형 중심적인	06	wipe
07	동 복제하다 명 복제품	07	leak
08	명 자음	08	respond
09	형 잔혹한	09	vote
10	동 요구하다	10	thrill
11	명 토론, 논의	11	clone
12	명 비상사태	12	emergency
13	명 조사, 검사, 시험	13	slum
14	명 특징	14	belonging
15	명 유령	15	bud
16	형 비통하게 하는	16	receipt
17	형 저렴한	17	ghost
18	동 새다 명 누출	18	consonant
19	형 기계의	19	sculpture
20	형 즐거운, 유쾌한	20	examination
21	형 장래성 있는	21	discussion
22	명 영수증	22	feature
23	동 응답하다	23	inexpensive
24	명 조각	24	promising
25	명 빈민가	25	mechanical
26	동 굶주리다	26	unnecessary
27	명 스릴, 전율	27	heartbreaking
28	형 불필요한	28	cruel
29	동 투표하다 명 투표	29	central
30	동 닦다	30	pleasant

DAY 17

P. 36

01 명 충고, 조언
02 형 옛날의, 골동품의
03 형 지독한
04 형 가장 사랑하는
05 명 총알
06 명 의식
07 명 단서
08 형 일정한, 끊임없는
09 형 문화의
10 동 출발하다, 떠나다
11 명 질병
12 명 감정
13 형 뛰어난
14 부 자유로이
15 형 거대한
16 형 도움이 되는
17 형 비공식의
18 동 기울다 명 기울기
19 명 미디어, 매체
20 형 예의 바른
21 동 승진시키다
22 형 최근의
23 형 책임이 있는
24 명 비서
25 동 박살내다
26 명 위
27 부 전부 전 ~ 내내
28 동 플러그를 뽑다
29 명 모음
30 명 현명함, 지혜

01 unplug
02 lean
03 smash
04 promote
05 depart
06 wisdom
07 media
08 emotion
09 clue
10 vowel
11 secretary
12 stomach
13 ceremony
14 disease
15 bullet
16 advice
17 freely
18 throughout
19 helpful
20 cultural
21 antique
22 responsible
23 beloved
24 giant
25 informal
26 excellent
27 polite
28 constant
29 awful
30 recent

DAY 18

P. 38

01 동 영향을 미치다
02 형 걱정하는
03 형 어색한
04 동 구부리다
05 동 부딪히다
06 명 의장
07 명 수집
08 명 건설
09 명 치료(법) 동 치료하다
10 동 의존하다
11 형 구역질 나는
12 명 황제
13 전 ~을 제외하고
14 형 여자의 명 여자
15 명 냉동고
16 형 타고난 재능이 있는
17 명 약초
18 형 즉시의
19 명 여가
20 형 의학의
21 명 투표
22 형 적당한
23 명 요리법
24 동 은퇴하다
25 명 안전
26 명 스모그
27 동 똑바르게 하다
28 형 꼭 맞는
29 형 보통이 아닌, 특이한
30 명 마녀

01 affect
02 bend
03 retire
04 straighten
05 bump
06 depend
07 cure
08 smog
09 security
10 emperor
11 construction
12 freezer
13 witch
14 collection
15 herb
16 recipe
17 chairperson
18 poll
19 leisure
20 except
21 unusual
22 gifted
23 anxious
24 disgusting
25 tight
26 awkward
27 female
28 medical
29 proper
30 instant

DAY 19

P. 40

01 동 (금전적) 여유가 있다
02 부 떨어져, 별개로
03 동 내기를 걸다
04 명 강도
05 동 도전하다 명 도전
06 형 다채로운
07 동 소비하다
08 형 호기심이 강한
09 동 우울하게 하다
10 동 싫어하다
11 동 격려하다
12 동 교환하다
13 명 축제
14 명 섬유, 식이섬유
15 형 빈번한
16 명 인삼
17 명 유산
18 명 기계, 도구
19 동 빌려주다
20 형 중간의 명 매체
21 동 오염시키다
22 형 비례의
23 동 알아보다, 인지하다
24 형 재활용 가능한
25 명 씨
26 형 연기 나는
27 명 낯선 사람
28 명 깡통, 주석
29 형 다가오는
30 명 목격자

01 challenge
02 consume
03 recognize
04 afford
05 encourage
06 exchange
07 bet
08 lend
09 dislike
10 pollute
11 depress
12 medium
13 burglar
14 instrument
15 tin
16 witness
17 fiber
18 seed
19 heritage
20 ginseng
21 festival
22 apart
23 stranger
24 upcoming
25 colorful
26 proportional
27 frequent
28 smoky
29 reusable
30 curious

DAY 20

P. 42

01 부 그 후에
02 동 사과하다
03 명 청구서
04 동 터지다 명 폭발
05 명 기회
06 형 편안한
07 동 연락하다 명 연락
08 동 욕하다 명 저주
09 동 묘사하다
10 동 파견하다
11 동 위험에 빠뜨리다
12 명 흥분
13 명 형태, 숫자
14 명 우정
15 명 공포
16 형 세계의
17 명 가장 중요한 부분
18 명 모욕 동 모욕하다
19 형 일생의
20 동 녹다
21 형 인기 있는
22 동 보호하다
23 동 추천하다
24 명 보상
25 부 좀처럼 ~ 않다
26 형 매끄러운
27 명 가죽끈
28 명 끝
29 부 위층에 명 위층
30 명 마법사

01 describe
02 dispatch
03 melt
04 endanger
05 protect
06 apologize
07 curse
08 recommend
09 burst
10 strap
11 fright
12 insult
13 excitement
14 highlight
15 chance
16 tip
17 wizard
18 reward
19 friendship
20 contact
21 bill
22 figure
23 upstairs
24 seldom
25 afterward
26 lifelong
27 smooth
28 global
29 popular
30 comfortable

DAY 21

P. 44

01	명 대리인	01	contain
02	동 간청하다	02	appeal
03	명 10억	03	reduce
04	동 묻다	04	mend
05	동 바꾸다 명 변화	05	frighten
06	명 지휘 동 통솔하다	06	command
07	동 포함하다	07	designate
08	명 관습	08	bury
09	동 표시하다, 지정하다	09	change
10	동 진열하다 명 전시	10	find
11	명 적	11	select
12	동 전시하다 명 전시(품)	12	exhibit
13	동 발견하다, 판결하다	13	display
14	동 깜짝 놀라게 하다	14	custom
15	명 정부	15	protein
16	명 통치자	16	agent
17	명 명예, 영광	17	billion
18	형 총명한	18	string
19	명 수명	19	snowflake
20	동 고치다	20	rhythm
21	명 인기	21	lifespan
22	명 단백질	22	popularity
23	동 줄이다	23	enemy
24	명 리듬	24	government
25	동 선택하다	25	governor
26	명 눈송이	26	touching
27	명 끈	27	urban
28	형 감동적인	28	wonderful
29	형 도시의	29	honor
30	형 멋진	30	intelligent

DAY 22

P. 46

01	명 노화	01	appear
02	동 나타나다	02	grab
03	형 쓴	03	desire
04	명 성격, 특성	04	interchange
05	명 위원회	05	refer
06	명 대륙	06	intend
07	명 고객	07	soak
08	명 욕구 동 바라다	08	exist
09	명 붕괴	09	frustrate
10	명 힘, 에너지	10	prove
11	동 존재하다	11	robbery
12	형 굳은, 단단한	12	customer
13	동 좌절시키다	13	aging
14	동 잡다	14	continent
15	형 희망에 찬	15	disruption
16	형 희망 없는	16	character
17	동 의도하다	17	committee
18	동 교환하다 명 교환	18	lifetime
19	명 일생 형 일생의	19	submarine
20	형 정신적인	20	energy
21	형 긍정적인	21	positive
22	동 증명하다	22	urgent
23	동 언급하다	23	wooden
24	명 강도 행위	24	hopeful
25	형 이기적인	25	firm
26	동 적시다	26	bitter
27	명 잠수함 형 해저의	27	selfish
28	형 힘든	28	mental
29	형 긴급한	29	hopeless
30	형 나무로 만든	30	tough

WORKBOOK ANSWER KEY

DAY 23

P. 48

01	동 동의하다	01	fit
02	형 식욕을 돋우는	02	continue
03	동 나무라다	03	blame
04	동 청구하다 명 청구액	04	agree
05	부 흔히, 보통	05	reflect
06	동 계속하다	06	introduce
07	명 목적지	07	mention
08	형 거리가 먼	08	provide
09	명 약속	09	graduate
10	형 비싼	10	charge
11	동 적합하다, 맞다	11	society
12	명 기능	12	merchant
13	동 졸업하다 명 졸업생	13	engagement
14	명 수평선	14	semester
15	동 소개하다	15	function
16	형 있음직한	16	destination
17	명 한계, 제한	17	success
18	동 언급하다	18	possession
19	명 상인	19	horizon
20	명 소유	20	role
21	형 가능한	21	workout
22	동 제공하다	22	trace
23	동 반사하다, 반영하다	23	limit
24	명 역할	24	commonly
25	명 학기	25	possible
26	명 사회	26	distant
27	명 성공	27	expensive
28	명 자취, 흔적	28	appetizing
29	형 유용한	29	useful
30	명 운동	30	likely

DAY 24

P. 50

01	명 농업	01	determine
02	동 적용하다, 지원하다	02	contrast
03	명 빈칸 형 빈	03	invade
04	명 자선	04	refund
05	명 의사소통	05	fix
06	동 대조하다 명 대조	06	divide
07	동 결정하다	07	publish
08	동 나누다	08	apply
09	명 공학	09	experience
10	명 경험 동 경험하다	10	refrigerator
11	동 고치다	11	charity
12	명 장례식	12	potluck
13	명 졸업	13	engineering
14	명 호르몬	14	agriculture
15	동 침략하다	15	seminar
16	형 활기가 넘치는	16	routine
17	형 단지, 단순한	17	funeral
18	명 각자 가져와서 먹는 식사	18	communication
19	형 공적인	19	graduation
20	동 발표하다, 출판하다	20	hormone
21	명 냉장고	21	soil
22	동 환불하다 명 환불	22	public
23	형 대략적인, 거친	23	blank
24	명 일상의 과정	24	traditional
25	명 세미나	25	lively
26	명 흙, 땅	26	mere
27	형 성공적인	27	rough
28	형 전통적인	28	successful
29	형 평소의	29	worldwide
30	형 세계적인	30	usual

DAY 25

P. 52

01	[부] 앞에, 앞으로	01	suffer
02	[명] 약속	02	chase
03	[동] 축복하다	03	refuse
04	[동] 뒤쫓다 [명] 추적	04	contribute
05	[명] 공동체	05	develop
06	[동] 기부하다	06	worsen
07	[동] 발달시키다	07	suggest
08	[형] 어지러운	08	bless
09	[형] 유쾌한, 즐거운	09	utilize
10	[명] 실험	10	flag
11	[명] 깃발	11	grain
12	[형] 재미있는	12	community
13	[명] 곡물	13	invention
14	[명] 주인 [동] 주최하다	14	experiment
15	[명] 발명	15	appointment
16	[형] 지역의	16	mess
17	[명] 어수선함	17	pouch
18	[명] 작은 주머니	18	host
19	[형] 순수한	19	row
20	[동] 거절하다	20	trait
21	[명] 줄	21	solution
22	[형] 손위의, 선배의	22	ahead
23	[형] 분별 있는	23	dizzy
24	[명] 해결(책)	24	funny
25	[형] 아픈	25	sensible
26	[동] 고통을 겪다	26	pure
27	[동] 제안하다	27	sore
28	[명] 특성	28	senior
29	[동] 활용하다	29	enjoyable
30	[동] 악화시키다	30	local

DAY 26

P. 54

01	[명] 도움	01	aim
02	[동] 겨냥하다 [명] 목표	02	pour
03	[동] 감사하다	03	devote
04	[명] 수족관	04	appreciate
05	[형] 눈이 먼	05	translate
06	[형] 값싼	06	separate
07	[형] 소형의	07	transfer
08	[동] 통제하다 [명] 통제	08	locate
09	[동] 바치다	09	control
10	[형] 문서의 [명] 다큐멘터리	10	aquarium
11	[형] 충분한	11	hostess
12	[명] 전문가	12	aid
13	[명] 불꽃	13	purpose
14	[형] 그 이상의 [부] 더 나아가서	14	flame
15	[형] 웅대한	15	messenger
16	[명] 여주인	16	sorrow
17	[명] 초대	17	suicide
18	[동] 위치를 정하다	18	expert
19	[명] 전달자	19	region
20	[동] 붓다	20	invitation
21	[명] 목적	21	further
22	[명] 지방, 지역	22	wounded
23	[형] 왕실의	23	royal
24	[동] 분리하다 [형] 분리된	24	compact
25	[명] 슬픔	25	enough
26	[명] 자살	26	worth
27	[동] 옮기다	27	cheap
28	[동] 번역하다	28	blind
29	[형] 가치가 있는	29	documentary
30	[형] 다친	30	grand

WORKBOOK
ANSWER KEY

DAY 27

P. 56

01 형 외계의 명 외계인
02 명 건축가
03 동 깜박이다
04 명 피
05 동 속이다
06 형 쾌적한, 기운찬
07 동 비교하다
08 명 경쟁
09 형 편리한
10 동 전환하다
11 명 지름
12 명 받아쓰기
13 명 약
14 형 우둔한
15 동 즐겁게 하다
16 동 설명하다
17 형 평평한
18 형 고맙게 여기는
19 명 주부
20 형 불규칙한
21 형 논리적인
22 명 방법
23 형 강한
24 부 꽤, 아주
25 동 등록하다
26 동 닦다, 문지르다
27 형 심각한
28 명 영혼
29 명 정상
30 명 시도, 재판

01 blink
02 register
03 rub
04 compare
05 explain
06 cheat
07 convert
08 entertain
09 dictation
10 architect
11 competition
12 method
13 trial
14 drug
15 soul
16 housewife
17 summit
18 diameter
19 blood
20 quite
21 serious
22 dull
23 powerful
24 grateful
25 logical
26 irregular
27 cheerful
28 alien
29 convenient
30 flat

DAY 28

P. 58

01 형 서로 같은 부 똑같이
02 형 북극의
03 명 꽃, 활짝 핌
04 명 화학
05 동 불평하다
06 명 협력
07 명 식품, 식이요법
08 명 의무
09 형 전체의
10 명 입구
11 동 폭발하다
12 동 탐험하다
13 명 맛
14 명 벼룩
15 명 중력
16 명 탐욕
17 명 주택
18 동 껴안다
19 명 발행물
20 명 품목
21 형 외로운
22 형 헐렁한
23 명 마이크
24 형 실용적인
25 명 유감 동 후회하다
26 형 무례한
27 명 하인
28 형 신맛의
29 형 우세한
30 명 부족

01 hug
02 complain
03 explore
04 explode
05 bloom
06 tribe
07 regret
08 entrance
09 gravity
10 item
11 cooperation
12 microphone
13 flavor
14 issue
15 flea
16 diet
17 duty
18 housing
19 greed
20 servant
21 chemistry
22 loose
23 alike
24 rude
25 Arctic
26 sour
27 practical
28 lonely
29 superior
30 entire

DAY 29

P. 60

01	형 살아있는	01	cherish
02	동 주장하다	02	express
03	명 꽃 동 꽃이 피다	03	grind
04	동 소중히 하다	04	pray
05	형 완전한, 완료된	05	support
06	명 저작권	06	dye
07	형 다른	07	argue
08	동 염색하다	08	hum
09	명 입장, 입구	09	ruin
10	동 표현하다	10	supply
11	형 융통성 있는	11	source
12	동 갈다	12	entry
13	동 콧노래를 부르다	13	relation
14	명 보석류	14	blossom
15	형 시끄러운	15	jewelry
16	명 전자파	16	rumor
17	형 군대의	17	trust
18	명 칭찬 동 칭찬하다	18	copyright
19	동 기도하다	19	praise
20	형 규칙적인	20	microwave
21	명 관계	21	loud
22	동 파괴하다	22	flexible
23	명 소문	23	military
24	형 몇 개의	24	different
25	형 엄한, 모진	25	several
26	명 근원, 출처	26	alive
27	형 예비의, 여분의	27	severe
28	명 공급 동 공급하다	28	spare
29	명 지지 동 지지하다	29	complete
30	명 신뢰 동 신뢰하다	30	regular

DAY 30

P. 62

01	명 알레르기	01	predict
02	명 화	02	arrange
03	동 조정하다	03	lower
04	명 기사	04	widen
05	부 뒤로	05	float
06	명 국경	06	sparkle
07	동 씹다	07	release
08	형 복잡한	08	chew
09	명 끈	09	shame
10	형 정확한, 맞는	10	humorous
11	형 어려운	11	mineral
12	명 왕조	12	border
13	명 환경	13	shade
14	형 여분의, 추가의	14	article
15	동 물에 뜨다	15	cord
16	명 증가	16	growth
17	명 유머 감각이 있는	17	allergy
18	명 저널리즘	18	dynasty
19	동 낮추다	19	journalism
20	명 광물 형 광물의	20	species
21	동 예측하다	21	typhoon
22	동 해방하다 명 해방	22	surface
23	명 그늘	23	anger
24	명 부끄러움 동 부끄럽게 하다	24	environment
25	동 반짝이다	25	backwards
26	명 종	26	complex
27	명 표면	27	difficult
28	형 진실한	28	extra
29	명 태풍	29	truthful
30	동 넓히다	30	correct

MEMO

5100개의 절대어휘만 외워도 내신·수능·토플이 쉬워진다.

▶ 단계별 30일 구성의 계획적인 어휘 학습
▶ 단어 ➔ 어구 ➔ 문장의 효과적인 암기 프로세스
▶ 유의어, 반의어, 파생어를 통한 어휘력 확장
▶ QR코드를 통해 남녀 원어민 발음 바로 듣기
▶ 일일테스트와 누적테스트로 단어 반복 학습 강화

절대어휘 5100 Vocabulary master 5단계 시리즈

절대어휘 5100 ①	900 단어	중등 내신 기본 영단어
절대어휘 5100 ②	900 단어	중등 내신 필수 영단어
절대어휘 5100 ③	900 단어	고등 내신 기본 영단어
절대어휘 5100 ④	1200 단어	수능 필수 영단어
절대어휘 5100 ⑤	1200 단어	수능 고난도·토플 영단어

절대어휘 5100 시리즈 구성

본책 + 워크북 + MP3 + 문제출제프로그램 제공

QR코드를 통해 본 교재의 상세정보와
부가학습 자료를 이용할 수 있습니다.